重庆市教育委员会人文社会科学研究项目："一带一路"倡议下
重庆市体育与城市旅游融合发展研究（项目编号：
重庆邮电大学社会科学基金项目（项目编号：K2021-112）。

"一带一路"倡议下体育旅游资源的整合与发展研究

贺 波 王梦轶 闫增印 ◎ 著

北京工业大学出版社

图书在版编目（CIP）数据

"一带一路"倡议下体育旅游资源的整合与发展研究／贺波，王梦轶，闫增印著 . —北京：北京工业大学出版社，2022.3

ISBN 978-7-5639-8281-3

Ⅰ．①一… Ⅱ．①贺… ②王… ③闫… Ⅲ．①体育－旅游资源开发－研究－中国 Ⅳ．①F592.3

中国版本图书馆 CIP 数据核字（2022）第 048512 号

"一带一路"倡议下体育旅游资源的整合与发展研究
"YIDAIYILU" CHANGYI XIA TIYU LÜ YOU ZIYUAN DE ZHENGHE YU FAZHAN YANJIU

著　　　者：	贺　波　王梦轶　闫增印
责任编辑：	邓梅菡
封面设计：	知更壹点
出版发行：	北京工业大学出版社
	（北京市朝阳区平乐园 100 号　邮编：100124）
	010-67391722（传真）　bgdcbs@sina.com
经销单位：	全国各地新华书店
承印单位：	唐山市铭诚印刷有限公司
开　　　本：	710 毫米 ×1000 毫米　1/16
印　　　张：	14.25
字　　　数：	285 千字
版　　　次：	2023 年 4 月第 1 版
印　　　次：	2023 年 4 月第 1 次印刷
标准书号：	ISBN 978-7-5639-8281-3
定　　　价：	68.00 元

版权所有　翻印必究

（如发现印装质量问题，请寄本社发行部调换 010-67391106）

作 者 简 介

贺波（1991.08— ），男，汉族，讲师，硕士，重庆巴南人，重庆邮电大学体育教师，田径国家级裁判员，重庆市田径协会秘书。

个人研究领域为体育教育、运动训练、体育产业。主持及参与国家社科基金项目1项，主持省部级课题2项，参与省部级科研课题5项，参与省级教学教改课题1项，主持校级教改项目2项，参与编写教材2部；公开发表论文10余篇，其中在核心期刊《当代教学科学》发表论文1篇；曾获重庆市高校青年体育教师基本功大赛一等奖。

王梦轶（1991.02— ），男，汉族，助教，硕士，湖北咸宁人，重庆邮电大学体育教师，网球国家一级裁判员、田径国家一级裁判员。

个人研究领域为体育教育训练、体育产业。参与省部级课题3项，参与编写教材1部，公开发表学术论文10余篇，曾荣获重庆市高校青年体育教师基本功大赛三等奖、重庆市高校体育科学论文报告会三等奖、中国高校网球科研论文报告会二等奖。

闫增印（1987.07— ），男，汉族，讲师，硕士，河南许昌人，重庆邮电大学教师。主要研究方向为体育教学与运动训练、体育管理。主持及参与省部级课题6项，公开发表论文10余篇。

前　言

"一带一路"倡议为市场经济提供了稳定的发展环境，给国内、国际市场带来了发展机遇，是带动国内外经济高效内外循环的经济发展倡议。借助"一带一路"倡议，依托古代丝绸之路的历史符号和印记，将体育旅游产业的巨大经济潜力以及新冠肺炎疫情期间体育旅游急剧压缩、蓄势待发的状态与多样化的市场经济需求、市场经济改革等方面有机融合，寻求体育产业与旅游产业融合发展的契合点，可以促进旅游产品和体育产品的有机结合，推动体育项目和旅游项目的发展，既满足了人们对体育项目的观赏需求，又满足了人们对旅游项目的欣赏需求，还能响应全民健身、健康中国、体育强国战略的号召。同时，保证了群众身心健康、生活幸福并满足其旅游需求，从而推动了旅游产业大力发展，助力经济发展，促进沿线地区、沿线国家的政治、经济、文化、交通等方面的繁荣发展，为创造美好生活，打造利益共同体、命运共同体、责任共同体做好铺垫。

本书是重庆市教育委员会人文社会科学研究项目："一带一路"背景下重庆市体育与城市旅游融合发展研究（项目编号：20SKGH076）、重庆邮电大学社会科学基金项目（项目编号：K2021-112）的主要研究成果。

第一章为本书的绪论部分。通过对"一带一路"倡议和体育旅游相关文献的梳理，从国家政策的颁布与实施、地方政策的响应与落实、市场经济的供给与需求以及体育旅游产业自身的发展潜力出发，结合当前信息时代、网络时代和智能时代发展背景，体育旅游融合发展特色，体育旅游发展的优势，根据市场多样化的需求，运用文献资料法、德尔菲法、对比分析法等方法对"一带一路"倡议下体育旅游资源的整合与发展研究进行系统分析，并完善、系统地阐释了研究背景和意义。

第二章为本书的理论基础部分。通过对"一带一路"倡议的实施政策和体育旅游融合发展的政策进行解读，对"一带一路"倡议、体育旅游以及经济带进行概念界定，分析了国内外体育旅游发展的现状，突出体育旅游的政治功能、经济功能、文化功能和健身功能，为更好地体现体育旅游兴起的依据做铺垫。

第三章以华东地区的体育旅游资源、文化底蕴、旅游景点、交通等方面的发展为基础，结合实例从体育旅游的政策支持、经济环境、体育赛事和旅游资源整合三个方面详细分析了华东地区各省份体育旅游资源与发展情况。

第四章简要描述了华中地区发展体育旅游产业的地理位置条件、经济条件和旅游业发展情况，结合实例从体育旅游的政策支持、经济环境、体育赛事和旅游资源整合三个方面详细分析了华中地区各省份体育旅游资源与发展情况。

第五章描述了西北地区的旅游资源、体育特色资源、地理优势、政策优惠等情况，结合实例从体育旅游的政策支持、经济环境、体育赛事和旅游资源整合三个方面详细分析了西北地区各省份体育旅游资源与发展情况。

第六章以西南地区体育旅游资源、文化底蕴、旅游景点、交通等方面的发展为基础，从体育旅游的政策支持、经济环境、体育赛事和旅游资源整合三个方面结合实例详细分析了西南地区各省份体育旅游资源与发展情况。

第七章简要描述了华南地区发展体育旅游产业的地理位置条件、经济条件和旅游业发展情况，以实例为支撑从体育旅游的政策支持、经济环境、体育赛事和旅游资源整合三个方面详细分析了华南地区各省份体育旅游资源与发展情况。

本书作者贺波负责全书的统稿和修改定稿工作，撰写了第三章、第四章和第五章；王梦轶负责第一章第二节、第六章、第七章的撰写；闫增印负责撰写第一章第一节、第二章的撰写。

在撰写本书过程中作者借鉴和参考了国内外专家、学者大量的专著和论文，参考了国家出台的相关政策，在此一并表示衷心的感谢。感谢重庆邮电大学社会体育指导与管理专业的学生赵高龙、罗渝、荣华凤、孙琪玥、刘育杰对本书相关材料、数据的查阅和搜集。本书主要用于个人科研、教学使用，由于作者水平有限，书中难免存在不足之处，希望广大专家、读者及时批评指正。

目　录

第一章　绪论 …………………………………………………………… 1
　　第一节　研究背景与意义 ………………………………………… 1
　　第二节　研究方法及可行性分析 ………………………………… 10
第二章　体育旅游发展的时代背景 …………………………………… 14
　　第一节　相关概念界定 …………………………………………… 14
　　第二节　国内外体育旅游发展现状 ……………………………… 25
　　第三节　体育旅游的功能 ………………………………………… 37
　　第四节　体育旅游兴起的依据 …………………………………… 47
第三章　华东地区体育旅游资源与发展 ……………………………… 54
　　第一节　华东地区发展体育旅游资源的政策支持 ……………… 61
　　第二节　华东地区发展体育旅游资源的经济环境 ……………… 74
　　第三节　华东地区体育赛事和旅游资源整合 …………………… 79
第四章　华中地区体育旅游资源与发展 ……………………………… 92
　　第一节　华中地区发展体育旅游资源的政策支持 ……………… 95
　　第二节　华中地区发展体育旅游资源的经济环境 ……………… 101
　　第三节　华中地区体育赛事和旅游资源整合 …………………… 109
第五章　西北地区体育旅游资源与发展 ……………………………… 118
　　第一节　西北地区发展体育旅游资源的政策支持 ……………… 125
　　第二节　西北地区发展体育旅游资源的经济环境 ……………… 133
　　第三节　西北地区体育赛事和旅游资源整合 …………………… 139

第六章　西南地区体育旅游资源与发展 ································ 155
第一节　西南地区发展体育旅游资源的政策支持 ···················· 161
第二节　西南地区发展体育旅游资源的经济环境 ···················· 168
第三节　西南地区体育赛事和旅游资源整合 ························ 174

第七章　华南地区体育旅游资源与发展 ································ 190
第一节　华南地区发展体育旅游资源的政策支持 ···················· 194
第二节　华南地区发展体育旅游资源的经济环境 ···················· 202
第三节　华南地区体育赛事和旅游资源整合 ························ 210

参考文献 ·· 219

第一章 绪论

第一节 研究背景与意义

一、国家政策大力支持

2015年3月，国家发展和改革委员会（简称国家发展改革委或国家发改委）、外交部、商务部联合发布了《推动共建丝绸之路经济带和21世纪海上丝绸之路的愿景与行动》。"一带一路"倡议是"古代丝绸之路"的延续和传承，推动了人类文明进步，是沿线国家和地区繁荣发展的重要纽带，是世界各国紧密相连、密切沟通的桥梁。为贯彻落实国家"一带一路"倡议和《国家旅游局（现为"文化和旅游部"）、国家体育总局关于大力发展体育旅游的指导意见》，以"一带一路"倡议为突破口，加快国内沿线地区体育旅游资源融合发展，推动与沿线国家体育旅游的深度合作，为促进国内区域协调发展和构建人类命运共同体做出积极贡献，2017年7月6日，在全国体育旅游产业发展大会上，国家旅游局、国家体育总局联合发布了《"一带一路"体育旅游发展行动方案（2017—2020年）》（以下简称《方案》），该方案是"一带一路"沿线城市建设精品体育旅游赛事、特色旅游小镇等项目的指导方案，通过体育旅游加强区域之间的政策沟通、产业互通和民心相通，努力打造体育旅游亮点，实现体育旅游资源优化配置和经济政策的协调。2018年，《习近平谈"一带一路"》出版发行，其中着重突出了"一带一路"倡议的重要性，指出"一带一路"倡议不是简单的短期效应倡议，是具有时代性、历史性和长期性的深远经济倡议。

"一带一路"倡议从提出至今日，得到我国各省市、各个沿线国家和国际社会的一致好评，我国各省市、沿线国家和国际社会对"一带一路"倡议纷纷提出相应政策，以把握该倡议带来的机遇和共享平台，为推动地方经济的发展

"一带一路"倡议下体育旅游资源的整合与发展研究

做准备。"一带一路"倡议是新时代背景下，中国结合国情以及社会发展需要，从"人类命运共同体"的角度提出来的全方位、多角度重大举措，更好地为人类命运共同体搭建共享平台，向世界展现了环太平洋西岸的特色道路，体现了充满东方智慧的共商、共建、共享的发展方案。"一带一路"倡议是时代发展的要求，是国家发展的需求，是社会发展的必要，传承了"古代丝绸之路"的商业文明，发挥了"古代丝绸之路"的路线作用，结合当今社会发展特色和科技助兴等技术，将"古代丝绸之路"的历史、文化、经济功能再现，突出"丝绸之路"从古至今的深远影响，帮助中国在新时代发展背景下更好地寻找出一条带有中国特色、富含中华文化的经济发展道路。"一带一路"倡议的发展对重工业、轻工业的影响较大，在向世界展现中国技术的同时，更好地引进和学习外国先进生产技术，真正达到"去粗取精，去伪存真"的沟通、交流作用；"一带一路"倡议的发展更重要的是对服务业的影响，服务业的发展体现了一个国家国民素质的高低和国民经济发展的潜力，服务业能更好地将生产劳动力输送到生产劳动力匮乏的地区和国家，促进当地经济发展。

"一带一路"倡议秉承"共商、共建、共享"的基本原则，尊重地区和国家的特色与国情，本着友好交往、和平共处的信念，遵守和平共处五项原则，为更好地实现沿线国家和地区经济的发展和国际经济的稳定而努力。新时代背景下的"一带一路"倡议不仅限于"古代丝绸之路"的范围，在"古代丝绸之路"的路线上扩大了辐射范围和面积，连接能连接的城市，团结一切能团结的地域；将沿线的城市紧密连接，使城市与城市之间形成固定的经济圈，最后将经济圈连接形成经济带，更好地体现了点线面的经济发展趋势，从而更好地发挥"一带一路"倡议的特色和作用，实现"一带一路"倡议的经济效应。"一带一路"倡议倡导文明和宽容，尊重各国和各地区的文化建设和文化发展道路，支持国家与国家、地区与地区之间的文化交流、文化对话、文化差异，坚持求同存异、兼容并蓄、和平共处、共生共荣的发展原则。"一带一路"倡议在文化建设和文化交流方面能更好地将中华民族五千余年的悠久历史向世界宣扬，凸显中华大地孕育的中华精神和中华文化是具有富强、民主、文明、和谐元素的友好、平等文化，是值得学习和依靠的文化体系。"一带一路"倡议以交通枢纽发展为脉络，更好地依附于交通发展干线，包括陆运交通和海运交通，在遵守国内、国际市场规律的前提下，充分抓住倡议策略和平台，带动相关产业的发展；遵守国际交通通行的规则，结合市场资源的种类，合理优化资源配置，充分发挥市场无形之手的作用，更大地刺激当地政府实施宏观调控手段，以促进交通市场和交通路线的可持续发展。"一带一路"倡议秉持"互利共赢"的理念，兼顾沿线国家和地区的经济发展，将利益作为沿线城市、国家和地区发展的共同前提，寻求利益契合点以及区域合作最大公约数，展现各区域的物质文明和精神文明，体现各地域的智慧和创新发展，结合地域优势和地域特色，提高各地的运行能力、承受能力以及消耗能力，更好地将原材料工业化、服务化、科技化。

"一带一路"倡议的发展是世界各个经济圈建设的产物。东亚经济圈、欧盟经济圈、环太平洋经济圈以及北美经济圈的产生和发展为"一带一路"倡议的产生和发展提供了政治条件和经济环境，其一头衔接环太平洋经济圈，延伸至世界著名经济地域带——北美经济圈，又与东南亚物料原产地经济圈连接，途经中亚、西亚、北非等发展潜力大的地域，西至世界最大经济圈——欧盟经济圈。"一带一路"倡议更好地将北半球乃至世界发展较好的经济圈串联起来，且中国在"一带一路"倡议路径中地处中段位置，具有较好的交通条件，能减少交通运输的成本。根据"一带一路"走向，陆上依托国际大通道，以沿线中心城市为支撑，以重点经贸产业园区为合作平台，共同打造新亚欧大陆桥、中蒙俄、中国—中亚—西亚、中国—中南半岛等国际经济合作走廊；海上以重点港口为节点，共同建设通畅、安全、高效的运输大通道。中巴、孟中印缅两个经济走廊与推进"一带一路"倡议关联紧密，需要进一步推动合作，取得更大进展。"一带一路"倡议引导各国自愿开放、主动开放、积极开放经济大门。各国需借着"一带一路"发展的契机，本着互利互惠、和平共处、共同安全的原则携手前行。引导各国、各地区努力建设区域基础设施，完善公共服务体系和交通运输道路体系，保证"一带一路"倡议有效运行，给沿线国家和地区带去便利，进一步优化产业结构，为建成高标准自由贸易区而努力。

总之，"一带一路"倡议为沿线国家和地区带去了机遇，带去了便利，为促进共同发展指明了道路，推动了国际合作不断取得新进展，勾勒出了世界经济发展的版图，为世界经济发展提供了可遵循的重要原则，为世界经济开出一剂标本兼治、综合施策的药方，让世界经济走上强劲、可持续、平衡、包容、增长之路。"一带一路"倡议为服务行业发展开辟了新的道路，为沿线国家和地区体育赛事的举办和发展提供了方向，为沿线国家和地区旅游项目的发展开辟了航线，有利于沿线国家和地区对体育旅游资源的整合，有利于沿线国家和地区体育事业的发展。

随着经济的发展，人们的生活水平逐渐提高，但经济快速发展也给人们的身体带来一些不良后果，如肥胖、近视、性格孤僻等。追求高质量、健康的生

"一带一路"倡议下体育旅游资源的整合与发展研究

活是人们生活中必不可少的重要组成部分，健身、旅游等活动已成为人们假期消耗的必需品。传统的竞技体育赛事不能遵循大众身体发展的规律，不能契合大众身体发展的条件，因此开展适合大众身体发展规律和身体发展条件的群体赛事是群众所向，是民心所向，更是群众身体健康发展的需要。传统旅游项目已不能满足当前时代发展的需要和人们对高质量生活的追求，参与旅游项目、体验旅游项目是旅游产业改革和发展的新动态、新方向。体育与旅游融合发展是推动人们生活水平提高的重要标志，是体育产业和旅游产业发展的新时代特征。2014年10月，国务院印发了《关于加快发展体育产业促进体育消费的若干意见》，旨在发展体育产业和体育服务，以满足市场对体育产业和体育服务的需求，让体育产业成为推动国民经济发展的重要力量，促进体育产业经济转型，以不断满足人民日益增长的体育、健康和旅游需求。2016年10月，国务院办公厅印发了《关于加快发展健身休闲产业的指导意见》。文件强调，健身休闲产业是体育产业的重要组成部分，是以体育运动为载体、以参与体验为主要形式、以促进身心健康为目的，向大众提供相关产品和服务的一系列经济活动。文件还强调，各地要完善健身休闲服务体系，包括普及日常健身、发展户外运动、发展特色运动、促进产业互动融合、推动"互联网+健身休闲"。为促进体育产业融合互动，各地要大力发展体育旅游，制订体育旅游发展纲要，实施体育旅游精品示范工程，支持和引导有条件的旅游景区拓展体育旅游项目，鼓励旅行社结合健身休闲项目和体育赛事活动设计开发旅游产品和路线。

近几年，国家与相关部委就体育旅游发展出台了相关政策，具体如表1-1所示。

国家政策的大力支持为体育旅游产业的发展提供了新的机遇和平台，在市场经济大环境下为体育旅游产业的发展提供了政策支持与鼓励。根据搜集的资料，2018年《政府工作报告》从推进体育改革、释放社会巨大发展潜力，支持社会体育供给服务，发展智能体育产业，全民健身和冰雪运动发展及公共体育服务设置等方面进行了重点勾画，为体育产业的规划和发展制定了方向。可见，国家政策的实施和地方政策的出台为体育旅游的融合发展开辟了道路，促进了体育旅游产业的深度融合。

第一章 绪论

表1-1 近几年出台的体育旅游的相关政策

时间	发文部门	政策文件名称	总体要求及任务
2017年12月	体育总局、发展改革委、科技部、工业和信息化部、公安部、财政部、国土资源部、住房城乡建设部、交通运输部、卫生计生委、旅游局	《自行车运动产业发展规划》	深入学习贯彻党的十九大精神，以习近平新时代中国特色社会主义思想指导实践，以习近平总书记关于体育工作的重要论述为根本遵循，践行《"健康中国"2030规划纲要》和《全民健身计划（2016—2020年）》，落实《国务院办公厅关于加快发展健身休闲产业的指导意见》，以自行车运动产业供给侧结构性改革为主线，以夯实自行车运动产业基础为重点，提升自行车运动产品和服务供给的能力和质量，推进产业集聚与融合，推动自行车运动向市场化、规范化、品牌化和国际化方向发展，推动自行车运动产业健康持续发展，为扩大体育消费需求，实现体育产业转型升级，拉动经济增长提供坚实稳定的支撑。 1. 规范并完善各级各类自行车赛事活动的运营和管理； 2. 完善赛事评价体系； 3. 鼓励并引导自行车运动健身场所的规划建设工作； 4. 增加以自行车骑游为特色的体育旅游市场供给； 5. "骑行+旅游"新型体育旅游模式； 6. 积极扩大自行车运动消费
2017年12月	体育总局、发展改革委、科技部、工业和信息化部、公安部、财政部、国土资源部、住房城乡建设部、交通运输部、卫生计生委、旅游局	《马拉松运动产业发展规划》	深入学习贯彻党的十九大精神，以习近平新时代中国特色社会主义思想指导实践，以习近平总书记关于体育工作的重要论述为根本遵循，以马拉松运动产业供给侧结构性改革为主线，以满足群众马拉松消费需求为导向，以资源要素优化配置、产业潜力深度挖掘为抓手，推动马拉松运动产业规范化、市场化、国际化运作与发展，实现全民健身和全民健康深度融合，为经济发展新常态下培育经济发展新动能、拓展经济发展新空间提供有力支撑和持续动力。 1. 推进高水平马拉松赛事发展； 2. 发展中国马拉松赛事联盟； 3. 完善马拉松赛事管理信息平台； 4. 完善赛事运营规范流程和评价标准体系； 5. 健全赛事评价体系； 6. 多样化特色马拉松赛事引导开发； 7. 促进马拉松与相关产业融合发展

"一带一路"倡议下体育旅游资源的整合与发展研究

续表

时间	发文部门	政策文件名称	总体要求及任务
2019年3月	中共中央办公厅、国务院办公厅	《关于以2022年北京冬奥会为契机大力发展冰雪运动的意见》	以习近平新时代中国特色社会主义思想为指导,全面贯彻党的十九大和十九届二中、三中全会精神,紧紧围绕统筹推进"五位一体"总体布局和协调推进"四个全面"战略布局,坚持以人民为中心的发展思想,牢固树立新发展理念,创新体制机制,明确备战任务,普及冰雪运动,发展冰雪产业,落实条件保障,努力实现我国冰雪运动跨越式发展。 1. 全力推进北京冬奥会、冬残奥会备战工作; 2. 大力普及群众性冰雪运动; 3. 广泛开展青少年冰雪运动; 4. 加快发展冰雪产业; 5. 加快发展冰雪健身休闲产业,推动冰雪旅游产业发展
2019年8月	国务院办公厅	《体育强国建设纲要》	以习近平新时代中国特色社会主义思想为指导,全面贯彻党的十九大和十九届二中、三中全会精神,认真学习贯彻习近平总书记关于体育工作的重要论述,按照中共中央、国务院关于加快推进体育强国建设的决策部署,坚持以人为本、改革创新、依法治体、协同联动,持续提升体育发展的质量和效益,大力推进全民健身与全民健康深度融合,更好发挥举国体制与市场机制相结合的重要作用,不断满足人民对美好生活的需要,努力将体育建设成为中华民族伟大复兴的标志性事业。 1. 落实全民健身国家战略,助力健康中国建设; 2. 提升竞技体育综合实力,增强为国争光能力; 3. 提升竞技体育综合实力,增强为国争光能力; 4. 促进体育文化繁荣发展,弘扬中华体育精神
2019年9月	国务院办公厅	《关于促进全民健身和体育消费推动体育产业高质量发展的意见》	体育产业在满足人民日益增长的美好生活需要方面发挥着不可替代的作用。要以习近平新时代中国特色社会主义思想为指导,强化体育产业要素保障,激发市场活力和消费热情,推动体育产业成为国民经济支柱性产业,让经常参加体育锻炼成为一种生活方式。 1. 完善产业政策,优化发展环境; 2. 促进体育消费,增强发展动力; 3. 改善产业结构,丰富产品供给; 4. 优化产业布局,促进协调发展; 5. 实施"体育+"行动,促进融合发展; 6. 夯实产业基础,提高服务水平

资料来源:作者根据官方发布信息整理。

二、体育旅游产业的内在潜力大

国家统计局发布的《中华人民共和国 2017 年国民经济和社会发展统计公报》显示，2017 年，全年人均国内生产总值达 59660 元；全年国内游客达 50 亿人次，比 2016 年增长 12.8%；国内旅游收入 45 661 亿元，增长 15.9%；国内居民出境 14 273 万人次，增长 5.6%。这表明了旅游业在近几年发展速度较快，符合人们对高质量生活发展的需求，进一步验证了国民经济发展迅速的结论，也表明国内旅游进入黄金发展期。在新时代发展背景下，我国的旅游发展已经蓄势待发，将迎来消费需求爆发式增长新时期。

随着国家、地方体育旅游政策的陆续出台，体育旅游备受市场和社会青睐，极大地促进了体育市场和旅游市场的深化发展，为体育产业和旅游产业开辟了新的经济增长点。新时代发展背景下，人们的生活水平不断提高，社会发展的矛盾也由人民日益增长的物质文化需求和生产的矛盾向人民日益增长的美好生活需求和不平衡不充分的发展矛盾转变。体育旅游的发展矛盾也转变为人们日益增长的体育旅游美好需求和不平衡不充分的发展之间的矛盾，简单的欣赏旅游观光已无法满足现代人们对高质量生活发展的需求。参与性、体验性、娱乐性是体育产业和旅游产业深化改革的重要指导方针，让群众在体育赛事或体育节目以及旅游项目中更好地融入其中，参与体育赛事，体验体育赛事，从旅游项目中体会旅游项目和体育赛事的娱乐性，能更好地缓解群众的工作压力和生活压力，促进群众生活质量的提高。

新时代发展背景下，参与旅游和体育赛事锻炼活动的群体生活水平、收入水平以及需求层次较高，人们已经不满足现有体育赛事欣赏和城市观光旅游的形式，更倾向于参与性、体验性和娱乐性强的体育锻炼模式和旅游体验模式，这加快了体育产业和旅游产业在市场和社会上的分工，以满足不同消费者的消费需求、消费能力和消费模式。20 世纪 80 年代中期，我国各地依据地域优势和地域特色创办了符合项目特色的体育旅游形式，如西藏自治区为满足登山爱好者的需求，成立了西藏国际体育旅游公司（现更名为"西藏旅投体育旅游有限公司"），这是我国体育旅游产业发展的先驱。20 世纪中后期，欧美国家体育旅游产业得到大力发展，大都以当地体育为特色开展相关旅游活动，如高山滑雪、徒步登山、冲浪、漂流、探险及极限运动。这些以体育运动为特色的旅游在欧洲得到了快速发展，促进了体育产业和旅游产业的融合。

经过多年的发展，我国体育产业和旅游产业逐步走向了融合发展阶段，整个体育旅游产业在国家发展过程中处于初级阶段。"门票时代"逐渐向"休闲

"一带一路"倡议下体育旅游资源的整合与发展研究

旅游""体育旅游"过渡。通过体育旅游独特的发展模式，吸引游客前往拓展区进行攀岩、登山、划水、滑草、漂流等活动，带动旅游项目开发。例如，各个城市以城市名命名的马拉松赛事，为树立城市品牌、丰富城市内容、打造城市文化奠定了基础，体现了体育旅游的时尚性、健康性、地域性和文化性的特点。随着国家经济的发展，人们的生活质量不断提高，人们对身体健康和身心愉悦的期望值更高，束缚在工作压力、生活压力和社会压力中的人们急须寻找一种方式，从压力中解脱出来，因此体育锻炼、旅游成为人们选择的主要方式。体育与旅游融合的新产业具有挑战性、刺激性和娱乐性，在促进人体身心放松的同时，能更好地锻炼身体，与人们对健康健身的需求相契合，故体育旅游市场潜在的经济价值大。

21世纪是数字化、信息化和智能化发展的黄金时期，随着社会的发展，网络已渗入人们生活中的每个角落，网络的发展为人们更好地了解体育、更好地了解旅游产业提供了便利，为体育产业和旅游产业融合发展提供了网络信息技术。信息时代的发展为人们进行体育旅游提供了便捷，传统的体育旅游通过报纸、纸质文章等方法进行传播，该方式的宣传力度较小、宣传速度较慢、宣传范围较小。而且人们在传统的体育锻炼中不能更好地监控自己的强度，在旅游中凭借纸质地图进行观光欣赏，无法获得最佳体验。网络化、信息化的到来为人们提供了直观的视野，人们可通过网络平台对体育旅游的目的地提前进行了解，如地方特色、地方文化、地方历史、地方城市、地方资源等。通过网络对当地的餐饮、住宿、交通、娱乐等方面提前进行了解，以备不时之需。网络的发展给运营商带来了诸多机会，如同程旅游、携程旅游、途牛旅游等旅游类App的开发，更加系统、更加全面地为游客提供了饮食、住宿、交通、娱乐等一体化体验模式，让游客更加顺利、更加直观地参与旅游项目，为旅游的发展奠定基础。阿里巴巴是中国首个进军体育智能化的运营平台，其与各个城市的体育职能部门进行沟通合作，将体育场馆、体育设施等体育相关产业与智能平台紧密衔接，基于城市的综合馆、城市的体育馆以及社区体育设施等硬件设施，将网络化、智能化的技术手段和运营模式注入体育馆和体育设施中，让锻炼者更好地体验智能体育锻炼的模式，让管理者更好地监控体育锻炼者的运动强度和运动量，使锻炼者更好地把控自己的运动节奏和运动强度，更好地监控自己的心率，科学合理地进行体育锻炼。

将信息技术注入体育场馆、体育设施，融入旅游产业，赋予体育产业和旅游产业新的经济生命力，有助于更好地在全国推广城市的体育产业和旅游产业。通过智能化的体育旅游产业吸引全国各地的体育旅游爱好者前往智能化体育旅游的城市进行体验、参观，同时还可以宣传城市的文化、弘扬城市的历史、打造城市的特色品牌。信息技术手段的注入为制订科学的体育旅游方案提供了系统化和科学化的制作模式，可以更好地满足不同群体的需求，根据不同时段、不同季节、不同假期和不同需求，向他们推荐不同的体育旅游路线、体育旅游服务、体育旅游信息、体育旅游价格、体育旅游内容。同时，信息化手段更高效地将城市与城市的体育旅游资源相互融通，整合不同行业的体育旅游资源，提高了体育旅游资源的个性、娱乐性以及服务性，以便更好地满足体育旅游爱好者对体育旅游资源的需求。

三、市场改革与深化的要求

随着市场经济的不断发展和改革，人们的消费观念也在不断变化。社会的发展和各行各业的不断完善促使市场经济演变出更多的消费理念和消费产业。服务业是体现国家经济发展水平高低的重要产业，是市场深化改革的重要板块，为我国工业和农业的发展提供了便利和支持，我国的工业和农业发展也为服务业发展提供了有效的保障。体育旅游的市场需求在体育锻炼场地、旅游观光场地，体育锻炼的方式、旅游的方式，体育锻炼的时间、旅游活动的时间，体育锻炼的类型和旅游活动的类型等方面有很大不同。随着体育旅游市场的大力发展，消费者更愿意根据自己的时间、自己喜欢的项目和自己喜欢的旅游城市进行路线选择，增强体育旅游的体验感、舒适感和满足感；对于没有体育旅游固定路线选择的群体，系统将自动分配体育旅游路线供消费者选择。城市综合实力的提高使消费者从单一的体育锻炼活动和城市旅游活动进一步延伸到体育旅游融合发展的产业项目中，既能提高消费者锻炼的效率，节省时间，又能增强消费者的观光感和体验感，让消费者更好地参与到体育旅游项目中，增强消费者的参与感、娱乐感，更好地推动体育旅游项目的融合发展。

多样化的需求态势使市场结合消费需求不断改革和发展，完善的市场经济体制和消费者需求的客观数据为更好地服务消费者提供依据。借助国内体育旅游发展的黄金时期，各城市应结合人们对健康、健身的迫切需求和塑造自我形象的满足感，将体育旅游项目做大，助力体育旅游大力发展。2022年冬奥会的申办成功为我国冰雪运动的发展打开了一片新天地，有助于更好地实现体育旅游产业的融合；加之乡村振兴政策的提出，更好地将旅游产业项目、体育项目与乡村特色结合，在融合体育旅游的基础之上助力乡村振兴发展，带动乡村经济发展，将健康、健身、欣赏的理念更好地注入乡村，提高民众对体育旅游的认知。重庆市大足区2021年9月20日以"禾下乘凉 梦圆大足"为主题，以定向运动为体育活动形式，开展了一场定向活动赛事，吸引了不少游客到大足区拾万镇参与活动，参观袁隆平"超级稻"试验基地，感受"杂交水稻"的魅力，享受科技创新的成果，并且还能体验到丰收的喜悦。本次定向赛事的举办将风靡世界的定向运动引入隆平五彩田园，在比赛中融入了深厚的农耕文化、独特的人文景致，为隆平五彩田园注入运动活力，通过休闲体育让五彩田园"动起来"。本次活动的圆满举办体现了体育与旅游融合发展正在全国各地逐步开展，体育旅游的市场逐渐展开。既满足了游客对健康、健身的需求，又满足了人们对休闲娱乐的渴望，多样化的市场需求为体育旅游的发展提供了方向和动力，为体育旅游的发展奠定了良好的市场基础，逐渐吻合市场对体育产业和旅游产业的多样化需求。

21世纪是经济发展时代，人们的生活水平不断提高，传统的衣食住行消费模式已不能满足当代人的需求，单调的旅游供过于求，不足以引发人们的旅游兴趣。体育赛事观赏性强，赛事中能展现出体育对抗的竞技性，显示出体育真正的魅力。体育赛事与旅游发展有效结合会产出高回报的政治、经济、文化和产业效应，将体育赛事与旅游结合成为一股新兴旅游思潮。结合"一带一路"倡议，以及各地方政策、地方经济、地方文化等特点，将体育与旅游有效融合，具有一定的理论意义和经济价值。随着经济的不断发展，人民日益增长的物质文化需求转变为人民日益增长的美好生活需求。传统体育项目和体育运动健身行为已不能满足当代人民的需求，传统单调的旅游形式已不能满足人民对旅游的需求，将体育和旅游融合发展作为一种新型体育赛事模式、旅游发展模式和城市规划模式，可推动体育产业发展，提升旅游产业效益，增强城市魅力。因此，结合"一带一路"倡议，将体育与旅游进行融合研究具有重要的实践意义。

第二节　研究方法及可行性分析

一、研究方法

（一）文献资料法

文献资料法是指通过查阅相关文献资料和材料，对所要研究的对象进行证明。文献搜集方法可以是电子资料查阅，也可以是纸质资料查阅，还可以通过积累文献把文献完整地保存下来，对重点内容和关键数据以及与课题相关的部分进行重点搜集；是对文献资料的检索、收集、整理、分析，形成对事物本身客观的科学认识。文献资料法具有历史性、灵活性、继承性和创新性等特点，但文献的类别又较多。笔者通过对知网、万方、维普等学术数据资源平台进行检索，获得了"一带一路"倡议、"体育旅游"等相关研究文献，关于"一带一路"倡议的文章共79301篇，其中核心刊物17002篇；关于"体育旅游"的文章共8685篇，其中核心刊物1491篇。通过检索硕博论文对"一带一路"的研究，发现共有10489篇，其中博士论文4篇，对"一带一路"的研究被评为校级优秀论文的有17篇；通过检索硕博论文对"体育旅游"的研究，发现共有1311篇，其中省级优秀硕士论文3篇。

以"一带一路"为关键词，检索2014年的相关文献资料共402篇，其中核心期刊有45篇；检索2015年的相关文献资料共7199篇，其中核心期刊有1269篇；检索2016年的相关文献资料共8976篇，其中核心期刊有2023篇；检索2017年的相关文献资料共15890篇，其中核心期刊有3460篇；检索2018年的相关文献资料共15568篇，其中核心期刊有3213篇；检索2019年的相关文献资料共14865篇，其中核心期刊有3041篇；检索2020年的相关文献资料共10602篇，其中核心期刊有2421篇；通过检索分析，2014年对"一带一路"的相关研究处于起步阶段，随着国家政策的支持和号召，在2017年对"一带一路"的研究达到顶峰，但每年对"一带一路"展开研究的高质量论文正在逐步增加，这部分高质量论文多从"一带一路"的实践研究中提炼而来，为更好地促进"一带一路"倡议的实施和沿线地区经济的发展奠定了良好的基础。

以"体育旅游"为关键词，检索1990—2000年的相关文献资料共有168篇，其中核心刊物发表的文章共有19篇，该阶段主要对体育旅游概念、体育旅游的特点、体育旅游的内容和体育旅游的形式进行探析，整个10年期间学者更多的是强调对体育旅游的理论基础研究，因此，该阶段是体育旅游发展的初级阶段。以"体育旅游"为关键词，检索2001—2011年的相关文献资料共有3253篇，其中核心刊物发表的文章共有856篇，研究各个地方对体育旅游的开创和发展情况，就各个地方的体育特色和旅游特色的开展进行研究，主要分析了如何依托地方自然环境优势和地方体育特色项目，更好地融合体育旅游，促进体育旅游健康、稳定、有序地发展。该阶段对体育旅游的研究发展较快，是体育旅游研究的发展期，为更好地实践体育旅游项目开创了空间，是继体育旅游发展初步阶段后的快速发展期。以"体育旅游"为关键词，检索2011—2021年的相关文献资料共有5778篇，其中核心刊物发表的文章共有768篇，研究

"一带一路"倡议下体育旅游资源的整合与发展研究

者主要对各个开展体育旅游的地区进行系统化研究，就"如何结合市场经济发展衔接体育旅游产业、体育旅游产业在市场中如何体现优势、体育旅游产业与传统体育项目和旅游项目的区别与特点"等问题进行研究，为体育旅游的发展前景提供理论支撑，确保体育旅游产业稳步发展。

通过查阅中国期刊网中国内外关于体育旅游融合的体育赛事、群众赛事、体育旅游、城市旅游和统计学、旅游学等大量的体育期刊、学术论文和参考书籍方面的文献资料，并对相关研究资料进行了系统整理，为本研究的顺利进行打下了坚实的理论基础。

（二）德尔菲法

德尔菲法即专家调查法，是由美国德兰公司开创的，其本质上是一种意见反馈的方法，通过对相关领域的专家和学者进行访问，对专家和学者的意见进行整理、收集、归纳、分析，得出相关结论，将相关结论再次反馈给专家和学者，使各专家和学者的意见最终保持一致。德尔菲法具有匿名性、反馈性和统计性，具有可观实践意义和真理性，访问者对专家和学者单独进行访问，且访问的形式是通过文件、邮件或者问卷等形式，以消除专家在相关研究领域的权威性，被调查的专家互相不沟通、不通气，也更好地体现了调查方法的真实性；该方法经过多次反馈，每次反馈使调查组和专家组都可以进行深入研究，使得最终结果基本能够反映专家的基本想法和对信息的认识，所以结果较为客观、可信。小组成员的交流是通过回答组织者的问题来实现的，一般要经过若干轮反馈才能完成预测；最典型的小组预测结果是反映多数人的观点，少数派的观点至多概括地提及一下，但是这并没有表示出小组的不同意见的状况。而统计回答却不是这样，它报告一个中位数和两个四分点，其中一半落在两个四分点之内，一半落在两个四分点之外。这样，每种观点都包括在这样的统计中，避免了专家会议法只反映多数人观点的缺点。

（三）对比分析法

对比分析法又叫比较分析法，是将事物与事物之间相同的特点和相同的部位进行比较，进而结合客观事实得出相关结论，客观地反映事物的本质与事物发展的规律。笔者通过对传统旅游和现代体育旅游形式的比较、地区与地区体育旅游发展的情况比较、城市与城市体育旅游开展的现状比较、体育旅游特色区与体育旅游开发区的优势比较，客观、实事求是地反映体育旅游发展的制约因素、政策扶持力度和市场需求，为更好地制订体育旅游发展方案提供方向性、时效性的指导。

二、可行性分析

"一带一路"倡议是"新丝绸之路经济带"和"21世纪海上丝绸之路"的简称，是带动国内经济高效内循环、国外经济高效外循环以及国内外经济高效内外循环的经济发展倡议。依靠中国地域广阔的自然优势，衔接与周边各国建立的多边机制，借助国内经济发展需要和国外经济发展需要，依托古代丝绸之路的历史符号和印记，以发展为指向，共同打造沿线地区、国家之间的政治、经济、文化、交通等方面的繁荣局面，使沿线地区和国家为实现经营经济共商、美好家园共建、双方双赢共享而积极合作，为创造美好未来做铺垫，打造利益共同体、命运共同体、责任共同体。

体育旅游是体育产业和旅游产业融合发展的新型形态，它既表现了体育产业的相关信息和内容，又表现了旅游产业的外部特征和内在表现。体育旅游是时代发展的产物，也是新时代发展的延伸和创新。作为新时代体育产业和旅游产业发展的产物，体育旅游对体育产业和旅游产业转型而言具有非常重要的意义和引导作用。新时代背景下，基于新的政治形势需求、经济形势需求和文化形势需求，面对新的基础建设、新的客户群体、新的客户需求，国内体育旅游呈现出量的扩张和质的发展。体育旅游以新的形式和高效产量帮助体育产业转型，也帮助旅游产业转型，进而实现了体育和旅游产业的多元化。

体育旅游作为旅游产业当前市场中的新型产品，备受群众喜爱。随着体育旅游的大力发展，体育旅游的年产值已经占到旅游产业的1/3，超过传统旅游产业定额的产值。国家体育总局要求各省、自治区、直辖市每年定期定量举办体育赛事，以响应全民健身、健康中国和体育强国战略的号召，更重要的是保证群众身心健康、生活幸福和满足旅游需求。将体育项目与旅游结合形成新的旅游产品和体育产品，进而刺激体育项目和旅游项目发展，既能满足人们对体育项目的观赏需求，又能满足人们对旅游项目的欣赏需求，从而推动体育旅游产业大力发展。

第二章 体育旅游发展的时代背景

第一节 相关概念界定

一、"一带一路"概念界定及相关研究

"一带一路"是国家顶级合作倡议。新时代背景下的"一带一路"倡议主要依靠中国在国际上的地位和政治影响力的提升而逐渐实现。新时代背景下的"一带一路"倡议主要依托古代中国的丝绸之路和郑和下西洋的海上路线，是对古代丝绸之路和海上丝绸之路进一步的延伸和发展，将古代丝绸之路的作用进一步扩大和发扬，更好地突出古代丝绸之路对新时代背景下"一带一路"倡议的铺垫作用。国家依靠与邻国之间的双边机制和多边机制，借助国与国之间的政治交往、经济交往、文化交往打造合作平台，将"一带一路"倡议更好地付诸实践。"一带一路"倡议主要借助古代丝绸之路的历史符号，倡导富强、和平、民主、和谐、平等，积极连接沿线国家之间的政治交往、经济合作、文化融合；以丝绸之路和海上丝绸之路为桥梁，沟通中国与邻国之间的友好交往，共同维护新丝绸之路经济带和21世纪海上丝绸之路的和平稳定。

当今世界面临着错综复杂的环境，新冠肺炎疫情肆虐、金融危机逐渐萌芽、世界经济发展缓慢，经济全球化的格局逐渐呈现分离状态。在新冠肺炎疫情背景下，"一带一路"倡议为国内经济大循环和国外经济双循环做了良好的铺垫。"一带一路"倡议将沿线城市有效连接，以沿海龙头城市带动中部一线城市和西部主要城市，促进国内经济大循环，以东部经济带动西部经济为循环，以南部经济带动北部经济为循环，形成国内双向循环，促进经济稳步、合理、系统地发展。"一带一路"倡议为更好地促进经济的有序流动、资源的合理分配和市场的有序发展做开路先锋，推动沿线地区和国家经济稳定发展，为

第二章 体育旅游发展的时代背景

开展更大范围、更高水平、更深层次的合作构建经济蓝图。"一带一路"倡议为中亚地区的国家和东南亚地区的国家建立了与中国及其他地域沟通的桥梁，带动了中亚地区农产品的输出和东南亚地区经济作物的输出，方便中亚地区和东南亚地区输入中国工业技术和欧美先进技术，将中国的教育理念和文化更好地传入"一带一路"沿线的国家，将中国的传统体育项目更好地向中亚地区和东南亚地区的国家以及世界展现，让沿线国家更好地了解中国文化，也让国外优秀的文化更好地传入中国，共同促进教育的发展。

"一带一路"倡议沿线的国家和地区数量较多，范围较广，人口较多，约占全世界人口的 63%；陆上丝绸经济带从中国的东部到欧洲的西部总长约 81000 公里；每年沿线的经济产量能达到 21 万亿美元，占世界的 29%；"一带一路"沿线货物和服务出口占全世界的 23.9%。如此庞大的经济体能形成良好的地域经济带。目前中国正面临着产能过剩、外资过剩的现状，中国是人口大国，每年人口输出多、量大，服务行业产生的经济效益较高；每年国内的工业制造产品和服装制造产品等出口量较大，一旦出现经济危机或者经济缓慢发展的情况，国内销售不完，对外不能出口，中国制造的产品将会自留，导致产能过剩。近几年中国对美国的外债较高，美国采取相应的贸易政策使我国外资过剩。中国在沿海地区和内陆地区不断开发能源，但远远满足不了国内的需求，中国的油气资源和矿产资源对国外依赖较高，特别是对中亚地区的石油和矿产资源依赖度较高。众所周知，西亚是世界上盛产石油的地方，石油输出国组织是控制石油价格涨幅的主要机构，因此石油的需求和采购依然成为中国急须解决的问题。"一带一路"的发展能良好地改善中国油气输入运输时间久、运输量不大等情况，通过"一带一路"的基建管道建设，能更好地将石油从西亚输入中国，既快捷又方便，输入的量又大，经济实惠，降低成本。我国的重工业和核心工业基本上集中在沿海地带，一旦面临外部打击，国内将失去重要的工业和核心技术。"一带一路"的建设能将中国的重工业和核心技术基地更好地建设在内陆，既能带动内陆的核心技术发展，又能带动内陆的经济发展，在非常时期也能保住中国的核心技术和重工业。亚洲大部分国家属于发展中国家，只有少数国家的部分城市达到了发达国家的水平。中国是亚洲发展较好的国家，在政治、经济、文化、交通等方面都有着重要的影响，中国周边的国家愿意和中国建立友好的外交关系，愿意同中国在政治、经济、文化、交通等方面实现共商、共建、共享的局面。总之，"一带一路"的发展既能为中国解决内部产能过剩、外资过剩的现状，改善中国对国外能源、资源的依赖，对保护重工业和核心技术起到一定的作用，也能促进"一带一路"沿线国家之间的友好

"一带一路"倡议下体育旅游资源的整合与发展研究

往来、互惠互利、共同发展。

"一带一路"倡议贯穿着亚欧非大陆，连接着东边经济活跃的中国和西边经济发达的欧洲地区，串联着地域广阔、经济发展潜力大的中亚地区，带动着原材料丰富的非洲地区；"一带一路"倡议将经济发达的地区、经济发展中的地区和经济较贫困的地区有效地连接起来，促进世界经济整体发展；该路线贯穿着亚热带、热带和温带地区，使地区与地区之间的沟通更加紧密，加强了地区与地区之间的贸易往来；同时，"一带一路"倡议贯穿着南半球和北半球，将南北半球的经济、政治、文化、交通等各方面有效连接，加强了南北半球国家与国家之间的交往，强化了南北半球国家与国家之间的贸易往来，促进了南北半球国家与国家之间的经济发展。"一带一路"以沿线的城市为基准点，以地区的经济特色产业为表现，带动地区的经济发展，以地区经济产业园为依托，带动地区经济带的发展，使经济效益辐射地区周边范围。"一带一路"倡议具有时代性、包容性、开放性。当今时代，政治、经济、文化的发展使全球成为一个整体，各国都应为共同打造和平幸福的地球家园做出一份贡献。互联网、交通等方面的发展，将全球各个地区、各个国家紧密连接起来。进入21世纪以后，各个地区、各个国家的经济都呈现稳步上升的状态，市场需求量和供给量逐渐出现了不平衡的状态，导致供给量超过了需求量，产品和劳动服务等呈现滞留的状态，各地区和各国之间急需一条解决内部产品滞销和外部资产过剩的发展之路。因此，"一带一路"倡议给沿线的地区、国家带来了新的经济生命和发展条件，是地域发展的需要，也是国家发展的需要，更是时代发展的需要。因此，"一带一路"战倡议具有强烈的时代性。"一带一路"倡议是面向全世界的重要倡议，该倡议的提出是公开的、开放的，中国一直强调开放，因为开放带来发展，封闭带来衰落，开放的地区和开放的国家能更好地与其他地区和国家建立良好的关系和良好的贸易往来，封闭的地区和封闭的国家与周边邻国的关系连接较少，贸易往来不畅通，导致本地区和国家经济发展落后。"一带一路"倡议以开放为导向，依托古代丝绸之路，通过现代交通技术的完善和网络技术的发展将地区有效地连接，促使封闭地区打开国门，融入世界经济发展的道路中。"一带一路"倡议是一条牢固的经济桥梁，吸引着沿线的地区和国家主动向"一带一路"桥梁靠拢，促进当地资源的优化配置和经济要素的有序自由流动以及市场的深度改革。"一带一路"倡议有效地将发达国家、发达地区、发展中国家、发展中地区以及欠发展地区连接起来，该倡议没有将发达国家与发达国家单独衔接，没有将发达国家与发展中国家有效连接，更没有规避欠发达地区的国家，而是将发达国家、发展中国家和欠发达地区及国家紧密

第二章 体育旅游发展的时代背景

连接在一起,促进经济的稳步发展,有效地拉动了欠发达地区的内需,使欠发达地区及国家的原材料更好地输送到发展中国家和发达国家,使发达国家和发展中国家的工业技术和服务业更好地输入欠发达地区及国家,带动欠发达地区及国家经济的稳步发展。

王兴怀、朱亚成在《"一带一路"背景下环喜马拉雅体育产业发展战略研究:以西藏体育产业为例》一文中指出:"一带一路"倡议的出台得到了各地市州的积极响应,西藏自治区结合本地地理优势和自然环境优势打造环喜马拉雅经济带,共同为"一带一路"倡议更好地实施打好地方经济基础,文章从西藏地区的优势、劣势、机遇和挑战四方面分析建立环喜马拉雅经济带的政策。付东、李旻在《"一带一路"背景下四川省体育产业发展路径研究》一文中强调:"一带一路"倡议是国家长期发展的重要倡议,沿线涉及的国家多,经济产量潜在值和国际贸易总量较多,被认为是 21 世纪最有潜在经济价值的倡议。"一带一路"倡议为四川的体育产业和旅游产业带来了极大的经济价值,不仅对提升体育产业发展水平起了积极的作用,也对省内体育产业、旅游产业结构的构建提供了新的思路,促进省内区域规划,合理改善了体育产业和旅游产业的空间布局,对体育产业的管理和经营水平也有一定的积极作用。张轶等人在《"一带一路"背景下重庆市来华留学教育发展政策研究:基于政策比较分析视角》一文中表示,重庆是"一带一路"倡议发展的重要城市,城市的建设和发展对吸引来华留学生起着重要作用,利于加强国内与中亚、东南亚地区之间的经济交往、商业贸易和文化交融。王亦虹、田平野在《"一带一路"倡议对中国节点城市经济增长的影响:基于 284 个城市的面板数据》一文中指出,该倡议的提出对地方经济的发展起到了促进作用,对欠发达的地区在经济方面起着积极作用,主要通过基础设施建设、对外直接投资和对外贸易三驾马车实现经济促进作用。张晓萍、闫磊等人在《"一带一路"倡议下我国体育旅游发展研究》一文中表示,"一带一路"倡议给国内沿线城市带来了发展机遇,同时也带来了巨大挑战,宣传了古代丝绸之路"和平""和谐""互利"的重要精神和文化传统,有利于通过该倡议将中国文化和中国历史更好地向世界展现。包希哲等人在《"一带一路"视域下民族传统体育与旅游品牌的共商共建共享机制研究》中指出,该倡议是中国积极探索国内城市与城市之间相互建立合作关系、建立文化融合的新模式,是探索中国与国外建立对外贸易新合作关系和解决全球治理相关问题的新模式,最直接的表现在于通过地区与地区之间的优化资源配置,促进经济稳步、健康和有序发展,促进经济自由流动,促使货币自由流通。郭眉辰、陈林华在《"一带一路"体育赛事发展困境与优化路径研究》中

"一带一路"倡议下体育旅游资源的整合与发展研究

指出,"一带一路"是习近平总书记通过访问中亚地区国家和东南亚地区国家时,就建立双方经济贸易往来和经济发展战略提出的一种双方互惠互利、共建共享的新合作模式与合作理念。孙壮志在《"一带一路"背景下拓展国际体育合作的新路径》一文中强调了"一带一路"倡议的"五通"功能,即实现政策沟通、设施联通、贸易畅通、资金融通、民心相通,为共同打造城市与城市之间的合作、地区与地区之间的合作以及国家与国家之间的合作奠定基础、建立平台,为"一带一路"沿线的区域提供可持续发展的动力,促进"一带一路"沿线地区、国家的经济发展。

总之,"一带一路"倡议是新时代背景下经济发展的"丝绸之路",延续着古代丝绸之路路径的特色和古代丝绸之路的经济作用,拓展了21世纪海上丝绸之路,是丝绸之路经济带和21世纪海上丝绸之路的简称。该倡议为全球经济的发展提供了路径和方向,为新时代世界走向共赢带来了中国方案,为世界经济健康、有效、可持续地发展提供了新的平台。增添了新的动力。"一带一路"倡议作为新时代的经济构想,更好地为城市与城市之间、国家与国家之间、地区与地区之间指明了经济发展之路,有利于城市与城市之间、国家与国家之间、地区与地区之间的资源合理配置,促进了城市与城市之间、国家与国家之间、地区与地区之间市场的深度改革和融合,为共同营造良好的经济氛围提供了发展路径。

二、体育旅游

体育旅游是新兴的旅游模式,对体育旅游的概念在学术上有较多不同的意见和争议,不同学者站在不同的角度对体育旅游有不同的理解和看法。于素梅在《我国不同群体体育旅游认知情况的调查与分析》一文中以体育资源作为出发点,将正在开发或即将开发的旅游资源与体育赛事、体育项目资源有机整合,从而使游客既能体验体育项目的乐趣,又能欣赏旅游的风采,满足游客的需求,进而促进生态效益提升,提高城市经济效益,创新社会生活、活动形式的模式,是事物与事物、人与事物之间发展的社会总和。马耀峰在《旅游资源开发及管理》一书中从旅游资源的本质出发,强调了体育旅游是旅游资源的延伸、发展,是旅游资源在不同时代背景下所衍生的产物,是满足当前时代需求和经济发展的好产业。因为旅游资源是基于自然资源和社会资源逐渐发展而成的,为的就是满足社会发展中人们的不同需求。体育旅游是新时代背景下人们对健康和健身的强烈需求,因此,体育项目能更好地满足人们对健身和健康的需求,能更好地改善人们日常三点一线的生活模式。对社会、城市发展而言,

第二章　体育旅游发展的时代背景

新型产业的发展能带来一定的经济效益，促进地域之间经济贸易和经济交融，创造一定的综合效益。陈权在《横琴休闲体育旅游开发的现状与对策研究》中指出，体育旅游是结合体育赛事观赏和体育赛事参与的特点、结合传统旅游特点演变而来的项目。该文中强调了体育旅游既带来了机遇，也带来了挑战，机遇在于结合本地特色更好地发展体育项目；结合市场需求，更好地完善项目优势；结合政策导向，更好地融合体育与旅游行业。姜付高等在《全域体育旅游：内涵特征、空间结构与发展模式》中提到，体育旅游是体育与旅游融合发展的结果，具有全方位、季节性、共享性、融合性、管理性等多功能特征。在时间结构上出现了时、分、秒的不同景象变化，在空间结构上出现了点、线、面、域的结构变化，使体育旅游富有新的时间结构和空间结构。[1] 皮常玲等四位学者在《基于学科从属规律与"家族相似性"的体育旅游学科属性辨析》一文中指出，目前体育旅游的学科属性尚不清楚，他们的研究采用家族相似性的分析方法，从语境的表达、活动的形式以及项目消费的动机、活动影响等方面对体育旅游进行了科学性、系统性的分析。他们从体育学和旅游学的视角、从主动性和被动性的需求出发进行研究，指出体育旅游专业最终归属于旅游学科的结论，帮助体育旅游专业明确了学科归属。盛建国等学者在《生态体育旅游的价值表现及开发策略》一文中表示体育旅游是生态文明建设发展的必然要求，体育旅游的概念具有很强的导向性，既包含哲学又包含体育学也包含旅游学，更是旅游产品。从体育旅游的字面理解，旅游是体育旅游的表面属性，体育是体育旅游的深层属性，其中体育旅游的表面属性包含同一性、异地性和审美性，体育旅游的深层属性包含技能性、规则性和健身性。卢长宝、庄晓燕、邓新秀在《视角、理论与方法：体育旅游研究的现状与趋势》一文中指出，体育旅游的概念主要来源于参与项目的首要目的和次要目的，如果以参加体育运动为主、以欣赏城市的风光为辅，那么体育旅游的概念将偏向于体育学科；如果以欣赏城市风光为主，再参与城市举办的群众体育项目，那么体育旅游的概念将偏向于旅游学科。整体来看，体育要素权重越高，那么体育专业性的需求就越高；相反，旅游要素权重越高，那么旅游专业性的需求就越高。因此，体育旅游的概念需要进一步明确。杨芙蓉、徐立武在《新农村视域下体育旅游外语人才培养及其服务农村经济发展的作用研究》一文中从广义和狭义两方面对体育旅游进行界定：广义的体育旅游是指旅游者通过旅游活动，在活动过程中参与

---

[1] 姜付高，曹莉. 全域体育旅游：内涵特征、空间结构与发展模式 [J]. 上海体育学院学报，2020，44（9）：12-23.

"一带一路"倡议下体育旅游资源的整合与发展研究

身体锻炼、娱乐活动、休闲活动、刺激冒险活动，与当地旅游特色、旅游产业有机融合的关系总和；狭义的体育旅游是指以体育为主要成分、以旅游为基本形式，向参与者提供锻炼的机会和平台的一系列社会活动。马万财在《张掖市体育旅游资源的开发及策略研究》的论文中以社会和自然资源为立足点，认为体育旅游资源指的是在旅游期间能够对游客产生吸引力，并且诱发其进行旅游行为的所有事物和因素的集合，并且能够创造一定的价值和效益。

体育旅游的发展促使体育行业内部进行革新和发展，从而结合市场发展，优化资源配置。将传统单一的体育项目进行拓展，开发出新的体育产业资源，为体育行业的内部发展和体育产业的外部延伸创新了营销模式和发展道路，优化了体育项目特性。体育旅游将传统的体育项目枯燥、单一的特性进一步优化，让体育在新时代、新发展阶段富有时代性、创新性、旅游性和娱乐性。随着经济的发展、社会的发展，人民日益增长的美好生活需求和不充分的发展之间的矛盾日益增长，但高血脂、高血压、高血糖、肥胖症、近视等疾病日益威胁着人们的健康，在满足物质条件的基础上，人们急需寻找一种既能缓解疾病的危害又能满足生活的幸福感和成就感的生活方式。

体育运动常常给人们留下一种健康、健身和塑型的直观印象，面对人们对健康的迫切需求和寻找幸福感与成就感的生活方式的需求，体育相关行业正在进行进一步的改革和发展。体育与旅游的融合既能很好地满足人们对健康的需求，又能给人们的生活带来新鲜感、欣赏感和娱乐感，缓解人们在生活、工作中的压力。

例如，将马拉松与城市旅游结合。随着马拉松热的井喷式发展，马拉松运动逐渐成为人们生活中的一部分，因为马拉松运动能给群众带去健康、欢乐，消减疲惫，马拉松运动赛事能为地区经济的发展增加催化剂，同时，马拉松运动赛事的开展吸引了全国各地不少的游客来到举办马拉松运动赛事的城市，保证了城市的客流量。在客流量达到一定基础的情况下，城市旅游的发展就水到渠成了。

又如，武术项目与旅游的结合。武术项目是古代军事战争演变出来的一种体育项目，是军事战争的产物，武术不仅能起到强身健体的作用，而且能预防敌人的入侵。武术是中华民族优秀传统文化的重要组成部分，承载着厚重的历史文化内涵，它植根于中华大地，绵延数千年，生生不息，发展壮大，成为中华民族文化的精神象征和标识，是中华民族文明的重要标志和智慧的结晶。武术是一项内涵丰富、形式多变，具有独立体系和多种社会功能的体育运动项目。举办武术项目赛事的城市，一般都具有一定的武术文化氛围和武术硬件设

第二章　体育旅游发展的时代背景

施和软件设施,能让参赛者更好地体验武术的氛围,更好地了解举办赛事城市的武术文化,还能将武术文化传递到参赛人员的生源地,更好地宣传举办赛事城市的武术文化。举办大型武术比赛不仅能吸引比赛人员、教练员和领队前往,还能吸引游客来参观比赛,使参赛人员及游客了解赛事举办城市的旅游特色、旅游文化和旅游项目,促使城市进一步规划武术项目和旅游的融合,从而促进城市经济的发展、赛事体系的完善以及城市文化的建设。

北京2022冬奥会的成功申办使"北冰南移"工程得到了地方政府的大力支持,各地也积极开展冰雪运动,为全民健身、健康中国、体育强国的目标的达成打下了良好的基础,也为备战冬奥会做准备。各地政府借助"北冰南移"工程,将体育项目与当地的自然资源优势、社会资源优势和人文优势相结合,大力发展体育+旅游产业,推动冬季运动项目和当地城市旅游业的发展,同时也加强了体育与旅游产业的有机融合。

体育旅游的发展促使旅游行业内部进行革新,根据群众和市场的需求,优化旅游产业资源,开发旅游产业新项目,为旅游产业的发展寻找新的路线和新的动力。目前旅游产业的发展趋势正由单一的观光旅游逐步向休闲度假旅游过渡,在观光旅游向休闲度假旅游过渡期间,体育项目的开发为休闲度假旅游发展提供了良好的思路,为旅游产业开辟了新的资金链和优质市场。体育旅游的出现使传统的旅游模式逐渐被淘汰,取而代之的是体育+旅游活动的模式。近些年,我国体育旅游产业的发展规模正逐步扩大,并且带动了区域经济的发展。相关调查研究显示,体育旅游市场的规模逐年增长,2018年体育旅游占旅游市场比重的世界平均水平已经达到15%,其中发达国家的比重较高,达到了25%;我国和其他发展中国家的体育旅游占本国体育市场的比重不高,约有5%。

传统的旅游模式以单一的观赏活动为主,游客多采用步行的方式对旅游城市的自然风景、自然资源、社会风貌和经济发展水平等方面进行了解。体育旅游的产生改变了传统体育旅游的活动形式,使游客由单一的参观欣赏向参与丰富多彩的活动进行转变,使游客由主动欣赏变成了主动参与,更好地激发了游客的积极性,也利于各城市更好地向游客展示城市的特色文化和风貌。体育旅游的发展带动了文化活动和体育活动的开展,游客可以通过文化活动和体育活动更深入地了解该城市的发展规划、政治影响、经济实力和文化氛围。体育旅游产业的发展能大力促进城市经济增长,经济增长又能为其他产业的规划奠定良好的基础,同时也为全方位、多角度地打造旅游和体育赛事活动融合做铺垫。

"一带一路"倡议下体育旅游资源的整合与发展研究

我国部分沿海城市形成了具有鲜明特色的体育旅游产业，如青岛建立了我国最系统、最科学的奥林匹克帆船中心（以下简称"奥帆中心"），这里是国家帆船队的集训中心，游客在领略海景时，会发现海边有奥帆集训中心，导游也会向游客介绍奥帆中心的历史、文化及其作用，游客还可以体验很有趣的帆船出海项目。再如距离广东省珠海市横琴新区较近的南海地区，这里的旅游休闲活动和海上旅游项目已经形成了一套固定的模式，且多年的开发和实践证明，以地域自然资源为本、以优惠的政策为外部支持、以社会经济发展为根、以旅游形式为表象的活动能取得一定的经济成效。南海地区利用得天独厚的自然优势和政府的优惠政策，举办了具有地方特色的体育赛事，积极开发并拓展了体育健身市场，发展了潜水、帆船、冲浪、垂钓、沙滩排球等具有沿海地方特色的滨海休闲体育项目，同时借鉴广东、广西少数丘陵地带的经验，积极开发自行车、登山、漂流、野外拓展等户外体育运动项目。这些运动项目的开发展不仅为南海地区旅游产业的发展提供了新的思路和新的方向，而且提升了南海地区的经济效益。

总之，体育旅游在国内是一种新兴的旅游方式，是体育与文化旅游相结合的一种健身运动方式，有参与性、观赏性、娱乐性等特点，促进了体育产业和旅游产业资源的优化配置，以及体育和旅游两大产业的合理转型，带动了城市经济发展。在当今世界，体育是时尚，旅游是时尚，体育与旅游相结合更是时尚，因而以体育健身为主题的体育旅游无疑有着良好的发展前景。

三、经济带

经济区是在劳动地域分工基础上形成的、不同层次和各具特色的以地域专门化为主要特征的经济地域单元。经济带是带状经济区的简称。经济带是经济发展到一定阶段的必然结果，推动经济带建设有助于经济转型升级、优化资源配置、缩小地区发展差距、提高开放型经济水平，是优化国土空间开发保护格局、推动经济高质量发展的必然选择。经济带又可以称为城市群、城市带和大城市连接区，主要根据城市与城市之间的距离、城市内部的建设和城市之间的交通的发展而形成，是由多个城市圈组成的经济发展区。要构成实力雄厚的经济带，必须使经济带中的城市与城市之间紧密联系，缩短城市与城市之间的交通距离。一般而言，经济带中的城市与城市之间相距不超过400公里，最适合的城市与城市之间的距离在200～300公里，形成经济带的前提条件是城市与城市之间的距离不宜过长。如果城市与城市之间的距离较近，就会使农产品以及生态产品供不应求，城市的废气排放和垃圾处理将会影响城市居民的生活。

第二章 体育旅游发展的时代背景

城市与城市相隔太近还会引起交通堵塞、城市道路不畅通等现象,进而形成城市群病。如果城市与城市之间相隔的距离较远,不能很好地促进城市与城市之间的贸易往来和交流,导致城市与城市之间交通所用时间较长、贸易与贸易往来的经济成本增加,也不利于城市经济的发展。同时城市与城市之间距离较远将会导致郊区的农产品滞销,城市的工业技术也不能更好地引入郊区,为郊区生产生活提供方便,进而不利于城市周边的郊区发展,使城市周边的郊区边缘化、贫穷化,更不利于经济带的形成和发展。经济带的形成使周边的城市经济辐射面更广,更好地带动周边郊区经济的发展。经济带的发展主要依托交通运输干线,以城市的自然资源、有利的地理位置和城市整体建设为发展轴心,以实力较强的城市为经济带建设的核心,利用城市的经济地位对周边进行辐射影响,发挥经济集聚和辐射功能,连接周边不同等级、不同水平的城市使其向经济实力雄厚的城市靠拢,以城市为点,将城市与城市连接成线,通过城市与城市之间的线构成经济面,将各地区的经济面紧密衔接,以干线中的核心城市为中心,构成具有地方特色、地方文化和地方风情的经济带。

经济带具有客观性、区域性、多元性、开放性、变化性、稳定性的特点。经济带作为城市生产、生活以及地域分工的产物,其表现形式具有客观性,城市的发展和城市的需求量大小有一定的关系,一个城市的需求量大会促使城市生产力提高,城市生产力的提高会促使城市经济效率提高,进而提高城市 GDP。城市地理位置的优越也能体现经济带具有客观性,如果一个城市的水路交通和陆路交通都发达,该城市势必会成为经济带的中心;如果一个城市地处沿海地区且该城市位于海湾处,该城市将比其他城市更有机会成为港口城市,港口城市的海外交通运输量大,其获得的信息较多,先进的工业技术和生产技术将率先在港口城市运行,能提高港口城市的生产力。经济带的形成具有一定的区域性,在我国经济带分布得比较明显,呈三级阶梯形式,东部地区有多个经济带,中部地区对于西部地区经济带较多;其中东部地区经济带实力较为雄厚,中部地区经济带比西部地区经济带的实力要强,这主要由我国的地理环境所决定,东部地区地势较平,有利于农业的发展;东部地区经济带临海,有利于交通运输业的发展,沿海城市因其交通运输业发达、对外接收信息快,所以生活、生产技术较为先进。东部地区经济带主要依附交通路线和内流湖的交通运输航线。西部地区经济带 80% 的经济来源需要依靠交通运输业的发展,因西部地区地势较高、水上运输不畅通,水路运输业相比于东部城市和中部城市较差。经济带由不同等级城市和地域范围构成,由若干个经济区和城市点集结而成,每个经济带的 GDP 最直接、最直观地反映城市发展水平,同时也结合

"一带一路"倡议下体育旅游资源的整合与发展研究

地域特色反映地域经济，体现了经济带的多元性。每个经济带都具备开放性特征，对外开放使地方经济更好地吸收和接纳外来贸易商品，带动本地区域经济发展，同时对外开放能更好地将本地产品输入外地，通过产品展现城市面貌，突出城市文化和城市特色。

丝绸之路经济带是古代丝绸之路经济带的延续和进一步发展。该经济带是21世纪最具代表性的经济道路建设方案，东部连接环太平洋经济圈，西部连接欧洲发达国家，被认为是"世界上最长、最具有发展潜力的经济大走廊"。丝绸之路经济带辐射面积广、地域辽阔，途经的城市、地域和国家自然资源丰富、矿产资源丰厚、能源资源产量大、土地资源辽阔、旅游资源多样，也被称为21世纪战略能源和资源基地枢纽带。丝绸之路经济带的建设和打造，使贸易投资更便捷，有利于深化经济技术合作，建立区域与区域之间的自由贸易区，有利于促进区域与区域之间的旅游资源整合，更有利于区域与区域之间体育赛事的联合开展。丝绸之路经济带从地理概念出发，其涉及地域面积广、经济辐射地域宽，经济辐射范围横跨亚欧非三个大陆，使亚欧非三个大陆的经济连接更为紧密，更为显著地将亚欧非经济体系串联在一起。丝绸之路经济带横跨亚欧非三个大陆，地理空间区域大，为使经济更好地发展，需要借助现代化仪器设备和新兴技术来规划和深化区域与区域之间的联系与认识。丝绸之路经济带空间分异性较强，横跨热带、温带和亚热带，区域与区域之间的地理环境、文化氛围、宗教信仰、经济发展程度不一，有利于促进不同地区之间的产品互换、服务互换和科学技术交流。

丝绸之路经济带是2013年习近平总书记访问哈萨克斯坦时提出来的。习近平总书记指出，丝绸之路经济带是基于古代丝绸之路的概念而形成的一个新的经济发展倡议，能促进地方经济进一步发展，提高地方经济的产值。丝绸之路经济带包括西北的陕西、甘肃、青海、宁夏、新疆以及西南的重庆、四川、云南、广西，该经济带的建设为西部地区的发展指引了方向，西部地区需要借助丝绸之路经济带的东风，结合现代科技信息技术以及新兴产业和市场深化改革，与沿线国家建立友好贸易关系，促进西部地区经济整体健康、稳步发展。"一带一路"倡议延续了古代丝绸之路的经济效应，同时为我国西部地区的进一步发展提供了新的路径，促进沿线国家的传统体育项目与西部地区的传统体育项目更好地交流，使我国传统体育项目走出国门，也要引入国外优秀的传统体育项目，使我国传统体育项目的发展做到去粗取精、去伪存真，积极开发传统体育项目的经济价值并弘扬传统体育项目的文化价值。

网络的普及和信息化、智能化时代的到来，赋予了丝绸之路经济带科技感和智能感，让"一带一路"倡议具有了信息化元素，也为将该经济带建设成全世界最具发展潜力的经济带埋下了"能量种子"。以信息化带动工业化，使工业发展具备更为系统、更为便捷的现代技术；以信息化带动城镇化，让城镇"活"起来，运用大数据赋能，全面提升城镇数字化水平和基层治理水平；以"信息化提速"推进农业农村现代化，依托现有资源建设农业农村大数据中心，加快物联网、大数据、区块链、人工智能、第五代移动通信网络、智慧气象等现代信息技术在农业领域的应用。"一带一路"倡议使丝绸之路经济带延续古代丝绸之路经济带的历史使命，丝绸之路经济带的建设和开发为沿线核心城市带去了科技化、智能化的信息元素，为城市的基础建设和经济体制的完善指明了方向，也让丝绸之路经济带辐射的周边城镇地区更好地与世界其他国家互通、互惠、互利，实现友好贸易往来。

总之，"一带一路"倡议带动了我国内部经济向前迈进的步伐，也促进沿线城市的基础设施建设和城市经济水平的提高，为更好地开发西部、促进西部发展提供了国际平台，让丝绸之路重新发挥原有经济贸易往来的作用和功能；也让经济带沿线的城市更好地与国际接轨，向发达国家和地区学习，引进先进的技术和资源，推动地区经济发展。

第二节　国内外体育旅游发展现状

体育旅游是体育产业和旅游产业融合发展的新兴产业形式，该产业的发展为体育行业内部的改革创新提供了发展思路，拓展了以体育为载体的新兴产业市场，促进体育资源整体优化，让体育产业以一种新面貌展现在世人面前。就体育旅游发展而言，国外体育旅游相比国内体育旅游开展得更早，更能凸显体育与旅游结合而产生的经济效应。国内体育旅游正处在发展阶段，改革开放四十多年来，我国经济发展产生了质的飞跃，人们的生活水平逐渐提高，人们对健康、健身和健美需求的增强为体育旅游的发展提供了强大的动力。

一、国内体育旅游发展现状

中华人民共和国文化和旅游部2018年文化和旅游发展统计公报中第五点"旅游资源利用"板块指出："大力推进休闲度假旅游发展，为适应我国居民休闲度假旅游需求快速发展需要，积极营造有效的休闲度假空间……大力发展自驾车旅居车旅游，加快推进自驾车游相关行业标准编制工作。加快发展温泉旅游、冰雪旅游等旅游新业态。"文化和旅游部政策的提出为体育旅游产业开辟了外部政策道路，鼓励和支持体育旅游大力发展。《中华人民共和国文化和旅游部2019年文化和旅游发展统计公报》中第五点"文化和旅游资源开发利用"板块中再次强调了：协同推进资源开发和市场开发，举办"心灵四季·美丽中国"夏季、冬季旅游推广活动。《中华人民共和国文化和旅游部2020年文化和旅游发展统计公报》中第五点"资源开发和利用"板块指出："开展'心灵四季·美丽中国''感受美丽家乡、发现户外精彩'系列宣传推广活动和全国冰雪旅游宣传推广活动和'最美风景在路上'自驾游系列推广活动，支持黄河、长城、长江等旅游推广联盟开展跨区域主题推广。"中华人民共和国文化和旅游部2021年文化和旅游发展统计公报中第五点"资源开发和利用"板块中着力强调："推出一批冰雪旅游线路、认定推出12家国家级滑雪旅游度假地和体育旅游示范基地，助力北京冬奥，推进产品业态融合发展。"

2019年9月，国家体育总局、文化和旅游部关于发布"2019十一黄金周体育旅游精品线路"的公告中表示，为深入贯彻党的十九大精神，全面落实"健康中国"国家战略，践行"绿水青山就是金山银山""冰天雪地也是金山银山"的发展理念，促进体育产业与旅游产业融合发展，满足人民群众节假日期间多样化的体育旅游需求，这两个部门联合发布了18条体育旅游精品线路，具体体育旅游精品线路见表2-1。

表2-1 2019十一黄金周体育旅游精品线路

序号	线路名称
1	河北张家口崇礼户外运动线路
2	河北保定易县狼牙山—易水湖—清西陵龙西旅游公路
3	内蒙古兴安盟疏林草原枫情马镇—内蒙古科右中旗草原休闲体育旅游线路
4	吉林长春净月潭环潭户外旅游线路
5	黑龙江五大连池风景区体育旅游线路
6	上海铁马生活上海城市骑行线路
7	江苏镇江世业洲体育休闲旅游线路
8	安徽皖南"川藏线"水墨汀溪体育旅游线路
9	福建三明大金湖体育旅游线路
10	江西宜春明月山体育旅游线路
11	河南大别山新县国家登山健身步道
12	湖北宜昌环百里洲自行车骑行线路

第二章　体育旅游发展的时代背景

续表

序号	线路名称
13	广西阳朔十里画廊攀岩体验线路
14	四川黄龙—牟尼沟—九寨沟茶马古道户外线路
15	贵州安顺户外挑战之旅旅游线路
16	云南中国远征军之路旅游线路
17	云南普达措国家公园秘境尼汝户外线路
18	青海龙羊峡体育旅游线路

2020年，国家体育总局、文化和旅游部发布了"2020十一黄金周体育旅游精品线路"共19条，具体体育旅游精品线路见表2-2。

表2-2　2020十一黄金周体育旅游精品线路

序号	线路名称
1	北京延庆区世园漫跑精品线路
2	河北秦皇岛北戴河新区帆船航海海钓温泉体育旅游体验线路
3	内蒙古兴安盟科右中旗枫林草原休闲体育旅游线路
4	吉林长白山市泰格岭山地运动公园体育旅游线路
5	黑龙江齐齐哈尔市敖包岭山地运动赛道
6	浙江杭州市淳安千岛湖运动休闲之旅
7	江苏苏州市沙家浜风景区红色户外拓展线路
8	江西萍乡市武功山体育旅游线路
9	山东青岛市水陆环岛户外体验线路
10	河南新乡市徒步中国·宝泉"崖上太行"越野挑战赛线路
11	广西南宁市乔老河片区休闲体育旅游精品线路
12	海南三亚市蜈支洲岛滨海运动休闲线路
13	湖北潜江市返湾湖运动休闲旅游线路
14	贵州黔东南州环雷公山体育旅游精品线路
15	云南腾冲市重访徐霞客腾冲之旅
16	陕西汉中市留坝足球、山地运动自驾环线
17	甘肃定西市漳县贵清山和遮阳山户外运动旅游线路
18	青海海西州"激情穿越柴达木"精品自驾游线路
19	新疆哈密市探索神秘的大海道（哈密）徒步自驾线路

"一带一路"倡议下体育旅游资源的整合与发展研究

2021年第六届文化体育旅游融合发展高峰论坛在甘肃省酒泉市敦煌山庄成功举行，论坛上，来自北京、上海、浙江、云南、贵州、四川、甘肃等省市的学院、企业、科研单位、行业协会的专家学者围绕"从需求侧管理洞察美好生活大产业"主题进行了深入探讨和交流，分享了文化和旅游产业与体育产业融合发展的典型案例和成功经验，从文化、旅游、体育、教育培训、大健康等产业跨界协同发展的角度各抒己见，为文化和旅游产业与体育产业融合创新高质量发展建言献策。这次论坛对深入实施"文化旅游+"战略，深化部门合作，彰显发展优势，优化"文化旅游+体育"业态供给，促进文化和旅游与体育融合发展等方面进行了深度的沟通与交流；为发展体育旅游、丰富文化和旅游产品体系、拓展文化和旅游消费空间、促进文化和旅游业转型升级积累了经验，开阔了视野，拓宽了思路。

2020年《中国旅游报》发表的"重庆推动体育旅游产业高质量发展"的文章中指出：由重庆市体育局、市文化和旅游发展委员会主办的2020重庆市第四届体育旅游产业发展大会在渝北区举办。会议发布了永川国际女子足球锦标赛、中国重庆·荣昌国际划骑跑铁人三项公开赛、长江三峡（巫山）国际越野赛等10个体育旅游精品赛事项目，推出了大金刀峡体育休闲精品线路（北碚）、永川区黄瓜山体育旅游精品线路、黑山谷深度体验游（万盛）等9条体育旅游精品线路。与此同时，重庆将引进英国足球、赛车、斯诺克、马术、橄榄球、水上运动、户外运动等赛事品牌，进一步将体育与旅游融合，展现重庆的城市魅力，突出重庆的城市文化，提升重庆的经济实力。

近年来，甘肃大地上以"体育运动为载体，旅游观光和文化体验融合为特征"的体育旅游品牌遍地开花，不仅给体育运动爱好者带来不一样的"运动体验"，也给游客带来不一样的"旅游视角"。2019年7月，甘肃省开始开展"2019野性祁连越野跑"，该项目创办时间不长却已经在全国有了一定的知名度，带动了祁连山沿线城市的经济发展；几乎与此同时，甘南藏地传奇自行车赛也已顺利开赛，这项赛事自创办以来，不断被注入新元素，开拓文化、体育与旅游、青年事业一体发展新思路，为大美甘南增添青春靓丽新风采；"万人锅庄舞大赛"吸引约10万当地农牧民群众和外地游客前来观赏，为当地城市发展开辟了新道路；当然，甘肃知名度最高，最能凸显出城市魅力、城市文化和城市风貌的当属兰州国际马拉松赛，该赛事也是"一带一路"倡议建设背景下的重点打造赛事。体育赛事为甘肃带去了大量的经济财富，据统计，2018年甘肃省旅游接待人数3.02亿人次，旅游综合收入2060亿元，同比增长分别为26%、30%，文旅产业占到全省GDP的7%。2019年，甘肃省共接待游客3.7亿人次，旅游综合收入 2676 亿元，同比增长分别为 24%、30%。甘肃体育旅游快速发展得益于"一带一路"倡议的外部政策，更依附于甘肃本地的自然资源、特色资源以及"原生态"资源。

2018 年 10 月 13 日，在广州落幕的中国体育旅游博览会和中国体育文化博览会上，福建省体育局共推出 41 个体育旅游项目，在展现全省体育旅游禀赋，收获 7 个"中国体育旅游精品"项目称号的同时，也渐渐勾勒出撬动"体育+旅游"叠加效应的方向和决心。福建体育旅游着力打造"屏南县白水洋·鸳鸯溪体育旅游精品景区"，并规划了串联起十多个国家级传统村落的茶盐古道，形成全长两百公里的徒步旅游步道，既将健康的元素融入旅游中，也将旅游的元素更好地通过健康的行为展现出来，同时将村落中生产的产品以商品的形式、购买的行为实现促销，促进徒步旅游古道周边传统村落的经济发展。福建体育旅游以"闯特色路，打赛事牌"为中心，实现了 1+1>2 的经济效益。

近些年，福建体育产业飞速发展。在制造业持续做强做大做优的同时，福建体育产业补短板、强弱项，初步形成了以体育用品装备制造为支柱，体育场馆为依托，健身休闲、竞赛表演、体育培训和体育中介协调发展的产业体系。2020 年，厦门马拉松吸引了 2.98 万人参赛，观赛人数超 10 万人，为厦门带动经济影响约 3.953 亿元，综合经济影响约 6.53 亿元。以赛促旅、以赛兴旅，精打"赛事牌"，形成体育消费扩容提档新局面，只是福建体育产业全方位高质量发展的一个缩影。福建省充分响应时代需求，不断完善政策体系，以满足人民群众需求为目标，主打"融合牌"，突出绿色发展，"清新福建 乐动八闽"逐渐成为一张靓丽的新名片；巧打"闽台牌"，发挥地缘优势，推动体育与海峡两岸风情及闽台特色联姻，谱写对外交流新篇章。截至 2020 年，福建省体育服务业增加值占体育产业增加值的比重达 37.5%，比 2015 年的 34.4% 提高 3.1 个百分点。

从 2008 年北京奥运会顺利举办后，体育旅游在国内逐步盛行，成为一种时尚的体育活动和旅游活动，体育旅游的发展受到国内学者的重点关注，国内学者也借助市场经济发展的东风对体育旅游做出了相关研究。余新丽在《当前我国体育旅游的现状分析及其对策》一文中指出，国内体育旅游目前还处在初级阶段，国内体育旅游尚未形成规模经济效应，体育旅游的广泛性和开放性往往需要主办方大力配合，但具体到负责的组织部门的后各个单位由于协调与分工职责不明确、协作不顺畅，以及对市场的监管力度不严，不利于体育旅游规模经济效应的形成；又强调体育旅游活动往往欠缺主管部门，主管部门的支持与鼓励是体育旅游顺利开展的有效保障，一旦主管部门不明确，没有明确的方

"一带一路"倡议下体育旅游资源的整合与发展研究

向，那么主管部门这一因素将成为体育旅游开展的最大阻碍；作者认为，环境污染抑制了体育旅游的发展，体育旅游中的体育元素和旅游元素二者缺一不可，任何缺少体育和旅游元素的活动，都不能构成体育旅游。因此，环境的污染使体育旅游缺少环境要素，抑制了体育旅游的良性发展。同时，作者认为各部门之间应协同配合，根据当地特色开发新的自然环境资源，丰富体育旅游的旅游要素，同时策划多层次、多元素的体育旅游销售策略，在满足游客追求活动体验的需求的同时提升游客的幸福感和体验感。

荆立新等人在《关于冰雪体育旅游带动工业旅游共同发展的探讨——以哈尔滨市为例》一文中强调，哈尔滨市是老牌工业城市，随着经济的发展和社会的发展，传统的工业已经被市场逐渐淘汰，结合哈尔滨地理位置靠北的优势，以及传统工业城市的文化，大力打造冰雪运动旅游城市，使工业旅游、体育旅游成为城市发展新的经济增长点。作者强调，哈尔滨市拥有历史悠久的文化，已在国人心中树立了工业城市的形象；随着民众生活水平的提高，每年前往哈尔滨参加工业城市旅游的游客逐渐增多，已经形成了稳定的客流量；因地理纬度高，气温较低，每年冬季的"雪"成为哈尔滨市的特色，哈尔滨市每年定期举办中国·哈尔滨国际冰雪节，还有冰雪公园、大冰雕、冰灯游园会等冰雪艺术，同时还开展滑雪、滑冰、雪地足球、雪地摩托、狗拉雪橇、冰球、冰壶等冬季项目为主的体育赛事，为体育旅游奠定了良好的赛事基础环境。哈尔滨市也是冬季体育赛事开展的主要场地。悠久的城市文化和独特的自然资源优势使哈尔滨市成为体育旅游城市的典型，为体育旅游的开展提供了绝佳的舞台。作者也指出哈尔滨市体育旅游存在的问题：缺乏统筹规划和完善的配套设施；缺乏企业的合作；体育旅游形式较为单一，缺少特色旅游产品；旅游客源和市场还未形成规模；缺乏富有竞争力的品牌。

任婷婷在《服务营销视角下山西冰雪体育旅游现状及提升路径》一文中对山西体育旅游的现状和提升路径进行了研究，从产品质量与结构状况、产品价格及促销效果、服务意识和有形展示、营销渠道与服务过程等方面进行了系统分析，提出了多种举措：政府要发挥宏观调控手段，市场要发挥无形手功能，保证市场健康、有序、稳定的发展；找准产品组合，定标定价，使产品达到物美价廉的效果，促进冰雪体育旅游的发展；寻找一条销售量好、购买服务能力强的渠道，完善服务过程；丰富促销形式，促销活动与体育旅游产品有效衔接，提高经济效益。升华体企业形象，通过合理的促销形式，提高企业文化、企业形象，帮助企业营造良好的文化氛围，打造良好的企业文化环境，帮助企业在市场竞争中立足，更好地促进体育旅游产业的发展。

第二章　体育旅游发展的时代背景

邬孟君、刘进在《构建贵州体育旅游品牌链：以民族地域特色的山地运动为依托》一文中对贵州省民族地域特色的山地运动发展现状进行了研究分析，指出了贵州具有喀斯特地貌的地域特色。对贵州省2009—2011年举办的全国赛事进行分析，强调贵州省举办体育赛事具有得天独厚的地理条件，吸引了众多的体育爱好者和体育运动员参赛和观赛。赛事的举办，结合当地的人文特色、自然特色、人文景观、民族风情，已经打造出贵州户外运动、户外赛事的品牌。作者强调，优越的山地户外地理旅游资源是体育旅游项目开发的重要元素；丰富的民族地域特色文化是体育旅游发展的内部灵魂，是帮助区域性体育旅游占领市场的重要元素；良好的国家政策和市场发展为贵州体育旅游的发展提供了机遇，让全国知道贵州的体育旅游产业兴旺，同时向全国展示了贵州的民族风情和人文特色，更突出贵州体育旅游的优势；贵州体育赛事的发展得到了政府的大力支持和帮助，对体育赛事的开展和发展起着外部保障作用。贵州的体育旅游发展得益于本地的地域特色，使贵州打造出富有贵州特色的体育旅游产业，形成了较大的消费市场和较完善的品牌产业链。

体育旅游的发展不仅为体育产业和旅游产业带去了新的发展路径，也带去了新的经济生命力，是体育行业和旅游行业共商、共建、共融的新兴产品。近几年文化和旅游部提出对体育旅游的开发和支持政策，表明了体育旅游市场具有潜在的巨大经济价值和健康价值。基于居民对美好生活的追求和对健康生活的憧憬，大力开展体育旅游有利于满足居民参与运动及放松心情的需要，提高居民的幸福感，同时也能促进当地经济的发展。

二、国外体育旅游发展现状

研究发现，国外体育旅游已经形成固定的规模和体系，带动了当地经济的发展，提高了人们的幸福指数。周末进行滨海游泳、冲浪、骑行、徒步、登山、郊游等，使人进行真正的身心放松和实现回归大自然的愿望。据统计，英国是体育旅游业的突出发展地，该国每年出国参与或观赏高尔夫球运动的旅游人数高达300万，使具备高尔夫球场的地区或举办高尔夫球赛的地域获得了较高的经济效益，提升了欧洲、美洲高尔夫球场所在地的城市声誉、向全世界展现了高尔夫球运动文化和高尔夫球赛事举办地的地域风情。随着居民对幸福生活的要求逐步提高，体育旅游业备受英国国民青睐，经济全球化的提出使世界各国紧密连接，"周游世界"的想法已被交通运输业的发展所突破，因此，"走出去"和"引进来"的战略为英国体育旅游市场带来了生机。近年来，英国通过体育旅游业的发展所得的年产值高达90亿英镑，逐渐成为新时代背景下的

"一带一路"倡议下体育旅游资源的整合与发展研究

软实力经济。德国是自行车旅游的大国，在德国国内有自行车旅行社约200多家，这些旅行社通过帮助、组织和统筹自行车旅游，促进人们幸福指数的提高。该国每年约有1200万人参加自行车旅游，这是一个庞大的经济资金流群体，为促进德国的内部资金自由流动增添了润滑剂。早在20世纪初，美国的自行车旅游就开始盛行，1996年美国参与自行车旅游的人数就高达700万，这是体育旅游开始和盛行的雏形。意大利是古代丝绸之路上与地中海接壤的国家，该国的政治、经济、文化对欧洲整体的发展具有一定的促进作用，其纺织业、制造业在欧洲占据一定的地位；古罗马斗兽场遗址至今吸引着世界各地游客来参观。20世纪80年代，意大利的体育旅游产值已高达180亿美元，该产业是意大利国民经济核算前十大产业之一；随着经济全球化的发展、交通运输业的拓展、21世纪"一带一路"倡议的提出以及丝绸之路经济带的建设，该国的体育旅游产值已达到500亿美元，成为该国经济收入的重要支柱。

王俊亮、王泓砚在《国际体育旅游研究现状及主题述评》一文中运用文献计量法、采用CiteSpace和HistCite两款软件作为研究工具，对国际体育旅游研究现状及主题做了详细的分析。研究显示，国外学者对体育旅游的研究颇为深入，其中美国、英国、加拿大、澳大利亚等国在体育旅游方面的研究较多，其体育旅游的相关文章被所在国家学者引用的次数较多。研究表明，发达国家在体育旅游方面的发展处于世界领先的地位。通过检索国外体育旅游的图谱发现，国外对体育旅游的研究主要集中在以下几个方面：体育旅游的概念、定义，体育旅游研究进展及展望；举办大型赛事对体育旅游的影响以及旅游对举办大型体育赛事影响；居民对大型赛事的态度以及赛事举办地居民对赛事的认知和支持。在文章的最后作者表示，体育旅游最早兴起在欧美发达国家，发达国家体育旅游的市场较为成熟，体系较为健全，执行政策较为严格，科学理论研究较为完善，居民对体育旅游的认可度较高，对体育旅游的支持度较高，体育旅游也极大地促进了当地经济的发展，更为当地服务质量的提升和完善提供了最直接、最有效的平台。国外体育旅游的发展为国内体育旅游的发展树立了良好的榜样，国内体育旅游的发展在理论方面的研究尚浅，需进一步借鉴国外体育旅游的研究升华国内体育旅游的理论研究；国外体育旅游的经营模式为国内体育旅游的经营模式提供了参考，促进国内体育旅游能更健康、稳定地发展。

周立华在《国内外体育旅游开发的比较研究》一文中从国外体育旅游的产生发展和经营模式以及为我国体育旅游发展提供借鉴等方面进行了研究。研究指出，国外体育旅游主要分为参与型体育旅游和观赏性体育旅游两大类。参

第二章 体育旅游发展的时代背景

与型体育旅游在国外发展得较好,备受人们青睐,该旅游类型比发展中国家的体育旅游更为突出、更为出彩、更能占据市场。参与型体育旅游主要盛行于美国、加拿大、英国、法国、澳大利亚、新西兰、西班牙、瑞士、荷兰等旅游业发达的国家。20世纪初,参与型体育旅游已风靡全球,在欧美国家表现得更为突出,成为一种时尚运动和时尚旅游方式。参与体育旅游的游客可以通过自身参与体育活动,近距离地感受自然美景。如高山滑雪、滨海游泳、帆船等项目,既能达到健身的目的,又能让人产生对大自然的归属感,让人们疲惫的身心得到彻底的放松。研究表明,20世纪初,瑞士平均每年约有13610人参加户外游泳活动。瑞士是旅游业发展的先驱,也是世界著名的发达国家。如今,旅游业已经成为瑞士国民经济的支柱产业。2004年,瑞士旅游总收入为248亿瑞士法郎,占国内生产总值的5.6%。瑞士旅游业的发展首先得益于独特的旅游资源。瑞士是一个内陆国家,国土面积不大,但其独特的旅游资源和服务吸引了世界各地的游客,每年有6000多万过夜游客来到瑞士,成为重要的国际旅游目的地。与之相反,发展中国家处于经济建设的重要时期,重心在大力发展经济,相比于经济实力雄厚的发达国家,服务业发展缓慢。但是发展中国家的自然环境保留着原生态模样,是旅游行业的潜力股。在体育行业方面,发展中国家相对落后,体育旅游产业的发展是随着经济的发展而发展的,因此,发展中国家的体育旅游产业同样具备巨大的发展潜力。在今后的体育旅游产业发展中,地处温带、亚热带地区的发展中国家是体育旅游潜力巨大的发展区域,如亚洲和大洋洲。

刘庆余在《国内外体育旅游研究比较》一文中对比了国外对体育旅游和国内对体育旅游研究的不同。国内对体育旅游的研究处在初级阶段,注重对体育旅游的概念、内容、研究方法以及研究的基本思路等理论进行研究,对体育旅游的实践研究较少;国外对体育旅游的研究主要在实践方面,集中在体育旅游对政治、经济和文化的影响,体育旅游群体的特性,体育旅游安全的把控和防护,体育旅游的管理措施等。同时国外学者对体育旅游进行了相关统计、建模分析以及体育旅游经济预算,科学研究主要集中在旅游与体育的关系、体育旅游的营销模式和体育旅游的管理等。国外体育旅游为国内体育旅游的开发和发展提供了借鉴模型,国内体育旅游应该紧密结合国外体育旅游的实践研究进一步规划和发展体育旅游产业,为体育旅游产业的发展开辟新市场。

谭分全在《国内外体育旅游研究评述》一文中指出,体育旅游是破解旅游行业和体育行业发展瓶颈的重要途径,国外体育旅游在路线设置、体育旅游营销策略以及体育旅游安全管理等方面日趋成熟,将体育旅游的理论概念通过体

"一带一路"倡议下体育旅游资源的整合与发展研究

育旅游实践更好地诠释出来,对体育旅游带来的经济效益和影响力进行了深入分析,指出体育旅游将成为未来服务行业的发展潜力巨大的行业。体育旅游具备健身性和娱乐性,引导游客参与体育旅游,在达到健身目的的同时放松疲惫身心。具备观光性和体验性,通过欣赏当地的自然风光、文化体育活动、大型体育赛事以及民族传统特色,让游客融入地域风情中,同时体验赛事活动和民族活动的趣味性、文化性,更好地宣扬城市文化、城市风采和城市面貌。具备专业性和商业性,体育旅游是体育和旅游的融合,对体育运动项目知识和旅游方面的商务知识要求较高,体育旅游是体育产业和旅游产业两种商业行业的融合,具备较强的商业知识和商业元素。具备可持续发展性,体育旅游依托体育项目和自然环境为主,体育在社会发展的道路中具有健康价值,社会快速发展在某种程度上使人们忽视了对健康板块的管理,体育成为新时代背景下合理规划健康和促进健康的重要动力;全球变暖导致环境恶化,保护自然环境的呼声越来越高,自然环境的改善和对自然资源的保护成为人类生活中必不可少的重要组成部分。同时,该学者认为体育旅游的类型主要包括四种,见表2-3。

表 2-3 体育旅游的类型

类型	具体内容
体验型	露营、户外探索、野餐等
观赏型	观看有影响力的赛事,如篮球、足球、排球等
娱乐型	滨海项目、溜冰、射箭等
赛事型	各种体育赛事,如马拉松、综合性运动会等

井玲在《国外体育旅游研究评述》一文中运用文献资料整合的方法,将近几年国外对体育旅游的研究进行收集、梳理、分析,研究表示国外体育旅游在论文发表方面,从1960—1978年的4.3%到2000—2010年的56.45%,对体育旅游方面的研究由量的提升向质的飞跃进步。其研究指出国外对体育旅游的研究主要集中在体育旅游基本概念、体育旅游经济、体育旅游与交通以及体育旅游政策等方面。在体育旅游的基本概念中强调体育旅游的内容、功能以及时空定义;体育旅游与生态环境的发展强调了体育旅游依靠的自然环境和社会环境,分析了体育旅游对山地环境的影响、对野生动物的影响、对水体环境的影响等;体育旅游与交通的发展板块,指出了体育旅游以交通为依托,交通的发展是体育旅游顺利开展的重要纽带,交通运输能力能体现城市在游客的承载量和运输量方面的运行能力,是检验城市交通运输效率的有效手段;体育旅游的

第二章 体育旅游发展的时代背景

发展不仅能提高经济效益，还能提高居民的收入水平。大型体育赛事能带动国家交通运输业、餐饮业、商贸业、建筑业、金融业以及保险业等相关产业的发展，为城市建设带来巨大效益。小型体育赛事能提高居民的收入，带动旅游业发展，为地方的交通运输业、餐饮业、商贸业、建筑业、金融业等相关产业带去可观的产值。

唐小英在《国外体育旅游研究现状与分析》一文中对国外体育旅游的发展予以肯定。文中强调，国外体育旅游经过长时间的发展，其基本理论已基本形成，体育旅游的概念已被政府所采纳和接受，为政府更好地管理体育旅游，促进体育旅游的发展，提供了经济发展平台。早在20世纪80年代，国外就有关于体育旅游的相关论文进行发表，对体育旅游的理论进行研究，出版了体育旅游相关的研究类书籍。在国外，高校体育旅游课程开展较早，随着市场经济的发展，高校也致力于培养紧贴市场发展需求的体育旅游人才，以便培养出的人才更好地适应社会市场经济的发展，进而提高学校的专业特色、专业优势、办学特色和办学优势。在国外，开展体育旅游的国家之间进行了体育旅游的交流，并长期开展体育旅游研讨会。各国政府通过分析每年本国的经济收益，发现体育旅游潜藏了巨大的经济效益，能给本国或旅游地区带来可观的经济效益。随着经济效益的体现，各国政府开始大力打造体育旅游产业，以便更好地吸引游客参与体育旅游体验。作者强调了体育旅游面临的困境，首先，体育旅游在概念的界定上存在着分歧，体育旅游是体育和旅游两门学科共同融合而来的，学科与学科之间存在着各自的思想，概念的统一是亟须解决的问题。其次，体育与旅游两门学科的融合不能将理论与实践更好地体现出来，理论与实践的融合需进一步提高。最后，体育与旅游虽然获得了政府的认可，但是体育与旅游在体育赛事举办期间的效益较高，在非赛事举办期间，体育与旅游带来的经济效益并不可观，因此体育与旅游的发展受到一定的局限性。

李俊洪在《国外体育旅游探析》一文中对体育旅游的概念界定是从主动性和被动性的行为角度进行界定的。国外体育旅游的发展是与旅游行业同时进行的，早在20世纪80年代国外就有登山俱乐部、滑雪俱乐部、休闲俱乐部等，这些俱乐部是早期体育旅游的雏形。国外体育旅游整体发展较好，体系较为完善。

杨敏等人在《国外体育赛事旅游研究的演化路径及态势分析》中强调我国体育旅游发展处在初级阶段，国外体育旅游发展在营销模式、政策引领等方面趋于完善。其对体育旅游的类型进行了研究，分为参与型和观赏型。厘清了体育赛事旅游研究的演化路径并揭示其发展态势，旨在为我国体育赛事旅游研究

"一带一路"倡议下体育旅游资源的整合与发展研究

者学术视域与研究范式的转变提供参考价值,为相关产业发展的顶层设计和风险规避提供借鉴作用。该学者研究发现:美国和英国无论文献产出量抑或文献价值均较高,研究对象从聚焦体育赛事旅游影响居民生活扩展到赛事旅游遗产的利用。体育赛事旅游营销也细分为参与型与互动型游客的研究,研究热点是赛事旅游的经济效益和社会影响,研究前沿有赛事旅游的品牌营销、运营管理以及评估维度和方法。

《斯洛文尼亚体育旅游目的地及其竞争力》一文的研究者利用不同的目的地竞争力模型分析了斯洛文尼亚体育旅游目的地的竞争力,并与国内其他旅游目的地和国外体育旅游目的地进行了比较。研究结果证实了斯洛文尼亚旅游管理者认为的斯洛文尼亚旅游目的地在国内比在国外更具竞争力的主要假设。该研究的贡献在于它应用了衡量体育旅游目的地竞争力的一般工具,并首次对斯洛文尼亚旅游目的地的竞争力进行了衡量。

《影响国际球迷赴美国体育旅游意愿的因素》一文指出,在新时代背景下,体育爱好者和体育运动者对体育旅游的兴趣较浓厚,一般群体对新兴的体育旅游兴趣也颇为深厚,认为体育旅游既能带来欣赏感、美感,又能促进人体健康。体育旅游的发展不仅给当地带来可观的经济收益,也促进当地交通、旅游、饮食等行业的发展。这篇文章主要探讨了影响国际球迷赴美国体育旅游意愿的因素,通过发放问卷、收集问卷、分析问卷的形式进行,结果显示,被研究者将体育旅游的成本放在第一位,将各个体育项目的发展以及对各个体育项目的兴趣放在第二位,将社会环境和自然环境因素放在第三位。其中,对NBA球赛感兴趣的体育旅游较多,观看亚洲球员和美国球员的机会是影响国际球迷到美国进行体育旅游的主要因素。

《边境城市当地居民对发展体育赛事旅游的态度》一文指出,欧洲是体育旅游的重点区域,体育旅游已经成为欧洲市场最畅销的产品之一。体育旅游的发展提高了欧洲的经济水平,带动了欧洲的经济发展,但也给欧洲的自然环境和社会环境带来了不同程度的影响。卡方检验和相关数据表明,当地居民对举办体育赛事十分欢迎,对体育旅游的发展是认可的。

总之,国内体育旅游市场目前正处在初级阶段,国外体育旅游的市场开发较为完善、系统和科学,为国内体育旅游的发展和完善提供了良好的指导。国外体育旅游对旅游者的影响促使国内体育旅游更加注重市场需求的把控和调整,为发展健康、稳定的体育旅游市场做基础准备;国外体育旅游与生态环境的契合发展相对符合可持续发展理念,同时为保护生态环境做出了一定的贡献,也为我国在体育旅游开发的道路上树立了良好的榜样;体育旅游与交通的发展带动了交通业的完善和延伸，促使交通道路向更多的地区延伸，带动了地区经济发展和产业建设，也带进去先进的健康理念、赛事举办理念以及旅游理念。

第三节　体育旅游的功能

体育旅游是体育与旅游结合的健身方式，在新时代背景下，体育旅游成为国内新兴的旅游形式，备受群众青睐。体育旅游的发展摒弃了体育赛事只有参与感没有观赏性的特点，整合了旅游产业只有观赏性没有参与感的特点，将体育赛事的参与感与旅游的观赏性有效融合，形成了具有巨大经济潜力的新兴产业。体育旅游的发展涉及的行业较多，影响的范围较广，产生的价值较大。在体育旅游发展的历程上，体育旅游突出了其产业领域的政治功能、经济功能、文化功能和健身功能，是社会健康、稳定、有序发展的产业园，是经济健康、平稳发展的新通道，是建设精神文明和物质文明的依托，是满足人民日益增长的美好生活需求的形式体现。体育旅游的发展体现其功能的综合作用：对社会发展的影响，对经济产值的提升，对文化的吸收与融合，对健康的追求与塑造。

一、体育旅游的政治功能

经济的发展带动着社会的发展，为体育的发展增加了动力，体育的发展需要强有力的政策、雄厚的经济实力以及庞大的需求量支持。新时代背景下，人民日益增长的美好生活需求较为突出，对健康和健身的需求表现越发强烈。体育旅游作为新兴产业问世，为社会的发展提供了大量的就业机会，提高了就业率，有效缓解了大学毕业生工作难、就业难的现状。高校应结合市场需求定向培养或指定培养体育旅游管理、体育旅游引导、体育旅游销售等方面的人才，以满足体育旅游产业发展的工作需求和岗位需求，促进社会健康、有序、稳定地发展。同时，体育旅游以自然环境为依托，为自然环境开发地区带去了相应的生产力和技术，为自然环境开发地区带去了经济效益。

新时代背景下，体育旅游产业作为劳动密集型、服务型第三产业的代表，具备就业门槛低、人员需求量大以及受经济影响小的特点；以自然环境为依托的体育旅游开发吸收了农村剩余的劳动力，加上国家"退耕还林""退牧还绿"等政策的实施，使农村剩余劳动力结合时代发展背景的政策、对自然环境的保

"一带一路"倡议下体育旅游资源的整合与发展研究

护和开发任务以及体育旅游产业发展的需求学习体育旅游产业相关技术和营销模式，进一步带动本区域经济发展，更好地缓解农村剩余劳动力就业人口多、就业压力大的现状，让农村剩余劳动力得到有效的利用。据专家推算，在人口齐平的条件下，发达国家的旅游产业每增加3万美元的收入就会增加一个直接就业岗位和2.5个间接就业岗位；相比而言，发展中国家的旅游产业每增加3万美元收入，将会增加2个直接就业机会和5个间接就业机会，而体育旅游每增加3万美元的收入，对农村经济的发展而言，会是一个巨大的提升，同时为农村地区的就业岗位提供4.5个直接就业机会和7个间接就业岗位。体育旅游的发展为社会就业难、就业率不高等问题的解决提供了有效措施，有效缓解了社会因就业不稳定引发的矛盾等问题，是新时代背景下经济潜力大、综合效率高、参与数量大、满足人们对美好生活需求和市场发展需求的高新、时效、健全的产业。

体育旅游与生态环境紧密联系。生态环境是由生态关系组成的环境，与人类社会发展和人的发展紧密联系，影响着人类生存环境、生活环境、生产环境，是各种自然力量的综合体现或作用的总和。水资源、土地资源、生物资源以及气候资源是生态环境的具体方面，其发展质量和平衡是关系人类社会能否可持续发展的重要因素。体育旅游的发展需要进行资源的合理开发和运用，在保证生态资源不被破坏的前提下更好地利用自然资源和改造自然资源，为社会发展增添色彩，为经济发展增添动力，促进新兴产业的发展和完善。

体育旅游的发展将城市与农村有效连接，促进城市与农村紧密结合，使城市经济带动农村经济，为农村发展开辟一条新的经济道路，使农民的收入方式由务农型收入向服务型收入转变。

体育旅游的发展为我国"一带一路"倡议的推进做出了巨大的贡献。"一带一路"倡议是我国的重要决策，在国内、亚洲、欧洲乃至世界具有重要的影响，对带动沿线国家和地区经济稳步、健康发展具有重要意义，使各国紧密连接，国与国之间加强沟通，进一步体现"一带一路"倡议在国际上的重要地位和重要作用。"一带一路"倡议的推进带动了沿线国家和地区各个产业的开发，包括重工业、轻工业、农业以及其他基础设施建设，其中最能体现"一带一路"倡议富有中国特色的行业属于工业和服务业。我国正走在由大国向强国的改革发展之路上，改革开放以来，我国的工业发展取得了巨大的成就，"一带一路"倡议不仅为我国工业技术输出提供了有效的道路，而且为引进先进的工业技术提供了良好的途径。体育旅游的开发带动了地方各个产业的变革，如食品、住宿、交通等，进而推动着各个产业基础设施建设逐渐完善，促使国有企业、民营企业的食宿、交通等部门根据市场发展的需要和国家政策的推动自主进行产业革新，增加民宿的科技感，增加旅游的体验感，为更好地发展体育旅游产业，同时也为更好地促进相关产业的发展和提高相关产业的经济效益提供有效路径。

我国地域辽阔，自然资源和社会资源丰富，为我国服务业特别是旅游行业提供了改革创新的思路。我国是世界人口第一大国，人力资源丰富，为发展服务业提供了良好的先天条件。体育旅游的发展有效地缓解了市场就业压力大、就业难的现状，缓和了社会矛盾，促进了社会的稳定，对促进国内、国外政治生态问题良性发展具有重要的作用。

二、体育旅游的经济功能

体育旅游是体育产业与旅游产业结合的新兴产业，是以体育产业效益和旅游产业效益共同促进经济发展的新形式和新路径，隶属于服务业。体育旅游产业带动着相关产业的发展，包括食、住、行、游、购、娱六大要素。体育旅游既带动了交通运输、饭店宾馆、商业网点、当地特色产业等的发展，也间接影响了轻工业、纺织业、通信业、地产、金融、保险、文体事业等的发展，在市场经济发展中起到了举足轻重的作用，被赋予新时代背景下"一业带百业"的良好称号。

（一）体育旅游为服务业中的"食、住、行、游、购、娱"带来了直接的经济效益

1. 体育旅游带动着"食"的发展

俗话说："民以食为天。"体育旅游产业是体育产业与旅游产业的融合，在某一特性上，更凸显了旅游产业的特点，间接地带动了旅游地餐饮行业的发展。体育赛事的举办和参与能吸引运动员和游客，以食品出名的地域在举办体育赛事时将本地餐饮特色引入体育赛事中，让参赛运动员和观赛群众直接品尝本地特色美食，更好地宣传本地特色美食，通过特色美食宣传赛事举办地的特色文化，吸引更多的赛事举办方和游客前来考察及游览。因此，体育赛事的发展在促进旅游产业发展的同时，间接地促进了体育旅游地的餐饮经济发展，为当地的 GDP 贡献了一份力量，也验证了体育旅游"一业带百业"的作用。

2. 体育旅游带动着"住"的发展

游客和体育赛事参与者由经常居住地到旅游地和体育赛事参与地后最需要落实的是住宿问题。在饮食问题解决的前提下，住宿是体育旅游中的重要问题之一，赛事举办地的住宿条件是体现当地住宿风格的重要内容。当体育旅游产

业引来众多游客时，游客的住宿问题必须得到相应的保障，以缓解游客住宿的压力；体育旅游产业发达，游客数量多，必将引导当地政府、当地企业、当地居民建设相关的民宿，能积极带动当地体育旅游的发展，增加体育旅游量，促进经济发展。

3. 体育旅游带动着"行"的发展

人们通常说，旅游是一个群体由常住的地方到另一个群体常住的地方进行的活动，那么体育旅游则是一个群体由常住的地方到另一个城市参加、欣赏体育赛事的活动，同时对陌生城市的历史、文化和发展状况进行了解、分析，进而增加城市的热度和宣扬城市的魅力。参与体育赛事旅游的群体为赛事举办地交通运输业的发展完善提供了契机。全国体育赛事的规划和举办是根据地方的规划安排和每年体育总局的审批进行的，体育赛事的举办一般与旅游业的淡季接轨，以便更好地改善旅游目的地因旅游淡季造成的资金不流通现状。与此同时，体育赛事的发展能促使赛事举办地进行道路改造，如山地跑、越野跑对场地的要求不仅限于泥泞的小道，还要求有相应的障碍和一定的坡度，以确保赛事场地符合国际和国家的相关要求。对道路的改造是促进体育赛事旅游更快发展、更加吸引游客和体验者的重点，因此，体育旅游产业的发展直接或间接地促进了"行"的发展，为合理的规划和发展"行"提供了更加完善的指导方案。

4. 体育旅游带动着"游"的发展

体育赛事旅游促进游客参与体育赛事活动，既保证了游客对体育赛事活动的参与感、认知感和体验感，又促进了参与游客身心健康的发展，将体育赛事的"游"由"观"向"参"进行转变，将"游"付诸实践。游客参与体育赛事旅游和赛事活动报名时，对体育赛事的装备进行消费，对体育赛事的转播进行转载，能促进赛事活动的资金流通和流量资金的融通。在体育赛事结束后，进一步欣赏城市风光、城市历史、城市文化，对城市的风采给予肯定，宣传城市魅力，以便吸引更多富有活力的游客来参观游览，让体育赛事活动的"游"凸显出实践魅力。

5. 体育旅游带动着"购"的发展

体育赛事旅游活动中存在着各式各样的经济消费，就体育赛事而言，体育赛事引导游客对体育赛事活动的报名、体育赛事装备和体育赛事指导服务等进行消费，既引导游客产生对健康的需求，又能带动体育赛事消费，让举办赛事的城市"活"起来。体育旅游吸引游客对传统旅游进行重新认识，不再是简单的"观"，而是富有活力的"动"，让游客为新的旅游形式买单，既促进了体育赛事的发展，又促进了旅游业的发展。在新冠肺炎疫情背景下，实体经济行业不景气的氛围得到缓冲，推动体育旅游产业成为市场中潜藏巨大的经济价值的新产业。

6. 体育旅游带动着"娱"的发展

传统的旅游产业往往只是对自然风景和城市风光的欣赏，让人融入自然风光和参与城市风光的实践活动较少。体育赛事的融入使旅游产业更加富有活力，让传统旅游中的"观"逐步向体育旅游中的"参"转变，使体育旅游具备传统旅游没有的功能和潜在价值。游客参与体育旅游能更好地体验体育赛事和城市旅游的乐趣，参与体育赛事能促进游客身心发展、心情愉悦，更好地满足人们对健康的需求；参与城市旅游活动，特别是体育旅游活动，能促进游客知识的增长，使游客对体育的认识更加准确、对体育的功能和作用更加认可、对体育赛事的举办更加热爱。

（二）体育旅游为"工业、农业、通信业、保险业"等带来了间接经济效益

1. 体育旅游促进工业的发展

体育旅游是依附于体育产业和旅游产业的新产业，包含体育赛事元素和旅游元素。其中，大型体育赛事的举办将间接带来体育器材生产的经济效益，如器材生产、场地规划等，同时对体育器材的生产具有技术含量高、技术要求严格、产品质量合格的要求。旅游是基于自然环境和社会环境打造和完善而来的，自然环境自带原生态的自然元素，对自然资源的利用需要更先进、更智能的工业技术，在保证自然资源不被破坏的前提下，促进自然资源的可持续发展，让旅游产业保持原生态的经济效益。随着社会的高速发展，以人类社会发展产物闻名的社会景观也成为旅游的一大特色景观，如古罗马斗兽场、巴黎的埃菲尔铁塔、威尼斯水城、上海东方明珠等都是社会历史发展的产物，其历史发展和文化元素影响了人类几千年，对旅游业的发展也有着深刻的影响。保护人类社会发展的物质文明需要结合新时代背景下信息化、智能化、科技化的手段，赋予社会发展的历史遗物以现代社会工业革命后的新兴技术。体育旅游的发展将体育运动与自然资源和社会环境有机整合，让体育运动更好地体现奥林匹克精神和奥林匹克文化，让体育运动更好地融入旅游产业，让旅游由"观"的状态向"动"的状态转变，让"游"富于活力与实践。因此，体育旅游间接带动了工业的发展，让隶属于服务业的体育旅游产业更好地促进了工业的发展，为工业技术革新做出新的贡献。

2. 体育旅游促进农业的发展

乡村振兴是党的十九大报告中提出来的重要战略，是有效缓解国计民生的根本性措施。为响应乡村振兴战略，使体育更好地与农村、农业、农民融合，国务院办公厅于2019年印发的《体育强国建设纲要》中指出：紧密结合美丽宜居乡村、运动休闲特色小镇建设，鼓励创建休闲健身区、功能区和田园景区，探索发展乡村健身休闲产业和建设运动休闲特色乡村。面对中国农业当前的现状，乡村振兴是有效缓解三农问题的重要途径，体育是乡村振兴战略实施的重要方法，因此，大力推进"体育+农业"正当时节。体育旅游促进农业的发展，要依靠产业跨界思维进行资源整合，以体育赛事+旅游参观的形式，立足农业本身，宣传农业魅力，提高农产品竞争力。让义务阶段的学生在知识积累和知识认知方面回归自然，认识自然的本质，从自然基础着手，丰富学生的农业知识，懂得农业春播、秋收的时间，认识季节性蔬菜与非季节性蔬菜，认识动物在农村的基本功能和作用，等等。体育赛事举办的聚集性能更好地通过赛事举办吸引群众参与农业活动中的耕地、翻土、播种、施肥等环节，让群众参与体育运动的同时更好地了解农业知识，体验农业活动，回归自然本真。

福建体育局开展了定向越野与农耕完美结合的赛事活动，该赛事活动以庆祝农民丰收节为契机，整合当地农民的体育健身特色活动，设置了相关的农业丰收活动项目，如"抢种抢收""晒场收谷""抓鸡比赛""分享秋收"等。该赛事活动的举办体现了参赛群体的体育素养、体育素质、精神风貌以及竞争意识，更让参赛群体和游客体验了"锄禾日当午，汗滴禾下土"的艰辛，也让参赛群体和游客深刻体会到"粒粒皆辛苦"的内涵。该赛事活动的举办给农村带去了人气和经济效益，同时农村题材又给体育赛事活动增添了趣味性和体验感，促进了乡村的发展，进一步打造了农民体育健身特色活动的赛事品牌，全面展示了农民丰收、农业发展成果以及农村改革的新风貌。

黑龙江富锦市通过马拉松赛事打造"体育+农业+旅游""体育+文旅+特色乡镇"发展模式，充分利用农村资源优势，将农业发展优势变成经济发展优势，在特色旅游产业上做文章，开发新的经济增长点。通过对赛道系统的规划和打造，将赛事与湿地公园、万亩良田、山水田园的村庄有效串联，让参赛者感受"北国良都"的风采和"湿情画意"之魅力，同时通过马拉松赛事让游客和参赛者认识了湿地公园中保存完好的148种草本植物和珍稀野生动物。

广西是全国的水果生产地之一，水果种类丰富，水果口感细腻，备受全国人民的喜欢。据统计，2020年，广西水果产业已经发展为千亿元产业。广西邀请奥运冠军参与水果产品推广活动，利用体育明星的影响力推广农业产品，发挥体育明星的魅力，带动农业经济的发展，不仅让游客认识体育活动、体育运动和体育项目，而且让"水果之乡"的美誉在游客心中留下深刻烙印。除此之外，广西还紧贴农业产品开展休闲活动，将体育赛事、农事体验、农产品采购、美食品鉴、特色农产品展示、乡村旅游、民俗表演等特色项目有机融合，既彰显了地域特色，也促进了"体育+旅游+农业"产业的发展。

江苏以体育赛事+农业特色，方式打造地方名片。江苏省无锡市阳山镇借助樱花多、吸引游客多、樱桃产量高的特点，以马拉松赛事为载体，打造阳山半程马拉松。

浙江省以"休闲体育+生态农业"的方式拉动经济发展。针对生态农业，结合农业特色和农业环境，开展农业科普、农业种植、众筹农业、家庭农业、田园采摘、田耕体验等活动，让游客在青山绿水、美丽乡村之中参与户外运动，将健身运动与健康饮食、健康农业，有机结合，进一步促进休闲体育与农业、旅游业的融合。浙江金华将体育与特色村有机融合，在特色村中植入体育元素，打造体育农业休闲区、体育赛事旅游聚集区，开展射边弩、走迷宫、攀岩以及水上休闲运动，开发滨海运动等，为体育旅游带动农村经济发展、打造农村特色产品以及乡村振兴战略的实施做出了较大贡献。

法国依云小镇，背靠阿尔卑斯山，面临莱芒湖。远离任何污染和人为接触，该地盛产的矿泉水在全国乃至欧洲和世界享有美誉。依云矿泉水大力支持高尔夫球运动和网球运动，是美网、温网、澳网的官方赞助商。借助体育赛事，依云矿泉水将健身、健康、年轻的品牌价值传递给了更多的观众，也树立了自己的产业品牌，展现了城市魅力和城市文化。

3. 体育旅游促进通信业的发展

随着数据化、网络化以及互联网的大力发展，网络已成为推进时代发展的重要元素，成为人们生活中必不可少的重要事物，贯穿着人们生活中的每一个细节。体育旅游作为服务行业的新方向，作为新时代背景下社会发展的产物，必然与互联网、通信等电子信息技术紧密相连。体育赛事的举办需要直播、转播等技术，将体育与通信技术紧密相连，实现了交叉学科的相互作用，给通信产业带去了一定的经济效益。游客对旅游地自然环境和社会景观进行拍摄，而后将优美的自然环境和社会景观照片上传到网络，能引发其他人对旅游地的向往，也会引发旅游爱好者通过互联网对旅游地进行查阅，进一步了解旅游地的历史与文化；通过航拍等方法将旅游地的自然风景、城市面貌以小视频的形式上传到网络也能增加视频传播主体的访问量和播放量，这在一定程度上也促进了通信业的发展。

4. 体育旅游促进保险业的发展

保险的本义是稳妥可靠的保障，随着社会的发展和市场经济的逐渐规范，成为人们用于财产规划和有效管理经济风险的基本手段，是金融界和社会保障体系两大板块的重要支柱。目前，保险已逐渐深入各个行业中，对保险的发展，国家给予一定的政策支持，推广社会保险，保障人们的基本生活和医疗需求，提高人们的幸福指数。旅游行业与保险紧密相连，保险对旅游成本和游客人身财产安全的保护起着重要的作用。但是体育行业中涉及的保险较少，体育保险因体育项目的特殊性，其保险期限普遍较短，通常在大、中、小学运动会中体现较多，一般参加大、中、小学生综合运动会时，参赛学生都会购买相关的保险保障，以预防比赛期间发生意外事故。相较于短期的体育赛事而言，职业运动员的保险期限通常较长，其购买额度较高，赔付额度也较高。我国体育保险行业正处在初级阶段，相对于国外发达国家发展缓慢。体育旅游产业的开发有利于带动保险产业的发展，旅游产业对保险行业的依赖给体育行业对保险业的依赖引导了方向，树立了榜样。对于体育旅游这个潜藏巨大经济价值的行业而言，保障其经济成本和经济效益是保护体育旅游产业可持续发展的重要手段，合理利用保险的作用为体育旅游产业保驾护航是保险行业开辟新业务的有效途径。

三、体育旅游的文化功能

体育旅游是体育产业与旅游产业资源的融合，体育产业中有激情澎湃的体育文化，旅游产业中附有原生态的自然条件和社会环境，带有社会历史发展的文化和自然生态文化。国民通过参与体育赛事、观赏体育赛事、欣赏周边的自然风貌和人文社会环境，更深刻地了解国家政策，体验文化的魅力，增强凝聚力和民族归属感。

体育旅游是体育项目和旅游项目的融合体，既能培养人的意志，也能陶冶情操，将精神文明建设的理念付诸行动，更好地传承和践行社会主义核心价值观。在欣赏自然环境和社会环境的同时进行体育活动，能缓解工作压力和紧张的情绪等，振奋精神，锻炼意志，培养高尚的情操。欣赏自然环境的同时进行体育锻炼比城市健身房中的锻炼要更舒畅，还能为锻炼者提供缓解压力的环境。

体育旅游产业的形成是在社会发展过程中人类与环境资源相互触碰的结果，是自然资源更好地发挥经济效益的重要途径。体育旅游产业的发展将区域与区域之间的自然资源、人文社会发展紧密连接在一起，表现了人们积极向上、积极进取、坚强不屈的精神。借助地方特色开展体育旅游别具一格，富有中国特色，向世界更好地宣传中国文化、中国特色、中国旅游、中国体育和中国人民，增加国民自豪感，促进国民团结、民族进步。

第二章 体育旅游发展的时代背景

我国地域辽阔、民族众多，每个民族皆有各自的体育特色和优势，体育旅游的发展离不开各个民族的特色项目和优势项目，更离不开当地的自然资源和社会发展程度以及当地文化魅力。在少数民族地区开展体育旅游具备先天的优势，为少数民族向世界展示自己，提供了现代化共享平台。有利于增强民族凝聚力，加强民族团结；同时也打通了少数民族与世界沟通的窗口，更好地向世界展示少数民族地区的文化特色和民族情怀，有利于引导游客对少数民族地区特色和文化进行弘扬和传承，对少数民族地区的文化和历史进行保护。

新时代背景下，社会的发展逐渐改变了体育旅游的文化功能。

体育旅游的发展更倾向于体验，不仅体验山水风光，更要体验依托山水风光所承办的体育赛事，既有欣赏风光的幸福感，也有锻炼身体的体验感。这种体育旅游文化的进步促进了旅游目的地的居民的全面发展，也塑造了城市发展的别样景观，吸引外地游客的目光。

文化是隐形的资产，其体现出的价值可以是有形的也可以是无形的。传统的文化活动主要体现为参观历史文化盛产地和带有红色文化传统的地域，对历史文化发展进行深入了解和弘扬；对文化品牌的建设往往体现在文化纪念品、书签以及其他小物件的制作上；弘扬文化的形式多限于生硬的植入、枯燥的说教、演讲、宣讲以及常见的口号等，导致文化的作用难以得到最大的发挥。新时代背景下，结合社会发展的需求、市场资源的整合和人们对健身、健康的需求，充分利用社会发展共享平台，体育旅游文化资源得以重新整合、重新设计，以智能化、网络化的技术手段让人们体验体育旅游文化资源的文化意境和文化氛围，吸引更多的群众了解和参与体育旅游项目，将文化的功能逐渐引导到实践环境中来。

体育项目的参与性往往较高，但是体育项目的参与性常伴随着专业化和系统化的训练模式，因此，体育项目参与的群体受到一定的限制；旅游项目活动中参与群体范围较广，参与量较大，参与的积极性高，且对自然环境和社会人文景观的欣赏度较高，备受人们喜爱，但形式较为单调。体育旅游项目的开发有效地融合了两者的特色和优势，将体育项目的参与性与旅游项目的观赏性有机整合，让群众从欣赏的动作行为中解放出来，亲身参与体育旅游活动，追求体育旅游的新趋势和新氛围，唤起人们参与体育旅游活动的主动性和积极性，使体育旅游的文化功能得以实现。

四、体育旅游的健身功能

经济领域追求GDP，体育领域追求"金牌"，旅游领域追求"效益"。随

"一带一路"倡议下体育旅游资源的整合与发展研究

着市场经济的发展，体育旅游作为新兴产业被开发，既承担了经济增长的使命，也被时代发展赋予新的历史使命，即健身价值。

体育旅游产业的发展延续了体育原本的健身、健康价值和旅游的欣赏价值，突出了体育旅游传承原本元素特点的同时又体现出新的特色。体育旅游将体育赛事和体育欣赏项目纳入其中，让游客更好地参与活动，体现游客参与活动的积极性和主动性。体育最基本、最核心的功能即强身健体、塑形、健心。新时代发展的需求要求体育的健身功能逐渐向"服务""生产"等方向进行转化。肖坤鹏在《青少年校外体育辅导现象解读》一文中指出，当前人们对高质量生活追求较为向往，主要通过消费行为进行体现。法国人对高质量生活追求的人数占比达 42.1%，英国人对高质量生活追求的人数占比达 44.6%，德国人对高质量生活追求的人数占比达 46.6%，而美国人对高质量生活追求的人数占比最高，达到了 53.6%。从上述数据得知，发达国家对高质量生活追求的人数占比较国内对高质量生活追求的人数占比高。目前我国对高质量生活追求的群体较少，整体发展缓慢，第三产业的发展正逐步前行，但与发达国家相比仍有一定的差距。在经济全球化发展的大背景下，体育产业得到了开阔的市场，成为全球各个行业发展的先驱，因此，在体育方面的消费行为和消费力度被发达国家的人们称为一种追求高质量生活的行为习惯，在体育方面的消费行为和消费力度成为一种时尚，既能满足健身、塑形的需求，又能缓解生活和工作压力，备受人们青睐。这种体育消费和体育锻炼的思想随着经济全球化脚步来到中国，逐渐影响了国内群体的消费意向和消费观念，为消费行为树立了良好、健康的形象。体育旅游是融合体育消费行为的又一新兴产业，体育消费行为被誉为健康、塑形的时尚消费行为，间接为体育旅游的发展增添了内生动力。我国第三产业发展较为缓慢，但整体水平有所上升，国内对高质量生活的追求呈现出四种不同的消费倾向，其中最常见、最时尚的消费是旅游。人们通常将自己待久、常住的地方进行信息化、智能化的打造，吸引外地游客，将当地文化和历史向游客展现，以突出旅游者对高质量生活追求的能动性。排在第二位的消费倾向是"穿着"，人们通常将时尚定义在穿着上，对穿着的要求和规格大幅度提升，但没有满足人们对健身、健康的需求，注重的是外在审美，忽略了内在的塑造。排在第三位的是体育，占比为 37.8%，该方面的消费占比呈正增长发展。宋曦在《北京市民体育锻炼行为及影响因素研究》一文中指出，北京地区在体育方面的消费占比上升趋势较为明显，由 2006 年的 3.4% 增长到 2012 年的 14.2%，发展迅速，得到大众群体的青睐，既能强身健体、塑形，又能愉悦身心，帮助工薪阶层缓解生活和工作压力。可见，过去人们通过体育锻炼进行健身，体现了体育健身功能的服务生产价值，但现在更多的人愿意"花钱买锻炼"，一种可能性是为了追求更高的生活品质。体育健身功能中的"健康""幸福"等元素将被逐一开发，人们真正将体育视为生活中的重要组成部分。

体育旅游打破了传统的对体育赛事、自然风景和社会风光的观赏，更侧重于引导群众参与体育赛事和旅游项目，挖掘参与者的主动性和积极性，体现和突出了体育旅游的健身功能。

第四节 体育旅游兴起的依据

一、理论依据

"一带一路"倡议为旅游产业和体育产业发展提供了千载难逢的历史契机。2014年，《国务院关于加快发展体育产业促进体育消费的若干意见》开启了我国体育产业发展的新阶段，为体育旅游产业发展营造了良好的政策环境。2016年，国务院办公厅、国家体育总局、国家旅游局先后印发了《关于加快发展健身休闲产业的指导意见》《关于推进体育旅游融合发展的合作协议》《关于大力发展体育旅游的指导意见》等多份重要政策，积极推动体育产业与旅游产业的融合发展，鼓励打造城市体育服务综合体和健身休闲服务综合体等产业创新发展载体，积极鼓励旅游景区、旅游度假区、乡村旅游区建设体育服务综合体，进一步为体育旅游综合体建设创造了条件，明确了体育旅游的发展目标。2017年7月，国家旅游局与国家体育总局联合发布的《"一带一路"体育旅游发展行动方案（2017—2020年）》中提出，要鼓励"一带一路"沿线广泛开展武术、舞龙舞狮、龙舟等民族体育旅游活动。2017年11月，国家体育总局原副局长赵勇在全国新机制下体育产业工作座谈会上首次提出以体育综合体为抓手，促进体育产业发展的指导意见，并明确提出将旅游景区、大型体育场馆、大型商场和废弃厂房改造成体育综合体和建设乡村体育综合体的创建思路。党的十九大报告中提出了高质量发展的重要论断，我国体育旅游产业也面临着由高速增长阶段转向高质量发展阶段的重要变革。从市场供给侧角度出发，提供多元化、个性化、高品质的体育旅游产品和服务，打造一站式、综合型的体育旅游空间载体，成为满足人民群众日益增长的多元化体育需求、推动体育旅游产业高质量发展的重要途径。2018年3月，《国务院办公厅关于促进全域旅游发展的指导意见》首次提出"将城市大型商场、有条件景区、开发区闲置空间、体育场馆、运动休闲特色小镇、连片美丽乡村打造成体育旅游综合体"的指导意见。2019年国务院办公厅印发了《体育强国建设纲要》，强调"制订实施共建'一带一路'体育发展行动计划……打造'一带一路'精品体育旅游赛事和线路"。2019年，国家体育总局正式出台了《运动休闲特色小镇试点项目建设工作指南》，指出体育与旅游融合并衍生的第三产业是我国体育产业发展中重要的产业结构形式，在我国体育产业经济地位中占据着非常重要的地位。2019年，国家体育总局和发展改革委联合印发《进一步促进体育消费的行动计划（2019—2020年）》中提出"支持旅游景区引入体育资源，增设体育消费项目，升级成体育与旅游高度融合的体育综合体……把美丽乡村串联成集文化、旅游、休闲、观光于一体的体育综合体"的实施意见。2019年印发的《国务院办公厅关于促进全民健身和体育消费推动体育产业高质量发展的意见》明确鼓励体旅融合发展。《国务院办公厅关于印发体育强国建设纲要的通知》中强调，要稳步推进运动休闲特色小镇建设，开展定期测评，实行动态调整。体育强国的建设是全面建设社会主义现代化国家的一个重要目标。发展体育事业既是实现中国梦的重要内容，同时也为中华民族伟大复兴提供强大的精神力量。

体育旅游是一个地方对外宣传的有效名片，不但能有效带动地方经济的发展，更能展示地方文化、民俗、饮食、特产等，增加地方的知名度，体育旅游是地方形象构建的有效支撑。随着经济的发展、生活条件的改善，人们的旅游需求和意愿不断升级，对旅游的认知越来越明朗和深刻。体育与旅游二者相辅相成，互相依托与关联，体育旅游以体育项目为载体，以体育消费、体育观赏、体育体验、休闲娱乐、户外探险等个性化和多样化的方式为主题，使消费者沉浸在体验与欣赏体育特色旅游的快感中。旅游产业目前已经呈现出相对饱和状态，旅游产业的相关附属产品开发呈下降趋势。随着旅游消费市场的变化，我国旅游产业也经历了由单一化、静态化的自然观光旅游向多元化、动态化的体验型休闲旅游的变革。体育产业是现代旅游产业的新型产业，也是旅游产业的新方向，体育与旅游相互交叉渗透，使得旅游产业与体育产业之间的边界逐步模糊化，创造出新型产品来满足消费者的市场需求，以满足人民日益增长的多元化体育消费需求，在未来的旅游产业中具有较好的竞争优势。体育旅游体现了以旅游为目的的运动，提供了特别强的场所或赛事体验，是一种既能身心协同的旅游行为，同时也包含了对物理环境的美学理解。产业深度融合是推动体育产业与旅游产业价值增值的重要手段。在我国体育旅游产业发展的历程中，体育与旅游、文化、教育、健康、养老等产业有效融合，形成了一大批体育旅游精品示范工程、体育旅游精品项目、体育旅游小镇等特色发展载体，

第二章　体育旅游发展的时代背景

推动了体育旅游产业的快速发展。随着互联网信息技术的成熟和体育强国战略的推进，体育旅游产业融合的基础条件、配套政策和体制机制都得到了一定程度的改善，进一步推进体育旅游产业的技术融合、产品融合、业务融合，打造体旅产业深度融合的新载体，是未来我国体育旅游产业的重要任务，也是实现体育旅游产业高质量发展的重要目标。体育赛事既可以推动举办地旅游业的发展、提升举办地的知名度、宣传城市形象，还可以对主办城市的经济、文化、民俗等诸多领域产生影响。体育赛事与旅游项目发展的需求，将体育或旅游这种单一要素的发展方式，通过多要素融合配置不断激活体育和旅游产业内的创新活力，聚焦不同需求的群体，精准开发符合个性化需求的复合型产品，促进体育赛事与旅游项目的深层发展。体育是发展旅游产业的重要资源，旅游是推进体育产业的重要动力。回归自然的运动体验旅游，是建设健康中国、践行"绿水青山就是金山银山"理念、扩大内需、推动产业高质量发展的重要方式。体育旅游产业作为无烟产业、朝阳产业，是对自然资源实现可持续利用的主要路径，更是让游客通过亲身体验、亲身参与，接受生动的生态教育的主要形式。体育旅游是增强人民体质、建设健康中国的重要内容，契合全面提升中华民族健康素质、实现人民健康与经济社会协调发展的目标。体育旅游是扩大内需、深化供给侧结构性改革的重要载体。体育旅游已经成为旅游、体育、文化等相关产业相互交融的连接器，其兴起的理论依据主要包括以下四个方面。

（一）增长极理论

增长极理论是由法国经济学家佩鲁（Perroux）于20世纪50年代最先提出的，后由法国经济学家布代维尔（Boudeville）、美国经济学家弗里德曼（Friedmann）、瑞典经济学家缪尔达尔（Myrdal）等进行丰富和完善，该理论主要阐释区域经济学范畴的问题，是西方区域经济学中经济区域观念的基石。增长极是极具发展活力的主导性产业、部门或者区域，它可以在自身高速发展的同时带动周边产业或者区域发展。所以，增长极的出现往往较为集中，它们得到快速发展后通过不同的渠道逐渐扩散，最后体现出对经济不同的影响。增长极的形成主要取决于历史地位优势、技术优势、资源优势这三个主要优势条件。从历史地位优势条件因素看，不同发展形式的经济集聚区域范围内，基础配套设施、劳动力综合素质、社会政治文化环境如果具有了累积优势，就有利于经济增长极的形成；从技术优势条件因素看，具有先进生产力和技术的地区，更容易形成经济增长极；从资源优势条件因素看，在生物原料、能源以及天然水源等方面具有自然资源优势的集聚区域，更容易形成新的经济增长极。

经济增长极具有支配效应、乘数效应和极化与扩散效应，它是一个区域内极具活力的发展势力，通过自身的规模化发展可以大大提升经济效率，并且带动周边区域的发展，具有十分重大的意义。

（二）产业布局理论

产业布局理论形成于19世纪初，最初由德国经济学家杜能（Tunen）提出，杜能被誉为产业布局学的鼻祖，后来经过一个多世纪的不断完善和发展逐渐分成了几大学派。产业布局理论是随着人类社会生产力的不断发展和生存范围不断扩大，以及生产活动的内容和生产空间拓展到一定程度的必然产物，其主要研究一国或地区的产业布局之间的内在经济联系，以及对整个国民经济的影响。一国或地区的产业发展最终要落实到特定的经济区域来进行，这样就形成了产业在不同地区的布局结构。从静态层面来看，产业布局是不同部门、生产要素和链环在地域上的组合和空间上的分布态势；从动态层面来看，产业布局是不同资源、生产要素以及各产业和各企业为便于竞争，选择最佳区位而形成的在空间地域上的流动、转移或重新组合的配置与再配置过程。产业布局理论中最为核心的要素是区位要素，它直接决定产业布局的先天地利条件和所在区域竞争力；其次为区域政策因素，它在先天条件缺乏优势的情况下可以很好地进行扶持。在现代区位理论中，要求产业布局在区位选择上尽量满足成本低、市场份额最大和聚集效应良好三个要求。这三个要求构成了一个三角形的市场布局模型，它体现的是市场、区域选择均衡的问题，其本质上是成本的均衡问题。纵观古典和现代的区位理论，产业布局问题的关键之处均在于距离二字，如何尽量降低产业因为距离而产生的费用是该理论一直重点需要解决的问题。在现代产业区位三角形市场布局模型之中，上述标准是互相影响和制约的，在现实的区位选择中很难做到三者完美兼顾，这就需要根据产业发展的要求来进行综合考虑，进而做出最优的产业布局选择。

（三）可持续发展理论

可持续发展理论是指以良性循环发展为内核，在不威胁到后代人继续发展所需要的各种资源的前提下，当代人适度运用相关资源进行经济发展的理论。该理论最先于1972年在联合国人类环境研讨会上被提出，主要探讨全人类在今后的发展模式和路径，以及如何正确处理人与环境之间的关系。自此之后，世界各国从不同角度和层面上共同拓展"可持续发展"理论的内涵，相关定义覆盖了国际、区域、地方及特定界别的层面。从区域角度来看，地球的自

第二章 体育旅游发展的时代背景

然环境是一个密不可分的系统，不同地域的人类也是系统中的一员。人类在发展经济的过程中必然会打破系统原有状态的平衡，如何在发展经济的过程中尽量去维持这种平衡，减少对环境的损害是人类应尽的责任，否则作为这个系统的一分子，人类必将受到自然的反噬。从历史发展的角度来看，人类的发展是一个种族延续的过程，不同种族的延续和发展都依附于地球上的大气、淡水、海洋、土地和森林等自然资源，在人类当前经济发展阶段，不应该一味地对自然资源进行过度索取，而要为后代的发展留下空间，不可竭泽而渔。可持续发展与环境保护两者之间既存在紧密联系，但又完全不同。人是可持续发展的中心体，可持续发展理论的落脚点在于"发展"，但是其重要前提是"可持续"，要求在资源可承载范围内进行社会和经济的良性发展，探索高效率、高质量和精细化的经济发展模式，可持续长久的发展才是真正的发展。

（四）非均衡增长理论

非均衡增长理论是非均衡发展理论下的一个类别，在无时间变量的前提下用来解释一个区域中的经济现象。非均衡增长理论是根据区域经济发展的客观规律且针对均衡增长理论提出的，该理论认为发展中国家或地区由于资金、技术、人才等方面的制约，实现产业或地区的全面均衡增长是不现实的，地区的经济发展只能选择一些部门或区域进行，其他部门或区域通过这些部门或区域发展的扩散效应而逐步得到发展。该理论认为经济的爆发，增长并不会同时出现在所有增长极上，而是集中在少数几个或一个点上进行集中爆发，形成一个增长极。这也就意味着在不同区域之间经济增长存在差异，各地区必然呈现出经济发展不平等的态势，这是经济发展的必经过程。在此基础上，美国经济学家赫希曼（Hirschman）提出与"回流效应"和"扩散效应"相对应的"极化效应"和"涓滴效应"。在经济发展的初期阶段，极化效应主导整个经济的发展，在其作用下，各地区的发展差异逐步扩大；但随着时间的推移这一发展进程将逐步放缓，涓滴效应开始作用于不同地区，从而缩小各地区的差异。

二、现实依据

（一）体育旅游业迅速崛起

体育旅游业是一个交叉型的服务产业，它是体育产业与旅游产业相互结合而产生的一个新的经济领域。体育旅游业既是体育产业中极为重要的组成部分，也是旅游产业中的一个重要分支和发展的新亮点。行业数据显示，目前

"一带一路"倡议下体育旅游资源的整合与发展研究

全球体育旅游产业的年均增速在15%左右，是旅游产业中增长最快的细分市场。伴随着我国成为世界第二大经济体，人民群众对于生活品质的要求越来越高，对于休闲健身的需求也在不断提升，传统的旅游业已经无法满足部分人群的需求，很多游客不再满足于大众化的旅游线路和产品，更加注重参与性、体验性和独特性。因此，体育旅游业作为一个新的旅游形式逐渐进入大众视野之中，并且其兼顾休闲与健身的理念受到许多年轻人的喜爱，也逐渐被越来越多人的认可，具有广阔的发展前景。其中较为人们所知的项目有定向越野、户外滑雪、户外攀岩、漂流、冲浪、深海潜水等，这些运动都是通过在户外接触大自然的情景下进行的，具备一定的冒险性和自然性，使旅游者既达到了运动健身的目的，又亲近了大自然，实现了身心的休闲和放松。欧美经济发达地区的体育旅游业相较于国内发展更早，开展面也更广，相关配套的服务体系也更成熟和完善。在这些地区，体育旅游业保持强劲的市场需求和增长，也为当地居民提供了大量的工作岗位和收入。2018年俄罗斯世界杯在现场观看比赛的总人数超过了280万人，其中有近70万名观众在莫斯科观看了现场比赛，球迷在3周时间就消费了230亿美元，这为俄罗斯及其周边国家的旅游业带来了丰厚的收入。2018年俄罗斯旅游业的发展为GDP带来0.2%的增长率，在世界杯后，据俄经济发展部预测，在接下来的两年时间里前往俄罗斯各大赛事承办城市的游客总数将达1075万人。在西方发达国家中，体育旅游业的占比非常高，意大利体育旅游业的年产值甚至超过汽车制造业和烟草业。美国的体育旅游业产值也排在体育产业前五强内。而在国内，中国作为有庞大消费能力的新兴经济体，体育旅游市场正在以30%～40%的速度快速增长，远远高于全球体育旅游市场的平均增速。

（二）体育旅游带来无限商机

在习近平总书记强调，要"逐步形成以国内大循环为主体、国内国际双循环相互促进的新发展格局"这一政策背景下，国内的旅游和服务业迎来了新的发展契机。国内体育旅游行业仍然是一片广袤的蓝海，而体育行业的消费者结构伴随着中产阶级比例的提升愈发向好。相关研究数据显示，在国内有超过三分之一的人群对一类运动感兴趣，其中在一线城市中该部分人群占比46.1%，在二线城市中占比37.2%，他们是体育消费群的主力军。与此同时，在这些主要消费人群中，34.3%的人从事中高管理层的工作，年收入15万元以上人群达到了53%。预计到2030年，在我国京津冀、长三角、珠三角三大城市群经济圈中，休闲客群人数将达到4亿人，而这些人产生的消费市场价值将达到

22.2万亿元，约占全国的42.6%，这将极大地刺激旅游和健康产业的需求，蕴藏着巨大的商机。与此同时，随着国家对校外辅导培训机构进行了严厉打击，鼓励青少年参与体育休闲活动，青少年体育培训机构即将迎来爆发式增长。从2015—2019年获得融资的青少年体育培训机构的统计数据可以看出，除了篮球、足球等大众传统项目，击剑、冰壶、橄榄球、棒球等小众项目也逐渐走进大众视野。青少年参加的各项运动夏令营、游学等活动越来越多，他们更加青睐体育旅游中的潮流时尚或者亲近自然的参与内容，运动休闲结合社交的模式将呈现越来越大的消费潜力。

（三）发展体育旅游有助于贯彻落实《全民健身计划（2021—2025年）》

随着全民健身意识的普及，越来越多的人民群众主动地参与到体育锻炼中来，嗅到商机的企业也推出了多种新颖有趣的体育节赛事活动和个性化的体育旅游产品。因此发展体育旅游是大势所趋，也为实现《全民健身计划（2021—2025年）》提供了全新的路径。近些年，政府部门出台了一系列的政策来增加和优化场地设施资源，就是在摸索体育健身和休闲娱乐大众化的路径，解决场馆资源供给端的矛盾。政策鼓励在利用好现有场馆资源的前提下，通过新建和改建的方式，利用公共体育用地、产业园区、各类商业设施、厂房、仓库等城市空间和场地设施资源，为人民群众提供体育健身和休闲娱乐等多元服务的场所，打造健身新去处、消费新载体、城市新空间。以体育+商业综合体为核心，建设运动主题区+商业配套区，汇集全民健身、健身培训、大众赛事、餐饮住宿、休闲娱乐等多种体育休闲业态，打造面向全民健身的多功能体育综合体已经是大势所趋。

体育公园也是以后政府重点打造的城市公共服务配套设施，体育公园是以"体育运动"为主题的新型现代城市公园，其重点是打造舒适的城市休闲运动空间，向人们提供更为专业、科学、安全、符合运动要求，同时又可以满足人们休闲放松、旅游赏景需求的园林环境。2020年10月印发的《国务院办公厅关于加强全民健身场地设施建设发展群众体育的意见》中指出，"十四五"期间，在全国新建或改扩建1000个左右体育公园，打造全民健身新载体。

第三章　华东地区体育旅游资源与发展

华东地区位于我国领土板块的东部。东接太平洋，南靠近南海，北部与渤海湾连接，三面环海的区位优势为更好地契合新时代发展契机创造了先天条件。华东地区是我国近现代对外交流、对外发展和对外沟通的主要阵地，是新时代背景下我国经济发展的重要阵地，为更好地输出中国技术、引进外国技术提供了良好的场地保障。华东地区包括上海、江苏、浙江、安徽、福建、江西、山东与台湾共七省一市。其中，台湾因特殊性而单独列出，统计资料时一般也不包含在内。华东地区属亚热带季风气候和温带季风气候，气候宜人，地势相对平坦，利于开展路跑、赛车等体育赛事活动；华东地区自然环境和自然条件优越，该区域有自然资源保护完整的武夷山脉、长江中下游平原和东南丘陵，物产资源丰富，有全国茶叶生产基地，是茶文化氛围的营造地。

从行政板块进行分析，华东地区位于我国东部沿海地区，是我国对外开放的重要领域，也是长江中上游的发展龙头，对内地工业技术、农业技术和服务行业具有带动性；在践行"一带一路"倡议上具有原发地的重要地理优势和战略优势，国家对华东地区的政策支持力度较大，地方政府对该区域的定位较准确，从政策实施、落地等方面对地区发展给予肯定和鼓励，倡导招商引资和自主发展，因此，在政策方面，华东地区具有较好的优势。

从经济板块进行分析，众所周知，上海是我国经济发展的重要城市之一，是我国长江中上游经济发展的龙头，为更好地带动长江中上游经济起着重要作用。目前，上海市的城市建设和经济发展水平已经达到发达国家水准，其经济产值高、社会生产力水平高、经济产值增长快，为更好地带动第三产业的发展提供了经济保障，同时，第三产业的快速发展也促进了经济效益的提高。经济发展能更好地反映出市场的供给与需求水平，市场产业值的增减为市场更好地改革和发展提供方向，引导政府和企业将剩余资金投入发展潜力大的产业中，产生更多的经济效益，带动区域经济的发展。

第三章　华东地区体育旅游资源与发展

通过对华东地区 GDP 进行检索和分析，我们可以了解到华东地区 2016 至 2020 年的 GDP 呈上升趋势，具体见图 3-1—图 3-7，其中江苏省 GDP 上升幅度较大，2020 年该省 GDP 高达 10 万亿元以上；山东省平均每年 GDP 都超过 50000 亿元，浙江省 2017—2020 年的 GDP 也超过 50000 亿元。良好的经济基础是体育旅游产业发展的经济保障和后勤保障，体育旅游的大力发展能更好地吸收人们的剩余经济力，扩大体育产业从业人员基础量，进而提高人们的生活质量。

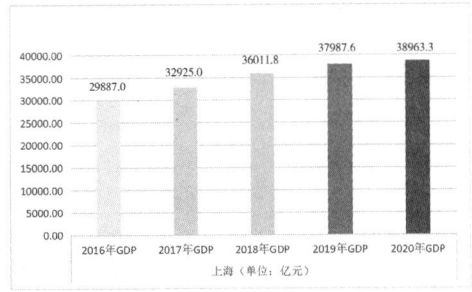

图 3-1　上海市 2016—2020 年 GDP

图 3-2　江苏省 2016—2020 年 GDP

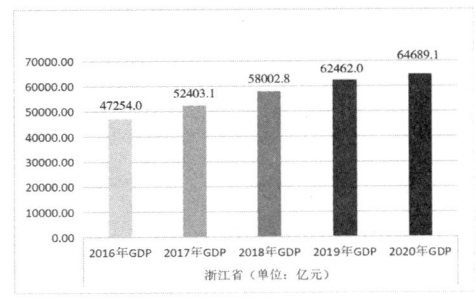

图 3-3　浙江省 2016—2020 年 GDP

图 3-4　安徽省 2016—2020 年 GDP

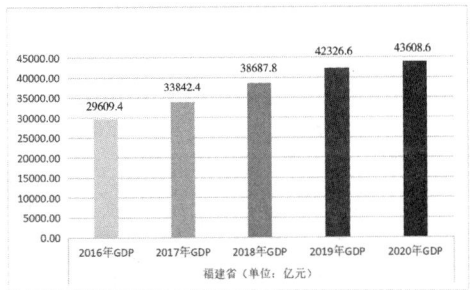

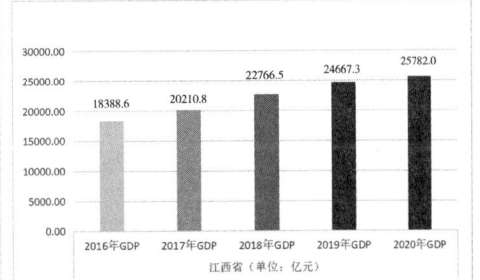

图 3-5　福建省 2016—2020 年 GDP

图 3-6　江西省 2016—2020 年 GDP

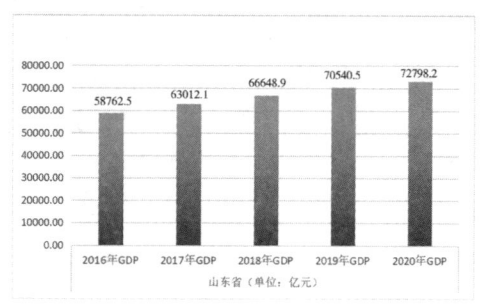

图 3-7　山东省 2016—2020 年 GDP 值

注：图表数据源于国家统计局

从体育赛事板块进行分析。华东地区是我国长三角经济发展的重要区域，该地区经济发展水平较高，人们普遍追求高质量的生活，有计划、有目的地开展群众体育赛事是实现人们健康、健身高质量生活追求的有效途径。通过对华东地区2018 年体育赛事进行统计、整理和分析，发现上海市是举办体育赛事的佼佼者。笔者通过对国务院、国家体育总局、上海市体育局官方网站进行体育赛事的粗略收集、整理和统计，发现 2018 年上海举办体育赛事约为 244 场次，江苏举办体育赛事约为 137 场次，浙江举办体育赛事约为 112 场次。具体见表 3-1。

表 3-1　2018 年华东地区举办体育赛事的场次

省份（市）	场次	赛事名称
上海市	244	1. 世界斯诺克大师赛
		2. 环崇明岛国际自盟女子公路世巡赛
		3. 上海国际半程马拉松赛
		4. 一级方程式喜力中国大奖赛
		5. 浪琴环球马术冠军赛
		6. 世界国际象棋女子锦标赛冠军对抗赛
		7. 上海城市定向户外挑战赛
		8. 国际田联钻石联赛上海站
		9. 2017—2018 赛季国际剑联花剑世界杯大奖赛上海站
		10. 浦东唐城世界 9 球中国公开赛
		……
		235. 市 OP 帆船二线测试赛暨市青少年体育十项系列赛帆船比赛第一站
		236. 市帆板二线测试赛暨市青少年体育十项系列赛帆板比赛第一站
		237. 市青少年举重锦标赛
		238. 市皮划艇二线测试赛暨市青少年体育十项系列赛皮划艇比赛第一站
		239. 市水球二线测试赛

第三章　华东地区体育旅游资源与发展

续　表

省份（市）	场次	赛事名称
上海市	244	240. 市青少年拳击锦标赛
		241. 市自行车二线测试赛
		242. 市青少年手球锦标赛
		243. 市现代五项二线测试赛
		244. 市青少年体育俱乐部联赛射箭比赛
江苏省	137	1. 淮安金湖国际半程马拉松赛
		2. 九龙湖（宁波）国际半程马拉松赛
		3. "问鼎宿迁"中国力量举公开赛
		4. 句容国际马拉松
		5. 世界击剑锦标赛
		6. 句容·赤山湖国际公开水域游泳挑战赛
		7. 环太湖国际公路自行车俱乐部巡回赛·长江站
		8. 苏州吴中"环太湖"国际竞走多日赛
		9. 第六届中国·沭阳花木节跑骑跑（PQP）挑战赛
		10. 第九届环太湖国际公路自行车赛
		……
		131. 全国桥牌 A 类俱乐部联赛总决赛
		132. 中国武术套路王中王争霸赛
		133. 中国壁球巡回赛
		134. 世界击剑锦标赛
		135. 江苏省少年儿童网球排名赛
		136. 第五届中小学生绳毽锦标赛
		137. 第十一届中学生暨第三届小学生武术锦标赛
浙江省	112	1. 浙江省第十五届大学生运动会
		2. 浙江省五人制足球冠军联赛
		3. 浙江省足球超级联赛
		4. 第五届浙江省大学生操舞锦标赛
		5. 浙江省校园足球联赛
		6. 浙江省大学生羽毛球锦标赛
		7. 浙江省第四届大学生田径锦标赛
		8. 浙江省大学生游泳锦标赛

续 表

省份（市）	场次	赛事名称
浙江省	112	9. 浙江省第十一届中学生篮球联赛
		10. 浙江省校园足球联赛
		……
		103. 真武魂 WBK 世界极限格斗联赛
		104.EWG 国际电子竞技女子俱乐部大奖赛
		105. 国际排联新联赛
		106.WTCR 国际汽联房车世界杯赛（宁波站）
		107. 全国滑翔伞定点联赛（武义站）
		108. 第十一届中国·洞头全国海钓邀请赛
		109. 全国新年登高健身大会
		110.TNF100 莫干山国际越野跑挑战赛
		111. 中国摩托车越野锦标赛（永康站）
		112. 中国·金华山水四项公开赛
安徽	120	1. 安徽省田径传统项目学校冠军赛暨中学生田径联赛
		2. 安徽省手球传统项目学校比赛暨中学生手球联赛
		3. 安徽省体育传统项目学校比赛暨中学生篮球联赛
		4. 安徽省青少年排球锦标赛暨中学生排球联赛
		5. 安徽省高中足球联赛
		……
		116. 中国学生街舞锦标赛
		117. "体彩·一得古泉"杯阜阳市青少年武术套路锦标赛
		118. 全国青少年游泳 U 系列比赛（马鞍山站）
		119. 安徽省第十四届运动会
		120. 安徽省沙滩排球精英赛
山东	83	1. 第三十二届泰山国际登山比赛
		2. 潍坊国际风筝会
		3. 黄河口（东营）国际马拉松赛
		4. 青岛国际帆船周·青岛国际海洋节
		5. 威海铁人三项世界杯赛
		……
		79. 山东省柔力球锦标赛

第三章 华东地区体育旅游资源与发展

续　表

省份（市）	场次	赛事名称
山东	83	80. 第四届帆船帆板公开赛
		81. 山东省七人制橄榄球
		82. 山东省第三届武术精英大赛
		83. 首届中国·台儿庄古城国际轮滑节暨山东省第三届轮滑运动大会
江西	77	1. 江西省第十五届运动会田径比赛（高校组）暨 2018 年江西省大学生田径比赛
		2. 江西省第十五届运动会篮球比赛（高校组）暨 2018 年江西省大学生篮球比赛
		3. 江西省第十五届运动会排球比赛（高校组）暨 2018 年江西省大学生排球比赛
		4. 江西省校园足球大学生十一人制足球比赛
		5. 江西省第十五届运动会足球比赛（高校组）十一人制足球比赛
		……
		73. 中国梅岭国际越野挑战赛（江西南昌）
		74. "德丰利达杯" 2018 年中国门球冠军赛总决赛
		75. 中国家庭帆船赛庐山西海站暨首届庐山西海大帆船赛
		76. 跑遍中国线上联赛·南昌站
		77. "动感杯" 2018 南京工业大学高校轮滑邀请赛
福建	151	1. 福建省第十六届运动会
		2. 2018 中国福州羽毛球公开赛
		3. 环泉州湾国际公路自行车赛
		4. 第二届 "妈祖杯" 海上丝绸之路国际羽毛球挑战赛
		5. 第二届福建省青少年网球排名赛
		……
		147. 国际排联世界沙滩排球巡回赛·厦门站
		148. 第十六届省运会群众比赛项目总决赛桥牌比赛
		149. 中国山地自行车公开赛·宁化站
		150. "舒华杯" 2018 年 CBBA 全国健美健身冠军总决赛
		151. 第七届海峡青年节·第五届海峡两岸青年英式橄榄球交流赛

通过对赛事的收集和整理发现，华东地区的体育赛事开展项目多、体育赛事举办场次多，为体育旅游产业的发展奠定了赛事基础，有利于体育赛事的打

造，推动旅游产业的线路开发。

从旅游板块进行分析。华东地区地处长江下游平原地区，地势平坦，工业、农业和服务业发展较快，旅游业发展尤为突出。对2016—2019年华东地区的国际旅游外汇收入进行分析（如图3-8），可以发现，上海的每年境外旅游收入呈上升趋势。由此可见，上海的国际地位较高、世界影响力较大，吸引了大量外国游客前来参观游览。江苏、安徽、山东和江西每年的境外旅游收入同样呈上升趋势，江苏上升的趋势较为明显，山东上升的趋势较为平稳，江苏每年的境外旅游收入较山东和安徽高；福建和浙江在2017年的境外旅游收入较高，其中福建境外旅游收入在2017年赶超上海市，2018年福建和浙江两省境外旅游收入呈下降趋势，且整体发展较缓慢。

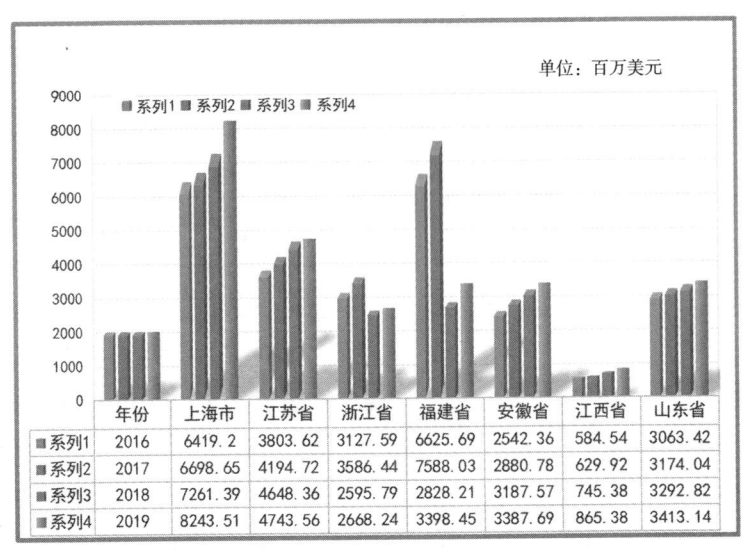

年份	上海市	江苏省	浙江省	福建省	安徽省	江西省	山东省
系列1 2016	6419.2	3803.62	3127.59	6625.69	2542.36	584.54	3063.42
系列2 2017	6698.65	4194.72	3586.44	7588.03	2880.78	629.92	3174.04
系列3 2018	7261.39	4648.36	2595.79	2828.21	3187.57	745.38	3292.82
系列4 2019	8243.51	4743.56	2668.24	3398.45	3387.69	865.38	3413.14

图3-8 华东地区2016—2019年国际旅游外汇收入对比情况

华东地区的境外旅游是各省经济收入的重点，但华东的旅游产业更受国内游客的青睐，国内旅游收入呈质的飞跃。

对华东地区2016—2020年的GDP数据进行分析，从政策支持力度、体育赛事的举办和旅游项目的发展可知，华东地区的经济实力雄厚，能有效地监控市场经济的发展和对市场经济的供给进行合理调控，为体育旅游的开展奠定了经济基础。经济的投入为华东地区体育旅游的开展提供了资金保障，为更好地促进体育行业和旅游行业的转型，以及体育旅游的融合发展提供了支持。总之，国家着力打造长三角经济带，帮助华东地区加快发展脚步；加之华东地区各省市结合本地特色，大力发展经济，为体育旅游产业的开发保驾护航。

第三章　华东地区体育旅游资源与发展

第一节　华东地区发展体育旅游资源的政策支持

华东地区有中国重点建设经济带——长三角经济带，综合华东地区的自然环境优势和体育事业发展现状，从体育赛事的举办和旅游资源的开发进行融合分析可知，华东地区体育赛事项目开展多、体育竞赛能力强，旅游产业发展较为系统和完善，旅游产业所产生的经济效益高，能更好地反馈市场的需求，在体育旅游产业发展方面具有带动作用。

一、安徽省对体育旅游赛事活动项目的支持案例

〔案例1〕

2021年5月，安徽省第八届"茉莉花"全民健身展示大赛、滁州市第五届全民健身运动会启动仪式暨天长市第十届体育文化旅游节盛大开幕。该赛事活动由安徽省体育局、滁州市人民政府主办，安徽省社会体育指导中心、滁州市教育体育局、天长市人民政府承办，以体育赛事活动为形式，结合当地历史文化和旅游项目，有机融合了体育、文化、旅游三元素。作为安徽省的全民健身品牌活动，安徽省第八届茉莉花全民健身展示大赛以"健康安徽、运动天长"为主题，以"茉莉花"健身系列项目为传统元素，以"全民健身运动会"为主线，将体育、旅游、文化融为一体，丰富了大赛的活动内容，宣传了安徽的文化特色。在"茉莉花"主题板块背景下，省相关领导部门连续举办全国国际跳棋锦标赛、长三角武术网络邀请赛、安徽省第二十七届"棋协杯"象棋比赛、天长市全民健身"一镇（街）一品"活动等20个大项全民健身赛事活动，精彩赛事轮番上演，给天长广大市民和健身爱好者带来无限的惊喜和期盼。以"茉莉花"为主要音乐元素编曲、编舞的"茉莉花"系列健身秧歌、太极拳、跳绳、抖空竹等健身项目在赛事活动中一一亮相。本次赛事吸引了全省的600余名健身爱好者，他们组成六个方阵，齐聚天长永丰镇分会场，参加了华东六省一市徒步大会暨"走大运·奔永丰"全民健身健步走活动。浩浩荡荡的健身"长龙"统一着装，一边阔步前行，一边沿途观看了旗袍秀、古筝演奏、太极扇、垂钓展示、民族舞蹈表演等全民健身特色展示项目。此次健身健步走全程共四公里，与仁和镇等其他三个分会场同步进行。

据了解，2011年，天长市以发源于天长、唱响世界的《茉莉花》为品牌，

"一带一路"倡议下体育旅游资源的整合与发展研究

创办了首届天长市茉莉花体育节；2013年，安徽省体育局把"茉莉花"体育文化节作为全省重点全民健身品牌项目进行打造，定名为"安徽省茉莉花全民健身展示大赛暨天长市体育文化旅游节"。2021年是中国共产党成立100周年，也是"十四五"开局之年。天长高扬创新发展旗帜，积极探索常态化疫情防控下的全民健身赛事活动新模式，融入"长三角区域一体化""互联网＋全民健身"的时代浪潮，通过"线上＋线下""现代＋传统"相结合的方式，举办安徽省第八届"茉莉花"全民健身展示大赛暨天长市第十届体育文化旅游节，推进全民健身活动蓬勃开展，引领广大群众加强体育锻炼、养成健康生活方式。

〔案例2〕

2021年8月初，安徽省体育局发布了以"体育＋旅游 打开徽风皖韵的运动模式"新闻报告，报告指出安徽省将既能体验运动激情又能饱览湖山壮阔的体育旅游活动开展得如火如荼，刺激更多的游客打开运动模式，踏上徽风皖韵之旅。

《安徽日报》通过"品牌赛事提升人气指数""精品项目彰显江淮底蕴""融合发展释放产业活力"三大板块对安徽体育旅游产业发展进行报道。安徽省借助第十四届全运会群众体育比赛国际象棋项目在安徽召开的优势和契机，吸引世界、全国的明星棋手参赛，让安徽给全运会、参赛选手和旅游者留下智力运动项目举办城市烙印，让合肥备受全国棋友瞩目。面对2020年新冠肺炎疫情的突发，安徽省针对疫情时期的特殊性和封闭性，大力开展线上线下体育赛事活动，举办全民健身赛事约5191场次，参与人数达到376万人次。

安徽省将"品牌引领"作为体育产业和旅游产业发展的重要战略，打造富有安徽特色的品牌赛事和旅游景点，并将两者有效结合，带动体育产业多元化发展和旅游产业多样性、多彩性发展，为安徽整体经济实力增长进一步做贡献。近几年，安徽通过打造品牌赛事形成了全国特色赛事和品牌活动，如"健康安徽"环江淮万人骑行大赛，该比赛以当地的淠河为自然主体，以骑自行车为表现形式，开展具有健身意义的群众体育赛事，推动全民健身与全民健康深度融合，让全民健身成为健康安徽建设新动力。同时大力发展体育旅游业，培育了一批体育旅游的精品线路、赛事和景区，促进体育与旅游、文化等业态融合发展。通过环江淮万人骑行大赛放大体育赛事的综合效益，加快体育产业的快速发展，让体育成为安徽省经济社会发展的有力支撑，该比赛为安徽省体育局、安徽省文化和旅游厅、安徽新媒体集团和安徽省各地人民政府共同举办；黄山论剑武术大赛，以安徽著名自然风光的黄山为主体，以武术传统精神为灵魂，以剑道和剑术为主题，对大力实施全民健身国家战略、弘扬传统文化、传承中华文明、扩大中华武术和徽州文化的影响力起到积极的促进作用，该比赛由国家体育总局武术运动管理中心、中国武术协会、安徽省体育局、黄山市人民政府共同主办；全国绿色运动会（池州）在国家体育总局社会体育指导中心、安徽省体育局和池州市政府共同主办的前提下，以"绿色、低碳、阳光、健康"为理念，开展毽球、徒步走（健身走）、健身瑜伽、荷球、柔力球、社会体育指导员展示等九种比赛、体验及展示项目，为带动池州公园基础建设和开展池州绿色生态活动做铺垫；绿色运动会分成"赛、展、论、游"四大板块："赛"——开展生态低碳环保赛事，"展"——举办集美食、娱乐、购物于一体的绿运嘉年华活动，"论"——邀请体育专家、大众网民在微博和绿色运动会官网上互动，"游"——以皖南国际文化旅游示范区建设为契机，开展池州绿色生态游活动，促进池州体育旅游项目大力开展，提高人们高质量生活水平，营造健康生活环境；"中国·天柱山 2019 木风国际长板速降赛"由中国极限运动协会、安徽省体育局、安庆市人民政府、中共潜山市委和潜山市人民政府主办，将长板运动的刺激性和挑战性与山路的曲折性有机契合，形成运动中浏览风景、浏览风景中进行运动的新体育旅游形式，加快山水融合、文旅融合、体旅融合、休闲打造、休闲活动开展等，为打造高端的体育赛事品牌和形成富有挑战性、魅力性和娱乐性的项目寻找优雅环境和运动项目。

〔案例 3〕

2021 年 10 月国庆黄金周期间，安徽省有八个体育旅游项目获评"长三角地区精品体育旅游项目"。其中获评"长三角地区精品体育旅游目的地"的是铜陵永泉农庄、当涂大青山体育旅游度假区、六安南山运动休闲小镇、九华山瑜伽运动休闲小镇，这些地方将当地村庄的特色、风土人情与体育赛事有效连接，彰显了当地体育赛事的承办能力和旅游项目的开发潜能。安庆环天柱山体育旅游精品线路获评"长三角地区精品体育旅游线路"，其将山路十八弯的特点与赛车、滑板赛事连接起来，让动静一体的效果展现在世人眼前，更好地展现运动项目的激情与特色。亳州华佗五禽戏养生健身节、中国黄山绿水青山运动会获评"长三角地区精品体育旅游赛事"。亳州华佗五禽戏养生健身节将富有健康、健身和历史元素的五禽戏与亳州本地历史文化紧密衔接，带动群众体育的发展，响应全民健身、健康中国政策的号召；黄山绿水青山运动会深层次地阐释了"绿水青山就是金山银山"的理念，将保护绿水青山的行动付诸实践，将健康体育运动与生态环境保护理念有机融合。黄山纳谷庄园房车营地获评

"长三角地区汽车自驾运动营地",该庄园将机车与休闲旅游深度融合,更全面地展示了长三角地区自驾运动营地的魅力。

安徽省将体育赛事与旅游融合作为体育产业和旅游产业转型的重要途径,助力"体育+"的发展,借力旅游景点、旅游风景和旅游形式开展体育赛事,促进旅游成为"新体育"内涵提升、外延扩大的有效途径,为推进体育强省和旅游强省建设注入新动能。与此同时,省政府、省体育局对体育旅游产业的发展给予大量的政策支持和经济鼓励,为安徽省体育旅游项目提供良好的政策环境和经济动力。安徽省体育旅游的发展,不仅强调省内相关职能部门的密切联系,更加注重与省外周边兄弟省市的合作,加强了与江苏、上海、浙江三地体育局联合,共同打造华东地区区域体育旅游精品线路、体育精品赛事和体育旅游地,共同促进长三角地区休闲体育运动的发展,促进长三角地区体育旅游产业的协同发展。

在长三角地区高质量发展的背景下,安徽省内部协同各职能部门大力发展省内体育旅游产业,给予旅游项目政策支持和经济支持,为打造省内精品体育旅游线路、精品体育旅游赛事和精品体育旅游休闲地创造和谐氛围;安徽省还与华东地区的其他省份、周边的省市密切连接,签署《长江三角洲区域汽车运动产业一体化发展战略合作框架协议》,经过多年的实践与发展,安徽省的体育旅游产业方面在全国产生了一定的影响,促进了长三角地区经济的平稳发展。

二、福建省对体育旅游赛事活动项目的支持案例

〔案例1〕

2018年12月,福建省体育局在中国体育旅游博览会中推出了41个体育旅游项目,其中7个被誉为"中国体育旅游精品"项目,展示了福建体育旅游双向产业叠加的经济效益,实现了产业1+1>2的经济效果。福建体育旅游的开展和创新结合了当地自然资源特色和城市历史文化元素,闯出一条适合当地发展的特色之路,因地制宜地开展项目特色与旅游特色,将两者有效融合。屏南县白水洋鸳鸯溪体育旅游精品景区因地制宜结合当地自然风景和山水环绕的风光打造出富有屏南县特色的体育旅游线路,该线路依托当地资源开展较多户外运动和户外拓展,将10多个国家级传统村落的茶盐古道融入其中,利用古道打造步道,形成特色产业、特色商品,带动周边村庄经济发展。2018年,该线路中与体育产业相关的经济收入在5000万元左右,带动相关产业的收入达

到 1.5 亿元，有效验证了体育旅游发展的潜力巨大，为体育旅游的发展创造了新平台。福建是我国马拉松赛事的重要赛场之一。马拉松的举办不仅带来了经济效益，而且可以宣传城市文化、展示城市历史和城市面貌。据统计，2018 年厦门马拉松给当地带来近 6 亿元的经济收入，这样可观的经济效益使马拉松背后的研究学者和商人期待以马拉松为主线，辐射周边的经济，打造属于厦门马拉松特色的商品，突出厦门马拉松精品赛事的特点，开发厦门马拉松精品旅游线路。

〔案例2〕

2019 年 8 月，福建省体育局对上杭县体育产业的发展进行考察，给上杭县带去了优势政策和相关经济支持。政府领导对上杭县体育旅游的发展给予肯定，指出上杭县体育旅游资源丰富，场馆等基础体育设施建设名列前茅，群众体育活动开展较多，全民健身氛围浓厚，健康中国政策的实施、落地开展得较好。同时政府领导对上杭县体育旅游产业开展现状和发展路径提出了建议，对如何吸引客流量、当地交通路线发展受限问题、体育旅游产品路线单一问题、旅游景点的观赏度不高等问题做出了指示，建议立足本土自然风景和红色文化资源以及临海资源的优势开展多彩体育旅游产业，完善体育产业和旅游产业，巩固和加强体育旅游产业体系。上杭县发展体育旅游的优势集中在五个方面：其一，县领导、相关体育职能部门领导的重视和支持。发展体育旅游产业，有利于开发上杭县体育旅游资源，拓展体育旅游市场，使上杭县实现市场经济革新。其二，上杭县体育旅游资源丰富，有优美的自然风景资源、临海资源和历史文化资源，为体育旅游市场的开发提供了先天条件。其三，上杭县公共服务设施建设较好，为群众体育赛事的开展和相关文化活动的举办提供了硬件设施支持，为更好地完成相关的赛事活动奠定了基础。其四，上杭县的文化内容丰富多样，而且具有红色文化元素，在体育赛事开展的同时，将体育红色旅游融入其中，能帮助游客坚信红色力量，也能传承红色文化和弘扬红色精神。其五，上杭县开展全民健身的措施较为扎实。上杭县体育旅游产业的开发，离不开宏观政策和市场经济的自我调控。为更好地促进上杭县体育旅游产业的发展，应尽快编制体育旅游专项规划，出台相关部门协同发展的文件，从全领域、全时空、全产业、多维度、多视角、多元化、重点化、特色化等角度来规划体育旅游产业；加强资源整合与转化，强化赛事活动、文化旅游资源、体育设施的整合，转化功能，突出主题，做出特色。

〔案例3〕

2020年12月，《福建省体育局关于征集"十四五"体育产业重点项目的通知》突出了福建省对体育旅游产业的重视，将体育旅游作为体育产业转型的重要途径，将福建省体育制造业、体育代理销售业、体育的赛事运营等多方面体育元素与当地自然资源和风土人情有机联合，共同推动福建省体育旅游项目的发展。2021年5月，福建省莆田市以南少林寺为名片，大力开展体育旅游休闲小镇项目。将少林文化、武术精神、健康理念、运动氛围有机融合，打造出一个集当地民俗文化、休闲体育特色、武术传统教育和武术精神、现代智能化科学技术、少林旅游等为一体的特色休闲小镇。莆田市政府将其列为莆田市"十四五"体育产业的重点项目。该项目基础设施有标准的足球场地、高尔夫球场，标准的游泳池和一个大型的综合武术馆；同时休闲小镇的规划和建设以体育明星为名片，还成立了太极拳基地，与当地的职业院校紧密合作，将莆田市南少林寺的历史文化积极对外宣传。莆田市还加强了当地的交通路线、步道健身和绿化环境建设等，使其与当地的文化氛围、建筑环境密切结合。

三、山东省对体育旅游赛事活动项目的支持案例

〔案例1〕

2015年2月，山东省体育局发文鼓励现有基础体育场馆单位开展体育旅游项目，将体育场馆装饰起来、利用起来、使用起来，更好地发展以体育项目为主的服务业，促使体育产业多元化发展，增加闲置体育场地的使用率。2015年8月，山东省人民政府发布了《关于贯彻国发〔2014〕46号文件加快发展体育产业促进体育消费的实施意见》，在"重点任务分工及进度安排表"中的22点和23点分别指出省体育局、省旅游局、省发展改革委等部门要积极整合体育、文化、旅游、休闲、养生、农业、物流等各方面资源，发展具有地域特色的体育休闲旅游产业；省体育局、省旅游局、省发展改革委、省国土资源厅、省住房城乡建设厅、省交通运输厅等部门要鼓励有条件的地方建设户外营地、徒步骑行服务站、自驾车营地、房车营地、航空飞行营地、船艇码头等服务设施，打造户外、水上、海上、航空、越野等特色体育旅游项目。2016年11月，《山东省人民政府关于印发山东省全民健身实施计划（2016—2020年）的通知》中指出，围绕运动体验、运动休闲度假和重大赛事，丰富体育旅游线路和休闲健身产品。2019年4月，山东省体育局联合山东省发展和改革委员会以及山东省

市场监督管理局等部门就山东体育服务业品牌树立和巩固出台了管理办法,旨在促进全省体育产业高质量发展,加快推进健康山东和体育强省建设。管理办法以助力新旧动能转换重大工程实施、加快健康山东和体育强省建设步伐为目标,以山东体育服务业品牌创建为原则,以培养一批富有特色的体育健身俱乐部和体育赛事为主线,打造体育旅游精品路线,更好地促进体育服务业在市场经济中的重要作用,突出体育服务业在未来发展中的潜能和巨大经济价值。

〔案例2〕

2018年8月,山东省体育局、山东省质量技术监督局出台了《关于进一步加强体育标准化工作的意见》,强调要逐渐规范体育行业和体育的标准化,将标准化作为体育事业发展中的重要支撑点,发挥标准化在体育事业发展中的创新驱动作用和技术引领作用;根据国家标准化政策和标准化实施原则,推进山东省标准化整体建设,进一步加强体育标准化工作的实施。山东省制定体育行业标准化的基本原则有需求引领、创新驱动、统筹协调、注重实效四方面。需求引领即根据体育产业现状、体育市场规范现状、体育行业强化的市场监管实际需求,优先解决急用问题,加快对体育行业标准化的制度建设,为完善山东省体育标准体系奠定基础;创新驱动即以创新为理念、以技术为核心、以管理创新为手段、以服务创新为路径,更为高效地转换标准化效率,实现"标准—需求—创新—高效"的良性循环,与国际体育行业标准化接轨;统筹协调即充分发挥政府的主导作用,根据市场需求,结合山东本地消费水平,优化山东体育产业市场资源配置,对体育市场起监督作用,将群众体育赛事、竞技体育赛事、学校体育赛事整合,保证政府宏观手段起作用;注重实效即从体育产业内部着手,加强体育产品质量保证、体育产品设计规划、体育产品需求把控,营造良好的消费环境,提升体育标准水平和体育产品对市场需求的适应能力。

〔案例3〕

2017年5月,山东省体育局、山东省发展和改革委员会印发了《山东省体育产业发展"十三五"规划》,旨在推动山东省"十三五"期间体育产业的发展,突出体育产业在经济增长中的重要地位和重大分量,提高人民生活水平,促进产业结构趋于完善、合理,加快山东省经济文化发展和健康山东建设步伐。主要表现如下:①发展"双核引领"重点区域,将济南体育产业和青岛体育产业作为重点发展规划核心区域,济南体育产业核心区将长三角、京津冀以及中原经济区的优势引入山东,将长三角、京津冀以及中原经济区的经济辐射范围扩大,以济南为城市名片,打造体育旅游的目的地和休闲地,促进济南体育旅游发展,带动济南体育产品消费,促进济南体育培训行业和体育科研的发展。②以山东战略发展规划为主线,按照青岛西海岸新区建设的总体要求,根据山东半岛的地理优势结合"一带一路"倡议政策发展中的中心枢纽城市,发挥青岛体育行业优势,打造青岛户外体育基地、运动休闲小镇,将滨海体育运动更好地契合于体育旅游参与形式中,将青岛打造成国内外知名的蓝色体育运动休闲城市。③建设四大体育产业带,即滨海体育产业带、黄河体育产业带、运河体育产业带、山岳体育产业带,将山东地理优势、文化优势与体育产业有机结合,大力发展体育旅游地和体育旅游休闲模式,为体育旅游、体育产业的发展提供了基础优势。④促进"五群聚集"重点发展,即体育制造产业群、红色文体产业群、武术文化产业群、民俗体育产业群、时尚体育产业群。其中,红色文化产业群依托山东省抗日战争历史背景和解放战争革命特色,将体育与红色文化精髓融合,建设体育旅游红色圣地和以体育项目为形式的体育旅游红色小镇,传承红色文化,培养红色精神。如"沂蒙山岳行""微山湖上行""海滨山岳行""台儿庄大战故地行"及"中国运河名城自行车嘉年华"等红色体育旅游示范项目。⑤通过整合区域体育旅游资源,优化体育旅游产业布局,全力打造"时时是体育旅游季节、处处是体育旅游项目"的全域体育旅游格局和目的地。⑥鼓励引导社会力量兴办体育旅游企业、鼓励各类企业转型开发体育旅游;创建一批体育旅游小镇、体育旅游特色村、体育旅游驿站,打造一批体育休闲旅游户外运动功能区和体育休闲旅游综合体;加强体育旅游品牌建设,打造"海滨山岳行""健康泰山行""仰圣曲阜行""颐养蒙山行"等知名体育旅游品牌项目。

四、江苏省对体育旅游赛事活动项目的支持案例

〔案例1〕

体育赛事的举办吸引了不少游客参观和欣赏,吸引了不少跑者参与赛事,为江苏省带去了人气,推动了江苏省全民健身运动的开展,促进了各参赛单位、承办单位和协办单位之间的友谊,为更好地促进工作交流、业务往来提供了健康、互动平台。体育赛事的举办为江苏省体育产业空间的发展、为水上体育产业的发展提供了新的经济点,为江苏省体育旅游事业的发展奠定了赛事基础和群众基础。2017年12月,江苏南京溧水区获得两项省级精品体育旅游项目。由南京万驰汽车文化传播有限公司精心打造的国际汽车公园以汽车运动形

式为主题,荣获江苏省特色运动项目基地的称号,为溧水区吸引了较多的游客和体育赛事举办机会;南京万德游乐设备有限公司荣获江苏省十佳体育用品龙头企业的称号,为南京溧水区体育产业的发展助力。溧水区政府和区体育旅游文化局围绕"绿色美丽幸福新溧水"的战略部署,紧密结合城乡统筹发展政策,鼓励体育与旅游融合发展,促进体育强区建设,为溧水区经济发展做出积极贡献。

〔案例 2〕

2019 年 11 月,2019CBSA"苏体·凤凰泉杯"美式台球全国锦标赛暨国际公开赛(洪泽站)在老山子镇江苏省体育局运动康复基地拉开帷幕。该赛事的举办成功吸引广大球迷前来观看,已经成为江苏省体育旅游的精品赛事之一。洪泽区通过美式台球公开赛的举办为江苏省体育旅游精品路线和体育旅游精品赛事奠定了赛事基础,抓住了融合契机,让体育产业和旅游产业不断转型,探索"体育+旅游"的新发展模式,为江苏省在全国乃至全世界彰显城市魅力、发展体育赛事展现了一张靓丽的名片。2021 年 5 月,在江苏省体育产业大会暨体育旅游融合发展论坛会上,省文化和旅游厅副厅长和省体育局副局长联合签署了深化体旅融合发展战略合作协议,发布了《江苏省深化体旅融合发展行动计划》和相关重点工作任务。在"十四五"期间,江苏省体育局、文化和旅游厅将协同合作,把体育旅游纳入高质量体育产业发展规划中,以"一带一路""大运河""环太湖"等系列品牌赛事活动为赛事基础,拓展马拉松、自行车、太极拳等群众赛事,借助旅游的吸引力和拉动力,共同拓展体育产业空间,拓宽体育旅游产业载体,打造综合性强的运动休闲及旅游一体化的胜地,形成省内特色的体育旅游网红地,促进江苏省体育旅游产业的发展,为江苏省休闲体育运动和体旅融合提供政策保障。相关职能部门的协作和联手是协同理论机制理论实践的表象,部门协同配合为体育旅游高质量发展提供契机,对于培育事业发展新支点、打造经济增长新引擎、满足人民对高品质生活的需要具有十分重要的意义。

〔案例 3〕

2020 年 6 月,江苏省体育局发布了《江苏省体育旅游发展行动计划》,强调体育旅游是体育产业与旅游产业深度融合的新兴产业形态,大力发展体育旅游是盘活体育资源、实现全民健身和全民健康深度融合、提升体育产业发展质量的必然选择,是丰富旅游产品体系、拓展旅游消费空间、促进旅游业转型升级的必然要求，对于培育经济发展新动能、拓展经济发展新空间、满足人民群众日益增长的美好生活需求具有十分重要的意义。2021年5月，江苏省体育局、省文化和旅游厅印发了《江苏省深化体旅融合发展行动计划》的通知，该通知是两个部门协同配合发展的产物，旨在贯彻《国务院办公厅关于促进全民健身和体育消费推动体育产业高质量发展的意见》《国务院办公厅关于进一步激发文化和旅游消费潜力的意见》的精神，为推进江苏省体育旅游融合发展奠定政策基础，促进体育产业和旅游产业合理转型，推动体育旅游高质量发展，为体育产业与旅游产业有机融合提供良好的政策环境和政策机遇。5月中旬，江苏省列出了"十四五"期间深化体育旅游融合发展的重点工作任务清单，主要包括7大方面：加强规划引领、促进体育赛事与旅游活动紧密结合、拓展体旅融合空间载体、培育体旅融合试点示范、创新打造体旅融合活动品牌、培育市场主体和技术应用、强化政策及基础支撑。

五、浙江省对体育旅游赛事活动项目的支持案例

〔案例1〕

2017年，浙江全省体育产业总产出1843亿元，创造增加值593亿元，占GDP的比重为1.15%。这其中，"体育+旅游"扮演了重要的角色。2019年在广西南宁举行的全国群体工作会上，浙江省体育局副局长胡国平表示，浙江"体育+旅游"工作首先坚持"三制宜"，做好体旅融合的文章。第一，因时制宜，整合政策方向。深入贯彻落实国务院46号文件（《关于加快发展体育产业促进体育消费的若干意见》）等文件的精神，结合地方实际，及时完善政策，制定出台了一系列实施意见，提出到2025年，实现体育旅游总人数1.5亿人次，占旅游总人数的15%，体育旅游总消费达到2500亿元，努力将浙江省打造成"国际知名运动休闲目的地"的发展目标。第二，因地制宜，整合资源优布局。浙江拥有丰富"山、海、林、田、湖"等资源条件。以此为基础，充分整合国家各运动项目专项规划，研究编制《浙江省户外运动发展纲要》，着力将浙江打造成"国际知名运动休闲目的地"。第三，因事制宜，整合力量谋发展。加强与省旅游局（现为"省文化和旅游厅"）的沟通协作，共同签署《关于加强运动休闲旅游产业战略合作的框架协议》，使体育旅游产业加速融合发展，呈现良好的发展态势和广阔的发展前景。浙江省结合自身省份已有优势和特点，运用浙江得天独厚的自然资源和经济优势，将体育旅游这块大蛋糕做大做圆做厚实。

第三章　华东地区体育旅游资源与发展

浙江作为与上海、江苏、福建等相邻的沿海城市，其经济发展较快，经济市场良好，经济消费能力较高，在体育旅游市场方面具有较大潜力。国家旅游局和国家体育总局联合下发的《关于开展"国家体育旅游示范基地"创建工作和"国家体育旅游精品赛事"申报工作的通知》中公示了首批30个"国家体育旅游示范基地"创建单位以及33个"国家体育旅游精品赛事"。其中，宁波东钱湖旅游度假区和横店马拉松分别入选"国家体育旅游示范基地"和"国际公开赛"，而这只是浙江体育旅游业的冰山一角。目前浙江省政府以健康、健身发展为理念，以提高人们健康生活水平质量为准则，大力发展体育赛事，让群众动起来、健康起来，结合乡村振兴战略，大力推广旅游活动，增加旅游形式，提高群众参与旅游活动的积极性。浙江省中旅社市场部经理指出：自从"一带一路"倡议实施后，浙江省在预定体育旅游路线方面的人数呈井喷式爆发，群众对体育旅游的青睐成为一种时尚和趋势，体育旅游的人群占旅游总数的16%，相比同期增长了4个百分点。在寒暑假两个大假期间，体育旅游人数增长迅速，为旅游产业和体育产业提供了新的产业平台。浙江省经济处表示，到2025年浙江将建成10个国内具有重要影响力的"体育旅游目的地"、10个"国家体育旅游示范基地"，推出20项"体育旅游精品赛事"等一大批和体育旅游相关的载体，突出了体育旅游在浙江省发展的潜力较大。浙江省体育旅游特点鲜明，截止到2016年底，杭州市建成公共体育设施30个之多，并承接了亚运会、短池游泳世锦赛和全国学生运动会等多项大型体育赛事，为促进杭州体育消费做出了较大贡献，进一步壮大了杭州体育旅游消费市场。衢州江山、台州天台、丽水遂昌等地都喊出了"体育+旅游"的口号，以徒步、骑行、漂流为代表的一大批户外活动在全省各地悄然兴起，形成了巨大的商业市场。浙江省相关职能部门打造了一批特色旅游小镇、休闲小镇，被誉为全国特色小镇最多的省，凸显浙江省体育产业的特色和优势，体育文化、体育产业氛围良好。目前浙江省有五个特色体育旅游小镇，即建德航空小镇、平湖九龙山航空运动小镇、绍兴柯桥酷玩小镇、上虞E游小镇和龙泉宝剑小镇，这些小镇皆具备了产业上"特而强"、功能上"高而精"、形态上"小而美"、机制上"新而活"的特点，而这些特点对游客具有极强的吸引力。

〔案例2〕

在全国群众体育工作会议上，浙江省揭秘浙江体育旅游发展迅速的原因、优势和规划，表示发展体育旅游是省情所决定的。首先，浙江省内第一个"体育+旅游"的社团组织借着体育产业旅游促进会的平台成立，得到职能部门的

"一带一路"倡议下体育旅游资源的整合与发展研究

支持和鼓励，成为浙江省体育与旅游融合发展的雏形。其次，浙江省体育旅游的发展源于群众、市场的客观需要。传统旅游的形式仅限于观赏性，与当前健康生活的高质量发展水平不契合。传统的体育运动对大众群体而言较单一，只有运动魅力，没有开发欣赏价值，多数群体只是为了健康而运动，不是为了提高生活质量而运动。体育旅游将两者有机融合，既能促进大众健身、健康，又能满足人们欣赏自然风光、了解人文历史的需求，符合群众所需、市场所要的发展现状。最后，体育是推进旅游产业进一步革新的新形式，旅游是促进体育产业转型的重要内核。浙江省作为体育产业和旅游产业发展较好的双重大省，体育旅游的融合是丰富旅游产品和丰富体育产业的有效方式，是帮助体育产业和旅游产业转型的重要融合方式，也是促进全民健身和全民健康深度融合的重要途径，是推动体育产业提质增效的必然选择，对培育经济发展新动能和拓展经济发展新空间有重要意义。在全国群众体育工作会议上，浙江省指出近几年省体育局和省文化旅游部门协同发展，以体育、旅游融合发展为桥梁，共同促进省内体育旅游展示平台的发展，共同认定浙江运动休闲旅游示范基地、精品线路和优秀项目，为展示浙江体育旅游特色和体育旅游优势做铺垫。浙江省社会力量的支持也促进了体育旅游的快速发展，一大批体育旅游综合体先后建成运营，如投资 4800 万元的德清 Discovery 探索极限基地，投入约 200 亿元，建造有室内沙滩、室内运动休闲体验区的绍兴柯桥东方山水乐园，以及总投资达 200 多亿元涵盖海洋世界、欢乐世界多个子项目的长兴太湖龙之梦乐园等。这些体育旅游项目为浙江省体育旅游的发展增添光彩，增进动力，增加魅力。

〔案例3〕

2018 年 11 月，杭州国际越野行走体验赛正式开赛，国际越野行走主席和国际越野行走中国委员会副主席出席赛事，为赛事带来领导效应。该赛事的举办得到杭州市政府和杭州市体育局的大力支持，得到杭州市社会各行业的支持与鼓励，将"行走"更好地结合杭州地域风情，在运动健身的同时欣赏杭州的城市面貌、风光和历史文化，将杭州市体育运动与杭州旅游产业有机融合，带动杭州市体育旅游健康化、时尚化和国际化发展。杭州国际越野行走赛事的成功举办，不仅为杭州市积累了大型赛事的经验，也推动了国际越野行走的健身和健康价值，在举办赛事的同时更向全国、全世界展示了杭州的国际化风貌。

2019 年，浙江省体育局与浙江省旅游集团有限责任公司在杭州签署战略合作协议，此次战略合作协议有效体现了政府职能部门的宏观作用和市场经济的隐形作用，旨在发挥体育局的体育运动项目和旅游集团的旅游计划项目各自的优势，以户外运动为契机，创新"体育+旅游"融合新模式，打造属于浙江特有的体育旅游品牌，践行"运动浙江、户外天堂"的体育旅游融合理念。战略合作协议的签署让体育局采取有力措施，不断深化体育制度改革，优化体育产业结构，促进体育产业快速发展，将体育产业做到全国乃至全世界最好。长三角一体化战略的发展和实施为浙江省提供了良好的国家政策契机，"一带一路"倡议的发展为浙江省体育旅游良性发展提供了国际平台，让"体育+旅游""体育+康养"具备更大的发展潜力和发展空间，国家战略的出台和国际倡议的施行为浙江省体育局和旅游集团合作战略提供了优良的政治环境。双方将通过此次战略合作，加强户外运动所需的旅游配套设施规划建设，推动旅游与户外运动设施共建共享；依托浙江山水人文优势和"四条诗路"等运动休闲旅游资源特色，积极研发体育旅游产品，不断丰富体育旅游产业业态；深化运动康复与旅游融合，构建多层次的运动康养产业体系，共建体育康复联合平台，创新"运动康复+旅游"新模式。浙江省借力杭州即将举办第19届亚运会的东风，发挥出省旅游集团在酒店、交通、餐饮等方面的优势，为浙江省打造富有浙江特色的品牌赛事提供有力保障，促进浙江省体育旅游产业高质量发展。

2020年12月，浙江省举办首届生态运动会，体现了以体育力量助力乡村振兴的理念。该赛事是浙江省2020年举办的最大赛事，近25000人参加，该赛事的举办践行了"绿水青山就是金山银山"的发展理念，加快了浙江省"体育+旅游"融合发展的步伐。浙江省首届生态运动会围绕"绿水青山，运动浙江"的主题，拓宽转化路径、发展绿色经济，发挥出浙江绿水青山资源的优势，展示了浙江绿水青山建设的成效，将赛事作为载体，集聚人气、增强活力，以运动会的举办促进消费，推动新农村建设，进一步打通绿水青山向金山银山的转化通道，将"体育+旅游"的新模式和新经济形式展现得淋漓尽致，促进浙江省体育旅游融合发展。

综合华东地区体育旅游产业发展好、快、完善的现状可知，华东地区各省市职能部门给予的政策支持较大。在国家出台相关政策后，地方政府迅速响应，制定有利于促进体育旅游产业发展的相关政策，引导当地体育产业与旅游产业更好转型，助力当地体育旅游产业更好发展，帮助当地体育旅游产业可持续发展，政府的政策支持为体育旅游产业发展营造了良好的生态氛围。

第二节　华东地区发展体育旅游资源的经济环境

经济环境是指一个地区或一个国家的经济制度、经济结构、产业结构、产业布局、自然资源和社会资源现状以及经济发展规划等的综合状况。衡量经济环境的重要指标包括地区或国家的 GDP 变化趋势、市场经济结构的变化与完善、居民的收入水平、消费与供需平衡等。产业结构在经济环境中属于一个分子，体育旅游产业在经济环境中被视为构成分子的重要部分。随着政策的支持和市场经济体制的完善，体育旅游的发展受到经济大环境的影响，加之经济全球化的发展为国家与国家之间的经济交往搭建了桥梁，不同国家或地区内的大、中、小企业在经济全球化的发展背景下视大环境变化而变化，产业的发展也随着政策和市场经济的发展而变化。华东地区是我国经济发展的中心之一，该地区有我国第一大经济区"长三角经济圈"，为华东地区的产业规划、产业发展以及产业完善提供了经济基础，营造了良好的经济环境氛围。

一、浙江省体育旅游经济环境

据浙江省 2017 年国民经济和社会发展统计公报，2017 年年末全省人均体育场地面积达到 1.97 平方米，经常参加体育锻炼人数占总人口的 38.1%，城乡居民国民体质合格率保持在 92.2% 以上。有省级全民健身中心 18 个、中心村全民健身广场（体育休闲公园）498 个、社区多功能运动场 384 个。国家级体育后备人才基地 18 个，省级体育后备人才基地 50 个。国家级体育传统项目学校 17 个。省级青少年体育俱乐部 413 所。国家体育产业示范基地（运动休闲示范区）5 个、体育旅游示范基地 1 个、国家级运动休闲特色小镇 3 个。省级运动休闲基地 13 个、运动休闲旅游示范基地 20 个。浙江省在 2017 年对体育公共服务设施建设投入较大，促进浙江省 2017 年全民健身快速发展，丰富了人们的体育知识，提高了人们的健身、健康水平，使人们向高质量生活水平发展迈进。

据浙江省 2018 年国民经济和社会发展统计公报，2018 年年末全省人均体育场地面积为 2.16 平方米，经常参加体育锻炼的人数占总人口的 41.3%，城乡居民国民体质合格率保持在 92.9% 以上。有省级全民健身中心 24 个、中心村全民健身广场（体育休闲公园）534 个、社区多功能运动场 585 个。国家级体育后备人才基地 18 个，省级体育后备人才基地 50 个。国家级体育传统项目学校 17 个。省级青少年体育俱乐部 413 所。国家体育产业示范基地（运动休闲示范区）5 个、体育旅游示范基地 1 个、国家级运动休闲特色小镇 3 个。省级运动休闲基地 17 个、运动休闲旅游示范基地 26 个。全年销售体育彩票 206.2 亿元，比上年增加 69.2 亿元。浙江省 2018 年体育产业和旅游产业的规划逐渐完善，在体育场面积、锻炼人数、场馆修建、体育旅游示范基地等基础设施建设方面更进一步，促进了浙江省体育产业和旅游产业融合发展的完善提高。

据浙江省 2019 年国民经济和社会发展统计公报，2019 年浙江省在限额以上批发零售贸易业零售额中，体育娱乐用品、书报杂志、通信器材、日用品、家具类商品零售额分别比上年增长 54.0%、32.1%、23.6%、21.1% 和 17.5%；智能手机、可穿戴智能设备、新能源汽车、智能家用电器和音像器材类等新型消费商品零售额分别比上年增长 124.0%、85.1%、57.2% 和 42.6%。批零单位通过公共网络实现的商品零售额增长 25.6%。2019 年年末全省人均体育场地面积为 2.34 平方米，经常参加体育锻炼（含学生）人数占总人口的 41.8%，城乡居民国民体质合格率保持在 93.4% 以上。有省级全民健身中心 7 个、中心村全民健身广场（体育休闲公园）61 个、社区多功能运动场 296 个。国家级体育后备人才基地 18 个、省级体育后备人才基地 50 个。国家级体育传统项目学校 17 个。省级青少年体育俱乐部 413 所。国家体育产业示范基地（运动休闲示范区）7 个、体育旅游示范基地 2 个、国家级运动休闲特色小镇 3 个。省级运动休闲基地 20 个、运动休闲旅游示范基地 30 个。

据浙江省 2020 年国民经济和社会发展统计公报，2020 年浙江省的体育娱乐用品、烟酒、化妆品和文化办公用品类零售额增速较快，分别增长 30.9%、15.5%、13.1% 和 12.6%。由此得知，体育运动逐渐进入人们的生活，给人们带去健康、带去快乐，为促进人们高质量生活水平发展奠定了健康基础。浙江省是体育强省，2020 年浙江运动员全年共获取全国一类比赛冠军 38 个。据统计，全省经常参加体育锻炼（含学生）人数占总人口的 42%，城乡居民国民体质合格率保持在 93.5% 以上。有省级全民健身中心 33 个、中心村全民健身广场（体育休闲公园）798 个、社区多功能运动场 1087 个。国家级体育后备人才基地 18 个，省级体育后备人才基地 50 个。国家级体育传统项目学校 8 个。省级青少年体育俱乐部 413 所。国家体育产业示范基地（运动休闲示范区）9 个、体育旅游示范基地 1 个、国家级运动休闲特色小镇 3 个。省级运动休闲基地 25 个、运动休闲旅游示范基地 34 个。

综合分析浙江省 2017—2020 年国民经济发展情况可知，浙江省省级全民健身中心由 2017 年的 18 个增加到 2020 年的 33 个，中心村全民健身广场（体育休闲公园）由 2017 年的 498 个增加到 2020 年的 798 个，运动休闲旅游示范基地由 2017 年的 20 个增加到 2020 年的 34 个，同时还建有体育旅游示范基地 1 个、国家级运动休闲特色小镇 3 个。浙江省对体育行业的支出逐年增加，同时体育行业对国民经济 GDP 的贡献也逐年增加。体育行业已成为国民经济发展中不可或缺的一部分，特别是在 21 世纪信息时代发展背景下的"蜗居""宅"等封闭式条件下，体育行业成为促进人们身体健康、生活发展的重要部分，旅游成为人们实现高质量发展、缓解生活压力和工作压力的途径。

二、上海市体育旅游经济环境

2016 年上海市体育产业总产出（总规模）为 1045.87 亿元，增加值为 421.27 亿元，占当年全市 GDP 的比重为 1.5%。体育服务业（除体育用品及相关产品制造、体育场地设施建设外的其他 9 大类）总产出和增加值分别为 675.36 亿元和 344.10 亿元，占上海市体育产业总产出和增加值的比重分别为 64.6% 和 81.7%。

2017 年上海市体育产业总产出（总规模）为 1266.93 亿元，增加值为 470.26 亿元，占当年全市 GDP 的比重为 1.6%。

2018 年上海市体育产业总产出（总规模）为 1496.11 亿元，增加值为 556.90 亿元，占当年全市 GDP 的比重为 1.7%。

2019 年上海市体育产业总产出（总规模）为 1780.88 亿元，增加值为 558.96 亿元，占当年全市 GDP 的比重为 1.5%，详见表 3-2。按照国家体育产业 11 个大类分类，体育服务业（除体育用品及相关产品制造、体育场地设施建设外的其他 9 大类）总产出和增加值分别为 1414.66 亿元和 485.49 亿元，占上海市体育产业总产出和增加值的比重分别为 79.4% 和 86.9%。其中，体育用品及相关产品销售、出租与贸易代理业总产出和增加值最大，分别为 678.56 亿元和 279.17 亿元，占上海市体育产业总产出和增加值的比重分别为 38.1% 和 49.9%。

表 3-2 2019 年上海市体育产业总产出和增加值

体育产业类别名称		总量（亿元）		结构（%）	
		总产出	增加值	总产出	增加值
大类	上海市体育产业	1780.88	558.96	100	100
11 小类	体育管理活动	38.97	16.83	2.2	3.0
	体育竞赛表演活动	44.67	31.87	2.5	5.7
	体育健身休闲活动	145.62	57.65	8.2	10.3
	体育场地和设施管理	18.48	4.80	1.0	0.9

续表

| | 体育产业类别名称 | 总量（亿元） || 结构（%） ||
		总产出	增加值	总产出	增加值
11小类	体育经纪与代理、广告与会展、表演与设计服务	36.18	5.27	2.0	0.9
	体育教育与培训	21.55	10.53	1.2	1.9
	体育传媒与信息服务	130.66	49.50	7.3	8.9
	其他体育服务	299.97	29.85	16.8	5.3
	体育用品及相关产品制造	336.25	69.75	18.9	12.5
	体育用品及相关产品销售、出租与贸易代理	678.56	279.17	38.1	49.9
	体育场地设施建设	29.97	3.72	1.7	0.7

注：若总量与分量合计尾数不等，是因数值修约误差所致，未做机械调整

2020年上海市全年实现生产总值（GDP）38155.32亿元，比上年增长6.0%。其中，第一产业增加值为103.88亿元，下降5.0%；第二产业增加值为10299.16亿元，增长0.5%；第三产业增加值为27752.28亿元，增长8.2%。第三产业增加值占上海市生产总值的比重为72.7%，比上年提高1.8个百分点。第三产业的比重的增加与"一带一路"倡议的提出紧密相连，让国内剩余劳动力输送至"一带一路"沿线国家和地区。当然，体育产业和旅游产业的转型以及体育旅游融合发展也为第三产业的快速增长助力。

2019年上海举办的12项具有代表性的重大体育赛事中，上海ATP1000大师赛、F1中国大奖赛、上海国际马拉松赛三项赛事直接经济效益的贡献占比超过70%。12项具有代表性的重大体育赛事对第三产业的拉动效益达61.08亿元，占比59.9%。除了经济效益，这些赛事也让上海"城市会客厅"的功能得以充分发挥。此外，上海市各区纷纷以体育赛事为媒介，集聚发展体育产业。由此可见，体育赛事给上海带来的效益是多重的，既开发了市场价值、社会价值，又激发了资源活力。随着赛事产业链布局的不断完善，体育产业也将逐步融入城市经济，助推上海全面发展。

2019年上海举办的163项国际国内体育赛事引发了广泛关注，现场受众高达209万人次，共吸引17万人次参赛，192万人次现场观赛，赛事现场受众规模空前。163项赛事共产生35万篇次媒体报道。2019年，12项具有代表性的重大体育赛事的媒体报道数量达8万篇次，占总报道篇次的23.4%。重大赛事

不仅代表体育本身，更成为向世界推介上海城市形象的一个重要窗口。

据不完全统计，2019年上海市举办的163项国际国内体育赛事中，51项赛事的举办时间超过7年，占比31.3%。

综上可见，上海体育赛事的组织运营水平已位居全国前列，不仅赛事阵容逐步扩大、国际化水平不断提高，赛事本身的专业化、科学性，以及上海的营商环境也在不断优化，一流的赛事体验更为"上海服务"品牌打上了新的标签。

上海市还完善了崇明体育训练基地的功能，建成市民体育公园一期（足球公园）；在公园、绿地和社区中新建改建112条市民健身步道、76个市民球场、345个市民益智健身苑点。上海作为经济强市，在体育赛事管理、体育竞赛中占有重要地位，每年对体育行业的经济支持较大。赛事的举办为上海市全民健身和全民健康打造了良好的氛围，促进了上海市全民健身的发展，进一步满足了上海市民对健康生活的需求。2019年，上海市现代公共文化服务体系率先基本建成。其中"文化进地铁"推出19列地铁文化列车、20余场文化长廊、100场音乐角演出；"文化进机场"在浦东和虹桥机场艺术馆推出4场展览。深化"建筑可阅读"等品牌，黄浦、静安等6个中心城区开放历史建筑1237处，设置建筑二维码1827处，推出327种建筑可阅读文创产品和87条建筑微旅行线路，全年接待游客1830万人次。建成程十发美术馆、上音歌剧院等文化设施，完成隧道调频广播工程、市级广播电视发射塔基础设施运维工程。文化服务体系的建成更好地展示了上海市作为长三角经济圈龙头的地位，突出了上海市的历史文化，展示了上海国际大都市的风光，彰显了上海东方明珠的光芒，为上海旅游发展提供了亮点，为上海体育旅游的发展增添了文化色彩。

三、山东省体育旅游经济环境

据山东省2020年国民经济和社会发展统计公报，2016—2020年山东省第三产业的发展呈现稳步提升的趋势。初步核算，2020年山东省实现生产总值73129.0亿元，按可比价格计算，比2019年增长3.6%。分产业看，第一产业增加值为5363.8亿元，增长2.7%；第二产业增加值为28612.2亿元，增长3.3%；第三产业增加值为39153.1亿元，增长3.9%。

2020年山东省共接待国内外游客5.77亿人次，实现旅游总收入6019.7亿元，分别恢复至上年水平的61.5%和54.3%。山东省结合当地旅游特色，积极打造体育旅游产业新业态，对传统旅游产业进行革新，根据市场发展的需求，结合人们对健康生活的需要和高质量生活水平的需要，将体育产业与旅游产业深度融合，促进体育旅游产业的发展，创新市场新经济，打造体育旅游示范基地，创新经济增长点。到 2020 年，山东省共有省级体育旅游示范基地 13 家。

山东省每年对体育事业的财政支出较大，促进山东省体育事业蓬勃发展，2020 年山东省举办第十届全民健身运动会赛事活动 3364 项次，参与总人数达 311.6 万人次；举办线上线下各级各类马拉松活动 44 场，参与人数 56.3 万人次。省、市、县、乡各级体育社会组织 9566 个，新增 1108 个；村级体育总会 38678 个，新增 1161 个。农村健身设施覆盖率超过 95%。年度全国最高水平比赛获金牌 54 枚。

2021 年 3 月，山东省统计局发表的对全省经济社会发展情况的解读中指出，2021 年 1—2 月山东省体育娱乐用品销售额增长 52.2%，体育产业呈现快速增长趋势。同年 4 月，山东省统计局指出，文化、体育和娱乐业总产值增长 54.4%；7 月，山东省统计局指出，体育和娱乐业总产值增长 83.1%。

总之，华东地区对体育旅游资源的整合、开发和规划进行了大力支持，上海、浙江、山东等省市每年对体育产业、旅游产业的财政支出逐渐增加，同时丰富历史文化特色，打造文化节、文化网红地等丰富旅游产业内容，助力旅游产业恢复元气，融合体育产业和旅游产业，让体育旅游产业健康稳定地发展，促使其成为新时代背景下第三产业的重要支柱，成为"一带一路"倡议背景下的建设亮点。

第三节　华东地区体育赛事和旅游资源整合

华东地区是我国经济发展较快的地区之一，是一个庞大的、系统的综合经济发展体，是工业、农业和服务业以及对外贸易的重点区域，带动着长江沿线城市的经济发展，也是"一带一路"的陆上丝绸之路的重要出发点，国家对该地区的政策支持力度较大，对其经济扶持力度较大。

一、上海市的体育赛事和旅游资源融合发展

（一）上海国际交互绳大奖赛

上海国际交互绳大奖赛创办于 2014 年，至 2019 年已成功举办六届，多年来根植于举办地上海青浦这片土地上，是一项印有上海地域品牌特色的国际化赛事，并多次获得上海市体育总会表扬。该赛事以最精彩的交互绳单项为载体进行重点打造，旨在以单项赛事引领世界跳绳运动发展。随着近年来赛事品牌

"一带一路"倡议下体育旅游资源的整合与发展研究

影响力的不断扩大，来自世界各地的参赛队伍也不断增加。上海国际交互绳大奖赛的举办对提高青浦城市形象与国际知名度有着积极意义。

2019年上海国际交互绳大奖赛吸引了来自中国、法国、澳大利亚、韩国、日本、中国香港、中国澳门7个国家和地区的跳绳爱好者汇聚一堂。该赛事由上海市体育总会主办、上海市青浦区体育局等单位共同承办，该赛事全力提升办赛品质与社会影响力，大力推进全民健身计划，助力上海打造全球著名体育城市和世界一流国际体育赛事建设。该赛事展示了不同国家及地区的跳绳特色，吸引了众多体育界翘楚共谋全球跳绳未来，展示了上海的城市魅力和城市文化。

上海国际交互绳大奖赛的举办吸引了国内、国际参赛运动员前往上海青浦区，为青浦区输送了人流量，展现了上海的历史文化和城市发展面貌。对于参赛者而言，参加比赛是活跃赛场氛围的重要途径，活跃赛场氛围是比赛的本质属性。对于旅游者而言，观赏跳绳赛事是欣赏体育比赛的一种重要途径，也是丰富游客知识和促进游客进行体育锻炼的直观表象。在跳绳比赛后对参赛者及旅游者进行周边景点宣传，展示景点文化、景点历史和景点风貌，促进周边经济消费，为周边的旅游景点带去人气，将体育赛事与旅游景点结合，形成一条参与性强、观赏性强和体验性强的体育旅游路线，为下一届赛事的开展和举办奠定基础。该赛事将周边的旅游景点连接成线，形成以赛事和旅游景点为点，将赛事与旅游景点连接成线，即一个点带动一条线发展的体育旅游发展的新局面。图3-9展示了上海国际交互绳大奖赛——东方明珠体育旅游线路，该环线的设置有效地将周边的景点融合，体现了体育赛事与旅游项目的融合发展。

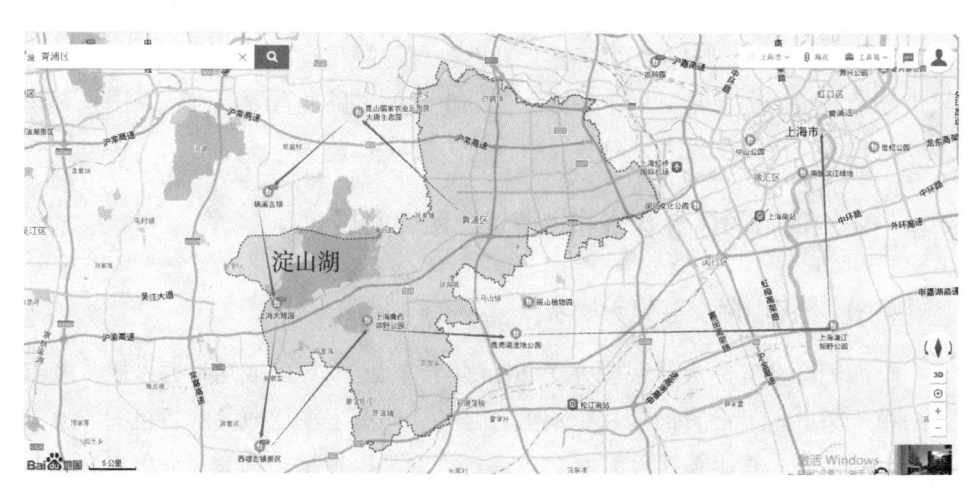

图3-9 上海国际交互绳大奖赛——东方明珠体育旅游线路

坐落于江苏省昆山市千灯镇的大唐生态园距离青浦区较近，与"中国民间博物馆之乡"锦溪和"中国第一水乡"周庄相邻，是城市周边较大的现代农业生态园示范基地。该生态园总规划面积为3000亩（1亩≈666.67平方米），内部按植物生长需求划分区域，栽种了各种奇花异草，建有仿古建筑，是该片区新农村建设的亮点。参赛者在比赛结束后可在生态园进行休闲活动，为下一阶段的备战调整状态。

锦溪古镇被列为昆山文物重点保护单位，具有独特的水乡"桥文化"，该镇以窑业生产而著名，窑业是该镇的支柱性产业，因此该镇还形成了特有的"砖瓦文化"，是建筑古朴的文化遗产宝地。

大观园位于淀山湖西部，是上海市精神文明建设的重点单位，后期经过整改、维修、加固等，打造成了一个集观光、旅游和休闲于一体的游乐园。观光者可通过游览上海大观园了解当地的风土人情和历史典故，充实生活，缓解压力。

（二）上海国际摩托艇赛事

上海东南部的南汇新城镇水资源丰富，适合开展水上项目和户外活动。南汇新城借助这项优势条件，多次举办国际及国家级水上运动赛事。2007年、2008年连续两年举办国际摩托艇明星对抗赛。"外滩控股"2016年世界水上摩托锦标赛上海大奖赛暨国家杯摩托艇大赛在上海临港拉开帷幕。2018年10月14日"临港杯"2018UIM世界XCAT摩托艇锦标赛中国系列赛上海站开幕式在上海临港南汇新城滴水湖举行，这是目前世界上专业程度最高、观赏性排名第四的国际A级赛事。该赛事吸引了来自法国、意大利、澳大利亚、俄罗斯等世界各地的12个顶级职业动力艇赛队，有接近200位运动员、教练员参加比赛；该赛事为上海向世界展示城市魅力奠定了赛事基础，为上海市承办更高规格、更大型体育赛事检验了城市承受力，提高了上海的体育赛事管理能力。上海作为国际大都市，有着较高的国际地位，而UIM世界XCAT摩托锦标赛代表着世界最高水平的摩托艇品牌赛事，两者有机结合，既让上海展现了城市魅力和文化，向世界展现了中国实力，又让世界顶尖的摩托艇赛事落户上海，有利于上海市国际体育赛事的大力开展，促进上海市水上运动项目的建设和健康、平稳发展。

上海国际摩托艇赛事的举办吸引了国内、国际参赛运动员前往上海南汇新城镇，为南汇新城输送了人流量，展现了上海的历史文化和城市发展面貌。该赛事以滴水湖为中心，向周边富有文化价值和经济价值的点进行扩散，将周边

"一带一路"倡议下体育旅游资源的整合与发展研究

的旅游景点紧密连接起来，把参与赛事的群体和观赏赛事的群体向周边旅游景点引导，如图 3-10 所示，促进体育与旅游融合，产生了更大的经济效益，体现了体育赛事与旅游项目的融合发展。

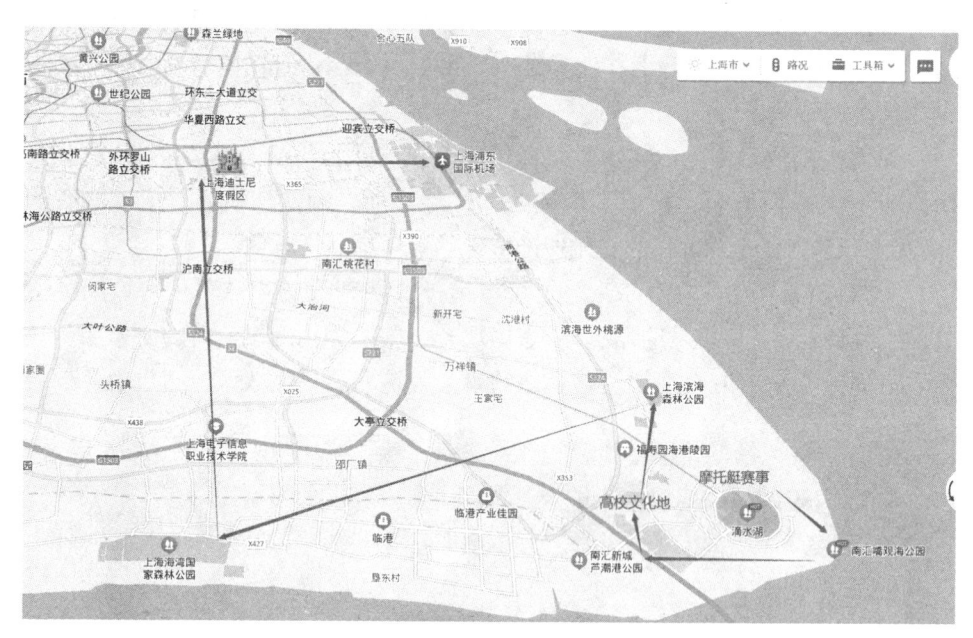

图 3-10 上海国际摩托艇赛事与周边旅游景点的连接

（三）电竞赛事

伽马数据（CNG）的统计结果显示，2017 年在上海举办的电竞赛事占全国的比例最高，达到 41.3%，被誉为我国的电竞之都。2018 年，上海加快了全球电竞之都的建设。伽马数据（CNG）的统计结果显示，2017 年上海在全国举办的电竞赛事最多，主要是借助地理、用户、交通等优势基础；上海承办的电竞赛事在全国的收视率较高；上海的企业也大力支持和鼓励电竞赛事的举办；沿海地区历来是电子游戏玩家的主要聚集地，江浙沪地区的电竞玩家约占全国电竞玩家的两成。上海每年举办的电竞赛事都会吸引全国不少战队前往参赛，也会吸引大量电竞爱好者前往观赛。且上海举办的赛事大都是国家级赛事，其中王者荣耀邀请赛属于国际级比赛。赛事的举办带动了角色扮演活动和相关动漫产业的发展，给参赛者、旅游者和体验者留下了美好的印象。上海又是高校聚集地之一，文化氛围浓厚，将体育赛事与文化融合又能促进体育赛事的文化底蕴建设。

第三章　华东地区体育旅游资源与发展

上海电竞赛事的举办吸引了国内、国际参赛运动员前往上海，为上海带去了人气，展现了上海电竞发展的悠久历史和以电竞衬托城市发展的面貌。在政府相关职能部门的大力支持下，在优质的电竞环境基础之上，政策的鼓励对产业的发展是最好的帮助，给产业发展提供信心。对于电竞产业而言，政策的支持是强化产业发展信心的食粮，给企业指明了方向，因此，上海电竞赛事具备持续发展的潜力。电竞产业的发展给我们新的方向和目标，提醒我们"摩登、新颖、时尚"对于时下的年轻人依然有着强大的吸引力，更彰显年轻人的特点和开朗性格，符合当前时代发展背景和数字化、网络化以及智能化的发展特征，该产业的发展丰富了体育赛事内容，让体育竞赛带有时尚性。图 3-11 展示了电竞赛事——东方明珠的旅游路线。

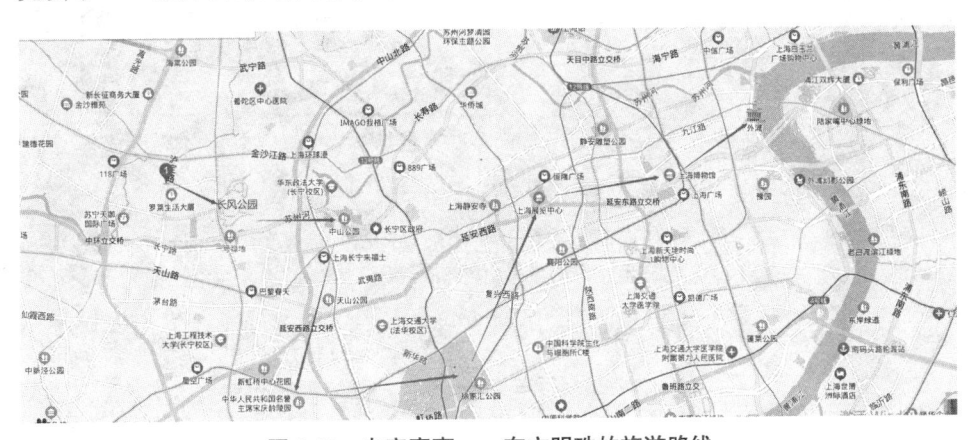

图 3-11　电竞赛事——东方明珠的旅游路线

（四）崇明岛自行车赛

崇明岛位于长江口，是我国的第三大岛屿，岛上资源丰富，地势平坦，土地肥沃，是有名的鱼米之乡。2019 年环崇明岛国际自盟女子公路世界巡回赛是国际自行车联盟认定的世界顶级的女子职业公路自行车比赛，属于国家 A 级赛事，与著名的环法、环意、环西自行车赛属于同一级别。此次赛事全球共设 23 站，其中中国（崇明）、美国等 8 站为多日赛。崇明站是第 10 站，是 8 站多日赛的首站。崇明岛以举办品牌体育赛事为平台，着力打造上海精品体育赛事，达到宣传上海城市形象、扩大赛事影响力、充分展示崇明世界级生态岛建设成果的目的。

上海崇明岛以先天的自然优势和地理位置赢得了承办国际环岛自行车比赛的资格，为上海市增加了人气，带来了收益，展现了上海市优越的地理条件和位置。该赛事以崇明岛为环线，将岛屿周边的自然景观和人文景观有效连接在一起，促进赛事与旅游融合，让体育赛事与旅游项目融合得更加紧密。图3-12展示了崇明岛自行车赛——东方明珠的旅游路线。

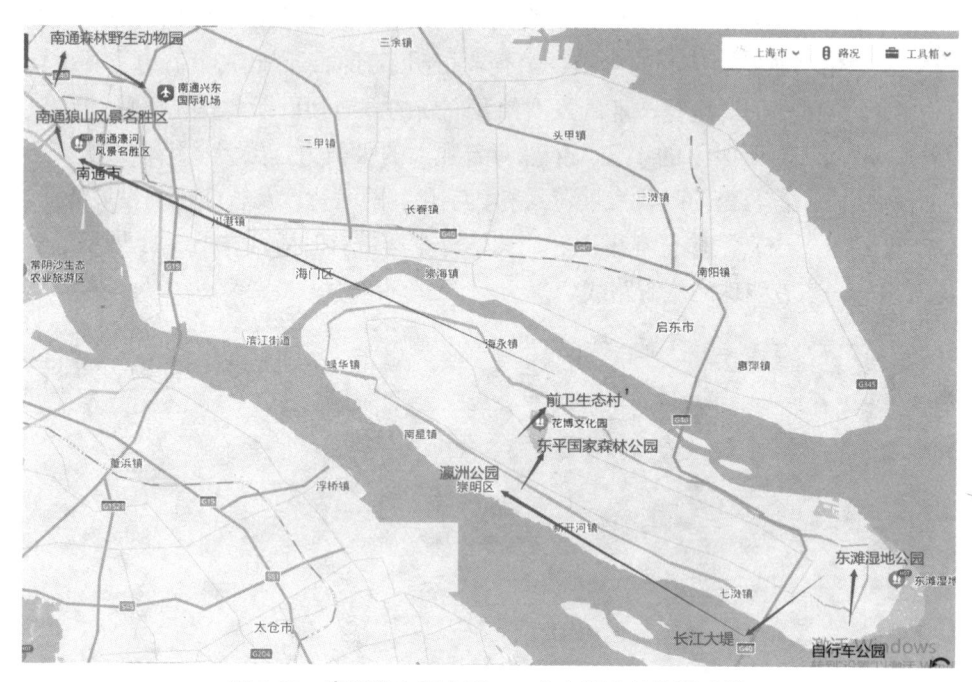

图3-12 崇明岛自行车赛——东方明珠的旅游路线

二、江苏省的体育赛事和旅游资源融合发展

（一）中国生态四项公开赛

江苏省宿迁市别有"水城"之称，民间艺术繁荣，旱船、高跷、花挑、跑驴、舞龙、舞狮等艺术形式为群众所喜闻乐见。宿迁不仅民间文化丰富，而且其自然资源也较多，有洪泽湖湿地公园、三台山国家森林公园等以自然风光为主题的公园，还有龙王庙行宫、项王故里、洋河新区酒文化主题公园等社会景点，是集自然资源和社会资源于一体的城市。"一带一路"倡议的提出有利于将江苏的美景、历史文化更好地传送到"一带一路"沿线国家，展现中国文化、中国特色和中国魅力。

中国生态四项公开赛践行"体育+生活+生态+旅游"的理念，以高水平的竞赛表演业、高品质的大众体育活动以及高标准的生态体育文化展示，驱动宿迁体育旅游的产业升级，鼎力配合建设宿迁生态经济示范区和江苏生态大公园。

　　江苏省宿迁市举办的生态四项公开赛与宿迁市生态经济示范区打造和生态大公园建设相契合，为把宿迁建设成为生态、健身的城市而努力。打造生态示范区和生态大公园有利于丰富宿迁市的旅游景点，促进宿迁市全民健身活动的开展，推进宿迁市人们向高质量生活水平迈进。

　　中国生态四项公开赛赛程包含1公里游泳、17公里自行车、7公里皮划艇和4公里定向越野。具体线路：宿迁市湖滨新区沙滩公园（起点）—向湖内游泳并折返—换项自行车—水上运动中心（换项皮划艇）—皮划艇结束后换项跑步—奥体中心体育场（终点）。为营造浓厚的"科学健身、运动战'疫'"全民健身氛围，生态四项公开赛开好了头，起到了带头作用，将体育赛事与生态旅游有机结合，促进了体育产业、生态产业和旅游产业的融合，提升了体育旅游的经济效益。中国生态四项公开赛后的周边旅游路线，如图3-13所示。

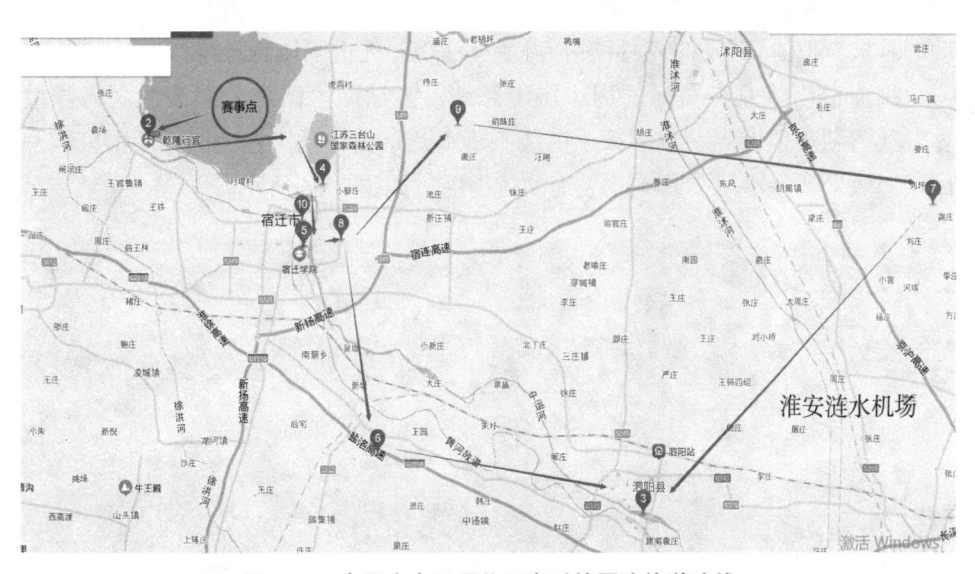

图3-13　中国生态四项公开赛后的周边旅游路线

　　在骆马湖赛事点比赛结束后，参赛者和游客可以去乾隆行宫，沿着骆马湖环游到罗曼园，参观骆马湖东岸的湖滨公园、宿迁动物园、项羽纪念馆，后续的旅游路线可分为两条路线：①宿迁烈士陵园—泗阳妈祖文化园—淮安涟水国际机场；②项羽纪念馆—来龙寺—泗阳妈祖文化园—淮安涟水国际机场。

（二）溱潼会船节龙舟赛

　　江苏省泰州市被批准为长三角地区的重要港口城市，自古有"水陆要津，

"一带一路"倡议下体育旅游资源的整合与发展研究

咽喉据郡"之称。泰州市经济实力雄厚,已建成国家级生态示范区和全国百强县,是一个历史文化悠久、产业实力雄厚的城市,被生态环境部誉为生态文明示范城市。泰州市溱湖湿地风光秀美,素有"水乡明珠"之称,为泰州的旅游产业发展提供了原生态的自然资源,同时泰州市历来重视体育产业发展,在体育旅游产业发展领域中有强劲的融合示范项目。溱潼会船节龙舟赛历史悠久,由南宋相沿至今,历经数百年传承而不衰,先后被列入全国非物质文化遗产名录、全国十大民俗节庆活动。溱湖风景区原生态的资源为龙舟赛事提供了良好的比赛环境,传承了龙舟文化和龙舟文明,溱湖风景区不仅孕育了龙舟赛事,还先后举办了世界女子围棋、铁人三项竞赛、自行车运动等体育赛事,挖掘出富有地方特色的现代生态型体育旅游活动项目,提升了泰州市体育运动服务的品质。与此同时,泰州市还不断加强体育基础公共服务设施建设,打造环溱湖7.5公里的健身赛道,满足骑行、马拉松、铁人三项竞赛、健身步行等体育运动的需求,把体育与旅游项目融合得活灵活现,促进了体育旅游产业的发展。

溱潼会船节龙舟赛后的周边旅游路线:溱湖国家湿地公园—溱湖海洋世界—秋雪湖欢乐世界—泰州香草湾薰衣草主题乐园—稻河古街区—泰山公园—凤城河风景区—泰州柳园—北大街文化街区,如图 3-14 所示。

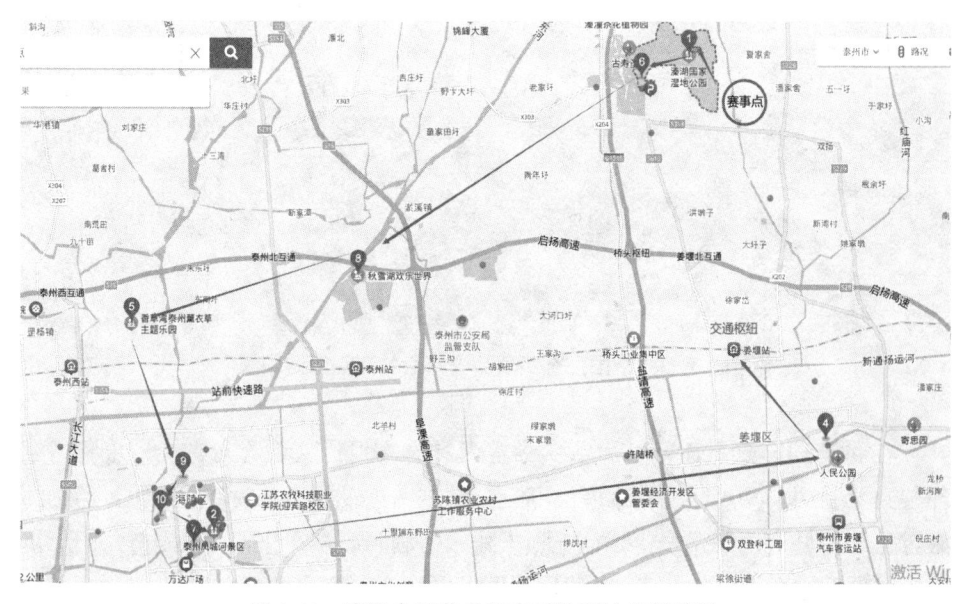

图 3-14 溱潼会船节龙舟赛后的周边旅游路线

三、浙江省的体育赛事和旅游资源融合发展

（一）柴古唐斯括苍越野赛

浙江省是我国沿海城市之一，是长三角地区的重要省份，该省份地势复杂，由平原、丘陵、盆地、山地、岛屿构成，对越野赛事而言是天然的赛道，加之浙江省经济发达，对体育赛事和旅游赛事的需求较大，对高质量生活水平的需求较高。2018柴古唐斯括苍越野赛的起点设在临海台州府城兴善门广场，途经江南长城、云峰、兰辽、上白岩、盆化廖、跑马坪、米筛浪等地，沿途既可以欣赏到秀丽的江南山地景观，同时也可以感受当地深厚的人文底蕴。比赛路线反向环括苍山，累计爬升6450米，设计为环线赛道。越野赛事的举办为浙江省带去了活力，带去了新的经济价值和产业价值。目前该赛事成为国内山地越野赛事参与人数最多、级别最高、影响力最大的赛事，被国家评为精品体育旅游项目，也获得"浙江省最具商业价值和经济价值的赛事"称号。

该赛事的举办展示了沿海城市的历史文化、旅游资源和风土人情，用一种全新的运动方式诠释了浙江的城市文化，体现了体育与旅游的深度融合，将赛事内涵完全体现出来，不断探索体育与文化、体育与旅游的融合程度，为打造优秀的省内、国内和国际品牌赛事夯实了基础。

柴古唐斯括苍越野赛后的周边旅游路线：台州府城文化旅游区—江南情人谷—临海江南大峡谷景区—灵湖景区—牛头山风景区，如图3-15所示。越野赛举办地点在台州府城文化景区，在景区中有相关的旅游景点即望江门，赛事结束后以举办赛事周边的旅游景点为基准，将旅游景点连接成线，促进体育赛事与旅游深度融合。

（二）楠溪江国际户外休闲嘉年华赛事

永嘉县位于浙江省东南部，素有"中国长寿之乡"的美誉，号称"中国纽扣之都""中国玩具之都"。永嘉县是首批对外开放的县之一，依托山水之美开展文化旅游事业，依托红色革命历史开展红色旅游教育，烘托出永嘉县的城市历史和城市魅力。永嘉县重视城市的自然资源和社会资源，重视城市的生态文明建设，被生态部门授予"生态文明示范县"称号，其耕地面积有36.16万亩，林地面积有291.8万亩，森林覆盖率达到69.2%，绿化面积达到96.62%，生态环境良好，在全国县级单位中起到了榜样作用。永嘉县凭借对自然环境的保护和利用，借助"一带一路"倡议的东风，顺应人民对高质量生活水平的需要，努

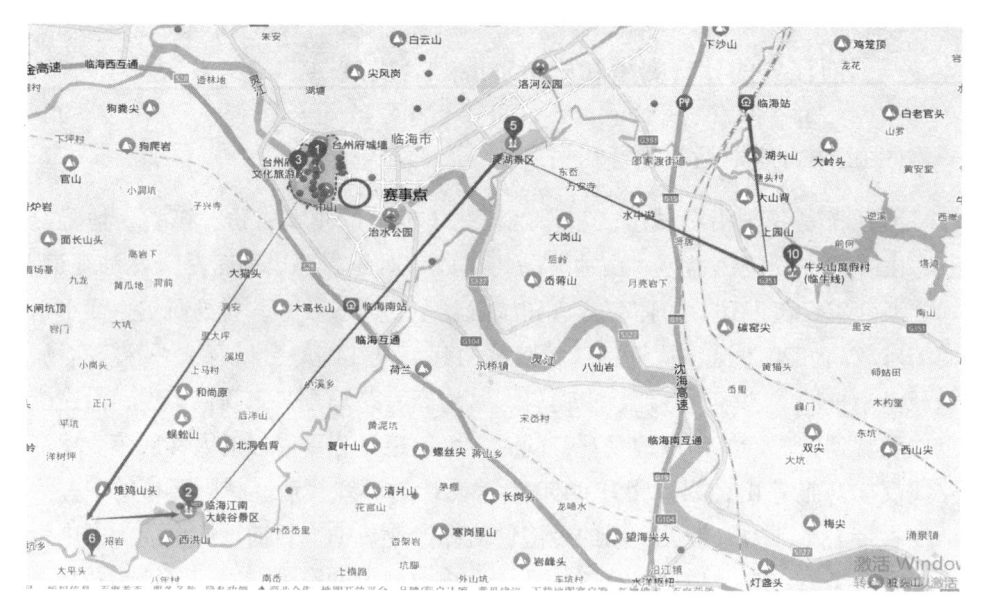

"一带一路"倡议下体育旅游资源的整合与发展研究

图 3-15 柴古唐斯括苍越野赛后的周边旅游路线

力建设和打造体育旅游产业，丰富永嘉县人民的生活，促进永嘉县人民的身体健康，积极响应全民健身的号召。

永嘉县楠溪江流域有着清、秀、奇的地貌特点，从 2014 年开始，永嘉凭借独特的山水文化资源禀赋，有效整合山水资源，坚持走山水路，打山水牌，精心设计并推出楠溪江国际户外休闲嘉年华赛事，至 2019 年已连续举办六届。2019 年第六届赛事由楠溪江国际桨板运动公开赛、楠溪江全国徒步大会以及楠溪江全国汽车越野场地赛三个赛事组成。其中楠溪江国际桨板运动公开赛的参赛人数为 130 人；楠溪江全国徒步大会的参与人数为 4200 人，徒步里程约 15 公里；楠溪江全国汽车越野场地赛的参赛人数为 108 人。赛事采取政府、企业和社会组织商务运作模式，项目设置专业性强、赛事规格高、参与普及面广，具有户外运动休闲影响力，能很好地带动全民健身和当地体育旅游及相关产业的发展。

（三）中国围棋甲级联赛

长兴县位于浙江省北部，与江苏省接壤。2020 年社科院发布的"2020 全国县域经济 100 强单榜"显示，长兴县在全国县域经济中排第 30 名，由此可见，长兴县的经济实力雄厚，经济发展较快，为体育产业和旅游产业的发展奠定了良好的经济基础。长兴县物产丰富，人民热情，自古就是兴邦之地，地处水路和陆路的交叉地域，商业发达，为经济发展奠定基础。依托长兴县的经济实力，2018年由华为手机冠名的"华为手机杯中国围棋甲级联赛"在长兴县开幕，为长兴县的发展带去了体育赛事和棋牌赛事，丰富了长兴县人民群众的生活，宣扬了长兴县的城市文化和城市风景，开元芳草地和大唐贡茶院给选手和嘉宾留下了深刻的印象。长兴县举办的"中国围棋甲级联赛"成功选入了浙江省重点培育的体育品牌赛事项目，提升了长兴县的城市知名度；棋牌赛事的举办得到县政府、县文旅局的大力支持和鼓励，为促进长兴县进一步打造体育赛事与旅游项目融合的体育旅游产业发展奠定基础，促进了长兴县的文旅之城、赛事之城和运动之城的发展。

四、安徽省的体育赛事和旅游资源融合发展

（一）池州国际马拉松

池州位于安徽省，在长江流域的南部，是长三角地区中心区27城之一，是古代诗人的盛产地，文化价值和文化内涵丰富，该市森林覆盖面积接近60%，环境质量和生态水平居安徽省前列，被誉为"2019中国最具生态竞争力城市"，该城市空气中负氧离子含量是国家标准的35倍。优质的空气、温馨的平天湖风景以及池州人民的热情，促进了池州国际马拉松赛事的发展。池州国际马拉松赛事的开展得到了池州市人民政府的大力支持，为带动池州的经济发展提供了动力；同时，也得到了中国田径协会的认可，被中国田径协会授予"2018中国田径协会金牌赛事"称号。

池州国际马拉松设置全程马拉松、半程马拉松、迷你马拉松三个项目；2019年参赛规模达到12000人；比赛起终点设置在平天湖风景区莲花台广场，比赛线路东环李白诗中的平天湖，西绕杜牧笔下的杏花村，沿途湖光山色、诗村园林，体现池州"行尽池城皆是景，一城山水满城诗"的独特魅力。池州国际马拉松赛后的周边旅游路线，如图3-16所示。池州马拉松赛事的举办体现了池州体育赛事与旅游的深度融合，促进池州体育旅游产业进一步发展，为丰富"一带一路"沿线城市的内涵和赛事发展增添了色彩。

（二）黄山论剑·国际武术大赛

安徽黄山是我国十大名山之一，是我国著名的五岳之一，是我国道教名山，黄山风景区被批准为国家首批重点风景区，被列入世界文化与自然遗产名录。黄山旅游景区物产丰富，植物资源、动物资源和矿产资源多。"黄山论

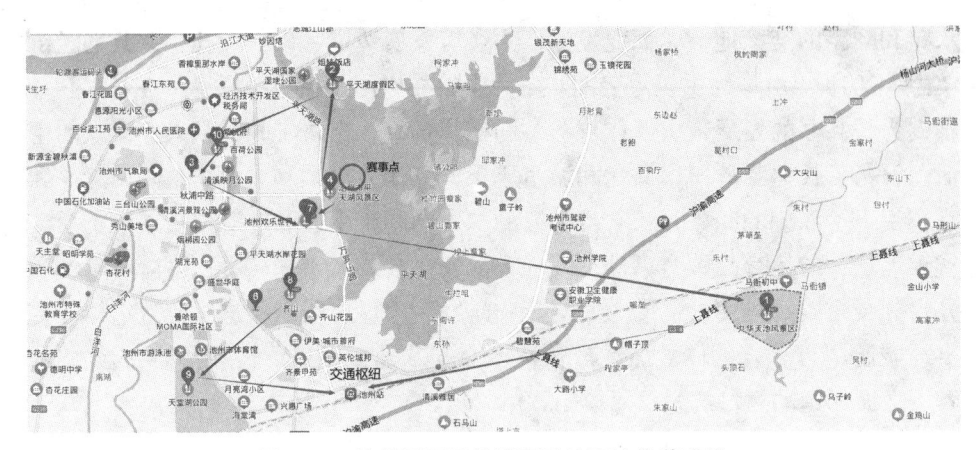

"一带一路"倡议下体育旅游资源的整合与发展研究

图 3-16 池州国际马拉松赛后的周边旅游路线

剑·国际武术大赛"由国家体育总局武馆中心、中国武术协会、安徽省体育局、黄山市人民政府共同主办，该赛事的举办保留了黄山市原有的宗教文化，传承了我国传统的武术文化精神和武术文化，以武术赛事为平台，促进以武会友的交际方式，共同打造赛事，传承文化。

该赛事以黄山风景区为会场，以武术赛事为交流形式，是体育赛事和旅游项目深度融合的体现，促进了体育旅游产业的进一步发展，成为黄山市体育旅游融合发展的模范，为丰富"一带一路"倡议内容和展现"一带一路"沿线城市魅力提供展示平台。黄山论剑·国际武术大赛后的周边旅游路线，如图 3-17 所示。

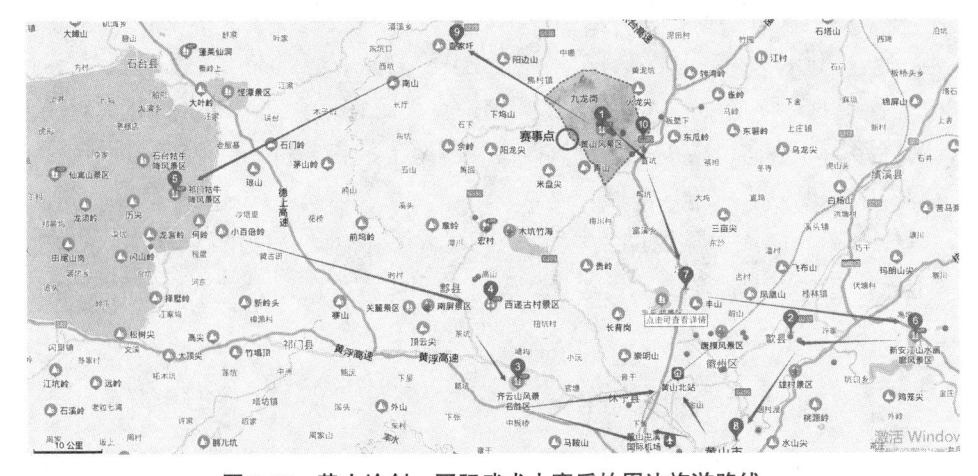

图 3-17 黄山论剑·国际武术大赛后的周边旅游路线

第三章　华东地区体育旅游资源与发展

（三）界首全国福斯特杯钓鱼大奖赛

"界首全国福斯特杯钓鱼大奖赛"以国家号召开展全民健身活动为契机，以"以渔会友、共商发展"为主题，旨在以体育活动兴文化，以文化促产业，推动界首体育产业发展，进一步宣传界首、推介界首、展示界首，为界首市打造了城市名片，提升了界首市的城市形象。"界首全国福斯特杯钓鱼大奖赛"后的周边旅游路线，如图3-18所示。同时，文化节把垂钓这一休闲活动提升到精神文化层面，能够促进休闲文化的传承和发扬。

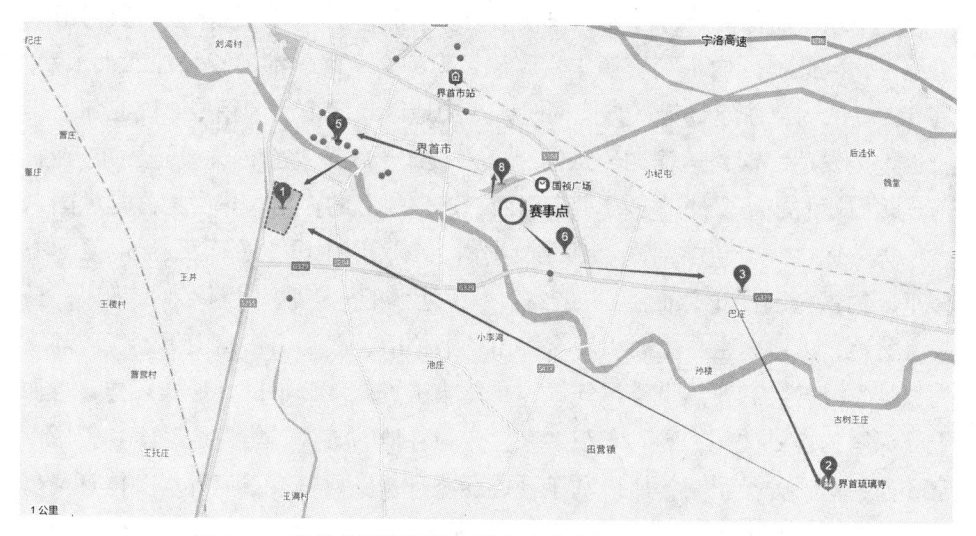

图3-18　界首全国福斯特杯钓鱼大奖赛后的周边旅游路线

第四章　华中地区体育旅游资源与发展

华中地区简称华中，位于我国领土板块中部，也属于长江中游和黄河中下游地区，因此地区内水利资源丰富，涵盖海河、黄河、淮河、长江四大水系，具有良好的内河航运优势。与此同时，华中地区与多个地区相接，因此陆上交通也十分发达，铁路运输四通八达，众多交通干线通达全国，是全国东、西、南、北四境的战略要冲，起着承东启西、连南望北的作用。华中地区是中国七大地理分区之一，包括河南、湖北、湖南三省，华中国土总面积约56万平方公里，约占全国国土总面积的5.9%。华中地区的地形地貌以岗地、平原、丘陵、盆地、山地为主，主要山脉有嵩山、桐柏山、武当山、衡山等，气候环境为温带季风气候和亚热带季风气候，自然旅游资源十分丰富且形式多样，再加上其深厚的历史文化，吸引了很多来自全国各地的游客。华中地区水利资源丰富，而且地形种类丰富，所以利于开展赛龙舟、皮划艇、漂流等水上体育赛事活动。华中地区地形地貌丰富，生物资源种类繁多，数量庞大，自然环境优美，人文历史厚重，区内有传统武术名山——嵩山和武当山，民族传统体育旅游资源丰富，旅游资源的可塑性强，便于打造体验型旅游。

从行政区位角度分析，华中地区是全国工业、农业的心脏和交通中心之一，具有良好的轻工业和重工业基础，是全国第一、第二经济产业发展的中流砥柱。在"一带一路"倡议上，华中地区由于其中心位置优势，对周边地区起着承上启下的作用，各种人才和资源均在此汇聚，这就为地区的发展创造了许多潜在的机会，在利用好优势发展的前提下，还能很好地联动周围城市发展。国家对于华中地区的政策支持力度很大，2016年国家发展和改革委员会印发《促进中部地区崛起"十三五"规划》，明确支持武汉、郑州建设国家中心城市，强化长沙等省会城市的地位；2018年中共中央、国务院发布的《中共中央国务院关于建立更加有效的区域协调发展新机制的意见》明确以武汉为中心引领长江中游城市群发展，以郑州为中心引领中原城市群发展。由此可见，国家

第四章 华中地区体育旅游资源与发展

对华中地区的政策扶持力度较大,华中地区也是近几年国家重点发展的区域。

从经济角度来看,华中地区的重工业和轻工业较为发达,具有良好的工业基础。河南省素有"九州腹地,十省通衢"之称,是全国重要的综合交通枢纽和人流物流信息中心。利用这一交通优势,近些年郑州市重点建设了中欧班列(郑州)、郑州—卢森堡航空货运"双枢纽"、跨境电商这三条"丝绸之路"。2018年,中欧班列(郑州)全年开行752班,累计货值超过32.3亿美元,郑州机场货邮吞吐量达到51.5万吨。同年,河南跨境电商进出口总值突破200亿元,当年该省跨境电商进出口总值达到120.4亿元,郑州跨境电子商务区交易业务量连续5年位列全国第一。

湖北省GDP位居全国前列,人均GDP排名中部六省首位,省会武汉市经济规模也跻身全国城市前十,襄阳市经济规模排名全国城市前五十。近些年,由于沿海城市经济发展脚步放缓,人力和土地资源成本逐渐升高,因此许多劳动密集型企业就开始向内地城市迁移产业,这就给本身工业底子很好的湖北省提供了发展良机。

湖南省是长江经济带上的重要节点,长沙市被誉为"媒体艺术之都",文化产业基础好,发展早,拥有许多知名文化品牌,处于全国文化产业第一阵营。与此同时,长沙市还是中国最大的工程机械基地,被称为工程机械之都,混凝土机械产量居世界第一。湖北省和湖南省的教育产业和科研也十分发达,高端人才资源储备十分丰富,区内"985"院校有5所,"211"院校有11所。总而言之,华中地区的工业类型齐全,人才储备资源十分丰富,经济发展潜力巨大,第三产业的发展还有很大的空间。

对华中三省2016—2020年的GDP进行整理分析,如图4-1至图4-3所示,可以看出,除湖北省2020年GDP略低于2019年以外,华中三省的GDP自2016年至2020年都呈现出不断上升的趋势。其中,河南省的GDP总量最高,且GDP总量五年来一直在华中地区居首位,2018年河南省的GDP总量就已经超过5万亿元;湖北省的GDP总量排在次位,经济增长势头较快,2018年GDP总量就已经接近4万亿元,2020年由于新冠肺炎疫情的影响,GDP出现了短暂的下滑;湖南省的GDP总量排在最后,2020年GDP总量超过4万亿元,经济呈现稳步增长的态势。从以上数据可以看出,华中地区具备良好的经济基础和发展潜力,群众的消费潜力逐渐被释放,对于旅游和健康的需求也日益强烈,是体育旅游产业潜在的消费市场。

图 4-1　河南省 2016—2020 年 GDP

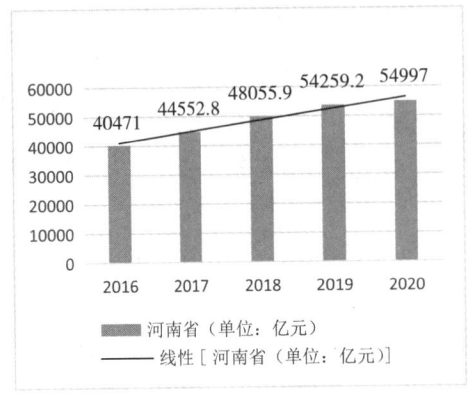

图 4-2　湖北省 2016—2020 年 GDP

图 4-3　湖南省 2016—2020 年 GDP

华中地区的地势较为平坦，水利资源丰富，具有良好的工业基础，第三产业还处于上升发展之中。结合华中地区的国际旅游外汇收入和接待国际游客数量（如图 4-4、图 4-5 所示）来看，河南省均处于末位且旅游外汇收入水平较低，2016—2019 年期间均未超过 10 亿美元，占全省 GDP 比重较低，与其华中地区第一 GDP 省份的地位不符，在旅游服务产业方面还有许多上升的空间。湖南省的国际旅游外汇收入和接待国际游客数量要高于河南省，且 2016—2019 年一直处于快速提升的阶段，尤其在 2019 年，湖南省的国际旅游外汇收入迎来爆发式增长，一举突破 20 亿美元，径直追赶湖北省，而且在接待国际游客数量上反超湖北省，超过 460 万人次，这与其近些年大力打造自然风光旅游名片有很大的关系。武汉市地处长江经济带，是近代中国最先开放的通商口岸之一，具有较长对外交流的历史，在国际上具有一定的知名度。因此，湖北省的

第四章 华中地区体育旅游资源与发展

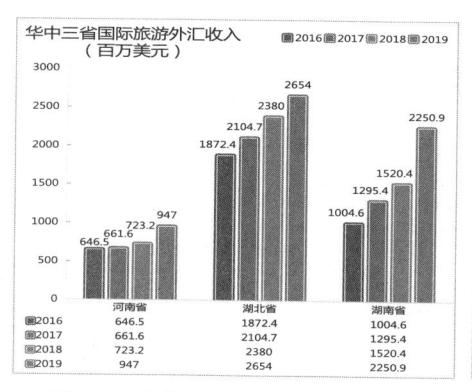

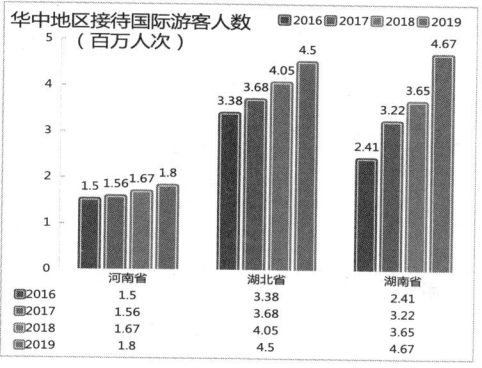

图 4-4 华中三省国际旅游外汇收入

图 4-5 华中地区接待国际游客人数

国际旅游外汇收入和接待国际游客数量处于华中地区首位，且近些年一直处于稳步增长的态势，2019 年国际旅游外汇收入突破 25 亿美元。总的来看，华中地区的国际旅游活跃度一直处于稳步上升的趋势，但相较于我国东部沿海发达地区还有较大差距，但随着"一带一路"的政策加持和国民经济收入的快速提升，具有较大发展潜力。

综合华中地区 2016—2020 年的经济发展、政策支持力度、体育赛事的举办和旅游项目的发展情况可以看出，华中地区经济实力较强、工业基础良好，相关政策扶持力度也很大，具备良好的经济发展潜力，第三产业处于爆发式增长期间，旅游业上升空间很大。以上这些优势条件为体育旅游的发展打下了良好的经济基础，齐全的工业体系也为体育旅游业的开展提供了物质保障。华中地区虽然经济活跃程度较东部沿海地区差，但地形地貌多样，可供开发的旅游资源丰富，体育旅游产业具有后发优势。

第一节 华中地区发展体育旅游资源的政策支持

华中地区是全国重要的战略经济腹地，担负着中部崛起战略的重任，国家为华中地区量身定制了《促进中部地区崛起"十三五"规划》，在《长江经济带发展规划纲要》中也提出要发挥武汉的核心作用，以长江中游城市群为主体，发挥辐射带动作用，打造长江经济带增长极，发挥南昌、长沙等大城市对地区发展的核心带动作用。

"一带一路"倡议下体育旅游资源的整合与发展研究

一、河南省对体育旅游赛事活动项目的支持案例

〔案例1〕

2020年9月29日至10月5日,河南省第十二届安阳航空运动文化旅游节在安阳市开幕,该赛事由河南省发展和改革委员会、河南省体育局、河南省文化和旅游厅与安阳市人民政府联合主办,连续三年被国家体育总局评为国家体育旅游精品赛事。此次赛事促进了多项经贸合作,在河南省有关部门的安排下进行了一系列的商务交流活动,促进文旅产业项目投资282亿元,推出了殷墟国家考古遗址公园、殷墟遗址博物馆、红旗渠、太行大峡谷景区等20个标志性文化旅游重大项目,也进一步带动了安林旅游高速专线、殷墟国家考古遗址公园协作发展区等基础设施项目的建设。

2013年河南省政府颁布了《河南省建设体育强省规划纲要(2013—2020年)》,文件明确指出,要打造富有中原特色的体育品牌,大力发展体育服务业,着力培育体育服务品牌,深入挖掘民族民间传统体育项目,注重民族传统体育项目推广,打造特色体育文化品牌;加快体育产业基地(园区)规划建设,争取成功创建2到3家国家级体育产业基地,积极承接体育产业转移项目,打造一批科技含量高、拥有自主知识产权的体育产业品牌。安阳航空运动文化旅游节就是在这一政策背景下发展起来的。

在这次航空运动文化旅游节中,河南省政府进一步加大了资金支持力度,这也带动了安阳市体育事业的发展,安阳县区级"三馆两场"建设得到了大力支持,安阳市的全民健身设施覆盖率大大提高。与此同时,河南省政府还大力支持安阳市积极承办全国、全省体育赛事,提升城市影响力,为其争创全民运动健身模范城市打下良好基础。在体育赛事品牌的建立上,河南省政府也一直大力推广安阳航空运动文化旅游节,旨在将其打造成为具有全国乃至全世界影响力的体育盛会。河南省政府还将依托安阳的航空高校专业人才、航空产业和世界顶尖滑翔基地等优势,积极推进林州作为国际国内滑翔运动赛事的第一固定举办地,争取国内外更高级别的航空相关的体育赛事在安阳举办,进一步提升安阳航空运动在省内、国内乃至在国际上的品牌影响力,打造河南体育的知名品牌。安阳航空运动文化旅游节是体育产业融合发展的典型案例,河南省体育局和旅游局为安阳航空运动文化旅游节也提供了大量的政策支持,指导安阳体育产业融合式发展,助推体育与文化、旅游、航空等深度融合。安阳市体育行政部门与文化旅游部门高度协作,形成了一套高效的办公体制,促进了安阳

"体育+文化""体育+旅游""体育+航空"的快速融合发展。在航空运动文化旅游节前,安阳市委市政府还出台了"迎客入安"支持旅游业发展若干政策措施,实行景区门票减免、开通免费旅游专线、推出精品旅游线路、提供旅游住宿优惠等政策措施,极大地激发了人民群众的旅游热情。

〔案例2〕

2021年5月23日,中国三门峡横渡母亲河活动在天鹅湖国家城市湿地公园黄河水域举办,此次活动是由河南省体育局和三门峡市人民政府共同主办,三门峡市体育局承办的一项国家级公开水域游泳群众性体育活动。此次活动起点在三门峡天鹅湖国家城市湿地公园三河广场,终点为山西省运城市平陆县太阳渡码头,横渡直线距离约1300米,共有来自全国26个省(自治区、直辖市)113个城市156支代表队的3500余名游泳爱好者参与。

横渡母亲河活动响应了国家全民健身的口号,激发了当地人民群众的锻炼热情,吸引了国内外的运动爱好者和游客前来游玩,成为河南省和三门峡对外交流的一张靓丽名片。横渡母亲河活动以"绿色、人文、和谐"为主题,贯彻"绿水青山就是金山银山"的绿色旅游理念,弘扬和传播健康、环保、可持续发展的生活理念,在建设美丽中国、打造健康中原、实现体育强省进程中发挥着独特的作用。

在横渡母亲河活动期间,第二十七届三门峡黄河文化旅游节、第八届中国特色商品博览交易会等活动也在三门峡市同步展开,节会依托沿黄九省(区)"黄河之旅"旅游联盟,策划了"2021黄河流域文化旅游创新大会"等文化旅游主题活动,推进黄河流域区域合作,深度弘扬黄河文化,助力黄河流域文旅产业高质量发展。在国家层面上,黄河流域生态保护和可持续高质量发展已经上升为国家重大战略。因此,河南省政府也不遗余力地在相关政策上支持三门峡的发展。在该次黄河旅游节中,河南省政府围绕三门峡市的发展定位,提出了黄河流域生态保护和高质量发展以及黄河金三角区域合作两大主题,在三门峡市举办了2021黄河金三角产业合作发展峰会、黄河流域气候经济创新发展大会等两项专题活动,推动建立三省四市产业合作平台,旨在将黄河金三角区域打造成黄河流域乃至全国协同发展的样板和金字招牌。这一系列举措也是推进"体育+"的积极实践,必将更好地发挥出体育的综合功能,协同推进体育强省、健康中原建设,引领和推进经济社会全面发展。

"一带一路"倡议下体育旅游资源的整合与发展研究

〔案例3〕

2019年9月16日，第十届中国焦作国际太极拳交流大赛在河南焦作市开幕，大赛共邀请到了59个国家和地区的4000多名运动员参赛，邀请到了1200多名中外企业代表以及文化旅游界专家学者等各领域代表万余人。本届国际太极拳交流大赛由国家体育总局武术运动管理中心、中国武术协会、河南省文化和旅游厅、河南省体育局、焦作市人民政府主办。

本届中国焦作国际太极拳交流大赛内容丰富、形式多样，共开展了体育竞赛、文化旅游、商务经贸、高峰论坛、宣传推介等活动40余项。整个赛事活动秉持"精彩、创新、惠民、节俭"的原则，以丰富多彩的活动安排、舒适温馨的旅居体验、清新靓丽的城市容颜、热情好客的民风民情，彰显了"太极山水·品质焦作"的主题，打响了"世界太极城·中原养生地"的城市品牌。在本届赛事活动中，由河南省政府相关部门牵头举办了中国焦作对外经贸合作洽谈会暨项目签约仪式、2019中国（焦作）工商企业跨境投资与贸易洽谈会等经贸活动，吸引了来自29个国家和地区的50家企业、1000多名国内企业代表共商发展，成功签约项目159个，总投资达1692亿元。与此同时，焦作市体育局大力支持组建由"国学、国医、国术"三大领域专家为主要成员的智库，系统研究太极拳的文化内涵、康养功效、拳理精要，打造太极拳文化研究基地，发展太极拳文化产业。

二、湖北省对体育旅游赛事活动项目的支持案例

〔案例1〕

2020年12月29日，第七届全国大众冰雪季启动仪式湖北分会场暨2020年湖北省"百千万"全民健身省级系列赛事、神农架"滑山论健"滑雪达人对抗赛在神农架国际滑雪场开幕，此次赛事吸引了全省100余名运动员和1000余名冰雪爱好者。据统计，湖北省内有18家滑雪场，其中神农架有4家，是中部地区最大的滑雪场聚集区。

除了冬天的冰雪项目以外，在湖北省文旅局、体育局的引导和支持下，神农架林区将持续在户外露营、徒步骑行、山地越野、低空极限运动等休闲健身项目上发力，继续加大户外运动旅游相关配套设施上的建设，积极打造和培育具有国际影响力的体育赛事，推动现有精品体旅赛事提档升级，形成"一乡（镇）一品牌"赛事格局。湖北省政府还做出重要指示，林区要加快加深体旅

融合发展，紧跟旅游新潮流，持续摸索体育旅游新形式，利用好自身的自然资源优势，最大限度地激发旅游市场的创造力和活力，促进体育新型消费和消费升级，推动体育产业高质量发展。在相关政策的引导和支持下，神农架地区的体育产业发展欣欣向荣，不断涌现的商机也吸引了许多市场资本进入林区，林区也逐步形成了以运营承办体育赛事活动、体育中介服务、体育竞赛表演活动、体育健身休闲活动、场馆服务、体育用品销售、场地设施建设等为经营内容的体育产业发展集群。

在大众健身方面，受益于湖北省政府的支持投入和实施全民健身、全域旅游两大战略，神农架林区的体育产业发展很快，体育基础设施和配套服务设施建设得很快。林区内已经建立起了林区体育馆、乡镇综合文化站、村综合文化服务中心于一体的三级公共体育立体网络，为村内居民提供了交流和运动场所，满足了村民健康健身的需求。除此之外，神农架林区还大力推行公共体育场馆对外免费或低费用开放，方便群众健身及"主客"共享，让更多居民共享林区体育发展成果，参与到体育健身中来。截至2020年8月，全区拥有或直接管理体育场地的单位139个，各类型体育场地数量335个，其中冰雪运动场地4个，足球场地7个，室外运动场地121个，室内运动场地29个，健身场地173个；体育场地总面积达42.0878万平方米，人均体育场地面积达5.49平方米。

〔案例2〕

2021年5月5日上午，2021湖北·长江超级半程马拉松（下简称"长马"）5城同时开赛。2021湖北·长江超级半程马拉松是由湖北省体育局以及恩施、咸宁、宜昌、荆州、鄂州各市人民政府主办，由湖北社会体育管理中心、湖北田协、湖北体育产业集团、鄂州市文旅局以及枝江、石首、嘉鱼、巴东各县市人民政府承办的马拉松赛事。

此次"长马"赛事高度契合习近平总书记落实"共抓大保护、不搞大开发"的重要指示，又适逢《中华人民共和国长江保护法》正式施行，此次"长马"赛事就是湖北省践行"绿水青山就是金山银山"的实际举措，诠释了绿色经济发展的内涵，契合了"崇尚人人体育、共创美好生活"的健身主题，也充分展现了湖北人民群众的精神面貌和英雄气魄，进一步彰显了湖北"疫后重振"的决心和发展前景。湖北省体育局还将在此次赛事成功的基础上进一步将"长马"打造升级，计划未来面向全国吸纳长江沿岸其他省市的城市加入，将"长马"打造成国内外龙头马拉松品牌体旅赛事。在政策支持上，湖北省政府出台了《关于加快转变发展方式推进体育强省建设的意见》《湖北省全民健身实施计划（2021—2025年）》，湖北省体育局推出了"1+6+名校+N"的发展战略，进一步细化落实各项政策措施，推进湖北省体育场地建设、后备人才培养、体育产业发展等工作。与此同时，湖北省政府还将出台一系列政府购买社会组织服务的相关政策，研究政府购买服务事项细则，进一步加大对体育事业的支持力度，扶持体育协会发展。湖北省体育局已经启动"体育社会组织管理服务项目"，引导体育协会组织开展"社区运动会""五个湖北"等"百千万"系列赛事活动，不断提高其赛事运营和组织能力，全面助力市县高质量发展，加快建设体育强省。

三、湖南省对体育旅游赛事活动项目的支持案例

〔案例1〕

2020年11月14日上午，来自全国各地的5000余名选手齐聚张家界参加2020张家界半程马拉松。此次马拉松赛事主打健康与休闲主题，赛道大部分途经张家界城区的"母亲河"——澧水河岸边，分为半程马拉松和欢乐跑两个项目，起终点均设在张家界市民广场。张家界半程马拉松赛事的鸣枪开跑也标志着湖南省第十一届全民健身节正式拉开帷幕。据了解，2020张家界半程马拉松由湖南省体育局、张家界市人民政府主办，湖南省社会体育指导服务中心、张家界市文化旅游广电体育局承办，御峰体育运营执行。张家界半程马拉松赛是湖南省第十一届全民健身节13个比赛项目之一。

张家界市体育户外赛事的火热开展离不开湖南省政府的指导和支持，在相关体育政策上，湖南省人民政府先后出台了《湖南省全民健身实施计划（2016—2020年）》《湖南省体育后备人才培养条例》《湖南省人民政府关于加快发展体育产业促进体育消费的实施意见》《湖南省足球改革发展实施方案》等一系列政策法规制度。特别是2020年，省政府常务会议审议通过《湖南体育强省建设规划（2020—2030年）》，明确了湖南省未来体育事业的发展方向和目标任务，为各市县的体育以及体育产业发展指明了出路。该文件指出，到2030年要建成具有湖南特色的中西部体育强省，体育综合实力和核心竞争力位于全国第一方阵；加快发展体育产业，促进体育消费升级；加强宣传推广，提升体育文化影响力度等。该文件还确定了湖南六大体育工程项目，其中包括全民健身设施建设工程、"一县一品""江湖山道"创建计划、竞技体育实力提升

工程、青少年体育活动促进计划、湖南体育产业促进计划、体育文化精品建设工程等。张家界为了从更高维度和更深层次探索体育旅游业的发展，根据国家和省内层面的文件精神，在全省率先出台了《张家界市体育旅游产业发展规划》，以"奇峰秀水，运动天堂""秀美张家界，时尚运动城"为主题，按照"两核三带"发展格局，更深层次地将体育与旅游进行深度融合，继续发力打造"体育+旅游"新业态，着力打造国际户外运动胜地、国家体育旅游示范基地，致力于把体育旅游产业打造成富民强市的千亿产业。

〔案例2〕

2021年3月28日，来自全国各地的3000余名选手齐聚长沙天心区参加了2021长株潭融城半程马拉松。长株潭融城半程马拉松的鸣枪开跑也标志着绿心乡村生态旅游节正式拉开帷幕。这次活动由湖南省文化和旅游厅、湖南省体育局、长沙市文化旅游广电局、长沙市体育局等职能部门指导，由长沙市天心区人民政府、株洲市石峰区人民政府、湘潭市岳塘区人民政府主办，长沙市天心区文化旅游体育局、长沙市天心区两型社会建设服务中心、株洲市石峰区文化旅游体育局、湘潭市岳塘区文化旅游广电体育局、长沙市天心区暮云街道办事处承办。

这次赛事活动是长沙市乃至湖南省文化旅游体育事业发展的一件大事，是推动长株潭一体化发展的落地举措。2020年10月30日，中共湖南省委、湖南省人民政府发布了《长株潭区域一体化发展规划纲要》，文件指出，到2035年，长株潭区域将在各个领域全面完成一体化融合，建成具有国际影响力的现代化城市群。在体育文旅产业发展方面，《长株潭区域一体化发展规划纲要》还指出，在"十四五"期间，长株潭地区体育先行，围绕"数字、生态、旅游"大力实施美丽乡村建设，发展体育文旅产业，加大力度探索推进长株潭体育一体化发展路径。在此期间，要将长株潭半程马拉松打造成区域名片，办成人性化、精品化、个性化的特色赛事，打造成国内最美乡村马拉松。

第二节 华中地区发展体育旅游资源的经济环境

华中地区是全国工农业的心脏和交通中心之一，具有良好的轻工业和重工业基础，是全国第一、第二产业发展的中流砥柱。华中地区经济发展速度较快，经济总量水平均位于全国前十之内。华中地区是人才资源的汇聚地，也是国家重点打造的中部经济支点城市。2016年，国家发展和改革委员会印发了《促进中部地区崛起"十三五"规划》，明确支持武汉、郑州建设国家中心城市，强化长沙等省会城市地位，旨在加快中部崛起进程，促进中部地区经济再次腾飞。

华中地区的经济发展还有极大的上升空间，第三产业处于爆发式增长期，居民对于运动与旅游的需求处在极速增长阶段，体育旅游作为一个新兴事物，其市场十分庞大，体育旅游在旅游产品同质化较为严重的今天具有广阔的发展前景。华中地区的政府部门也准确捕捉到了市场的这一变化，近些年纷纷出台财政支持政策，出资孵化体育旅游公司和项目，促进体育旅游产业的快速发展。

一、河南省体育旅游经济环境

从图4-6中可以看出，2016—2020年河南省第三产业增加值一直呈稳步上升趋势，发展态势良好，而且河南省第三产业增加值体量大，2017年就达到了近2万亿元的水准，2016年到2020年期间河南省第三产业增加值增长了将近1万亿元。这就说明河南省的第三产业市场较大，市场活跃度高，具有良好的发展前景。因此，在这种大趋势下，河南省体育产业也迎来了较大幅度的增长。2017年河南省体育产业总规模为906.99亿元，2018年超过1000亿元。2020年12月，河南省体育局发布了2019年河南省体育产业总规模与增加值统计数据公告，公告显示，2019年河南省体育产业总规模（总产出）为1232.43亿元，增加值为492.47亿元，从名义增长看，总产出比2018年增长18.29%，增加值增长了19.57%。

河南地处中原，坐拥太行山、伏牛山、大别山，黄河、淮河"三山两河"，不但拥有丰富的历史、地理和文化资源，还有便利的交通支持，为各种体育产业的发展创造了良好的条件。河南省体育产业发展近年来驶入快车道，2017年全省体育产业总规模为906.99亿元，2018年超过1000亿元。2018年，河南省商丘市梁园区被评为"梁园国家体育产业示范基地"，河南安阳林虑山国际滑翔基地被评为"国家体育产业示范项目"；2019年，河南省洛阳市栾川县、宜阳县、嵩县被评为"洛南伏牛山（县域）国家体育产业示范基地"，产业富民、产业为民、产业兴体成效显著。这些"国"字号的招牌引爆了河南省的体育产业，推动了河南省体育产业快速发展。

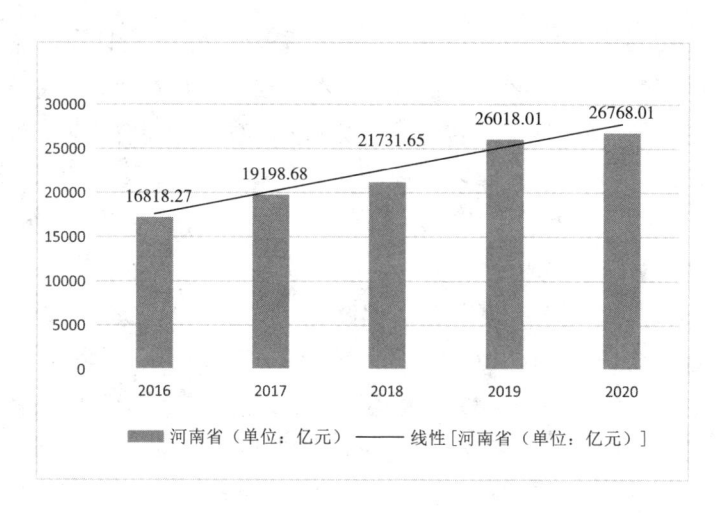

第四章　华中地区体育旅游资源与发展

图 4-6　河南省 2016—2020 年第三产业增加值

2019年河南省体育产业总规模（总产出）从体育产业结构看，体育服务业（除体育用品及相关产品制造、体育场地设施建设外的其他9大类）的增加值为326.06亿元，是体育产业中增加值最大的，占到全省体育产业增加值的66.21%，相较往年略高。其中，体育用品及相关产品销售、出租与贸易代理业增加值为88.1亿元，占全省体育产业增加值比重为17.89%，排在体育服务业9大类中的首位；其次为体育教育与培训业，增加值为71.93亿元，占全省体育产业增加值比重为14.61%。体育用品及相关产品制造业的增加值为160.73亿元，占全省体育产业增加值比重为32.64%。体育场地设施建设业的增加值为5.68亿元，占全省体育产业增加值比重为1.15%。在GDP占比上，河南省体育产业仅占到全省GDP的0.91%，而2019年全国体育产业占国家GDP比重近1%。这就说明河南省体育产业的发展水平还不高，有许多问题亟待解决，但是在前文也分析过，河南省的GDP总量高，第三产业市场大，这也意味着河南省体育产业的发展潜力巨大，还有很大的提升空间。

随着第三产业的快速发展，近年来河南省政府也逐渐加大了对体育产业扶持的力度。2020年河南省全年固定资产投资比上年增长4.3%，其中第一产业投资增长11.2%，第二产业投资增长2.5%，第三产业投资增长4.7%。基础设施投资增长2.2%，民间投资增长2.5%，工业投资增长2.7%。相较2019年，河南省在文体娱项目中固定投资增长速度达到了25.8%，仅次于信息传输、软件和信息技术服务业，虽然投资增长幅度与信息技术服务业相比还有很大差距，但是足见河南省政府对于文体娱产业的支持态度。而且，新冠肺炎疫情发生后，为了鼓励人民群众锻炼身体、增强体质，也为了扶持体育产业，2020年9月河南省财政在郑州、洛阳、新乡、焦作发放了600万元的河南省体育健身优惠券，补贴项目不仅涵盖了传统的球类和健身项目，还有攀岩、冰雪、卡丁车等休闲味十足的项目。此举不仅提升了全民健身的参与度，也带动了体育产业的复苏和发展。2021年1月，为了更进一步推动河南省文体旅事业的发展，河南省财政划拨了约13亿元资金用于各类基本公共文化服务体系建设、文物保护，以及对部分公共体育场馆进行奖励和补贴。在这些资金中，8.69亿元用于支持公共文化服务体系建设；4.1亿元用于文物保护修缮、环境治理等；剩余0.27亿元资金用于支持省内41个公共体育场馆向社会免费或低收费开放，而且面向大众开放的都是一些基础设施好的大型场馆，这将极大地带动人们群众的运动健身热情，进一步促进体育消费，从而带动体育场馆的运营发展。

为了加快体育产业的发展，2020年6月，河南省体育局与中国建设银行河南省分行签署了《关于支持体育产业发展战略合作协议》。在协议中，河南省体育局承诺要充分发挥政府行政职能，为体育产业的发展提供积极政策支持，并在实施过程中提供良好的营商环境。中国建设银行河南省分行则在信贷审批、贷款利率、还款续贷、结息方式等方面给予体育企业差别化优惠政策支持。除此之外，建行在三年内还会为河南省体育产业提供不低于100亿元的资金支持。这一重大举措将大大缓解体育企业的资金压力，极大提升体育产业的市场活力，也是体育产业与金融业深度融合的一次尝试。

二、湖北省体育旅游经济环境

从图4-7可以看出，除了2020年因新冠肺炎疫情影响，2016—2019年湖北省第三产业增加值一直呈稳步上升趋势，发展态势良好。湖北省第三产业的体量虽然相较于河南省稍小一点，但也十分接近，2019年也增长到了2万亿元的水准，在2016—2019年的发展期间内，湖北省第三产业增加值约为7000亿元，按照正常发展趋势五年产值应该增长约1万亿元。这一增长趋势与河南省十分相似，也说明湖北省的第三产业市场同样非常广阔，市场活跃度高。湖北省体育产业在这几年的发展中也呈现出突飞猛进的态势，2016年湖北省体育产业总产值达848亿元，2017年直接突破了千亿元产值大关，到2019年体育产业总规模已经突破1500亿元，已然超越河南省当年的体育产业规模，足见湖北省发展势头的迅猛。湖北省体育产业的爆发式增长也得益于湖北省近几年全面构建体育产业体系的举措，省内体育综合体、体育产业园区、体育旅游小镇如雨后春笋一般不断增长，武汉网球公开赛、武汉马拉松等著名品牌赛事也日趋成熟，知名度和影响力也有了质的飞跃。截止到2020年底，湖北省已经拥有13个国家体育产业基地，位居全国第7位；国家体育特色小镇6个、国家体育消费试点城市2个；体育产业机构总数达到了2.55万家；体育产业从业人员达到25万人。按照正常发展趋势来看，2025年湖北省体育产业规模突破3000亿元将指日可待，体育消费总规模也将超过1750亿元。

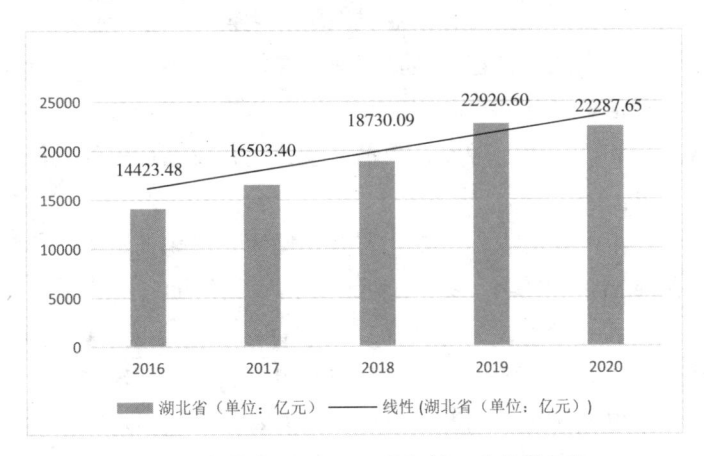

图4-7 湖北省2016—2020年第三产业增加值

湖北省体育局在近些年一直致力于推动体育产业的发展，提升体育产业发展质量和效益，旨在把体育产业打造成一个新的经济增长点。为此，湖北省体育局制订了《湖北省体育产业跨越发展四年行动计划（2018—2021年）》，其目标是到2021年底湖北体育产业总产值达到2100亿元，体育产业增加值占地区生产总值的比重达到1.5%，体育服务业增加值占全省第三产业增加值的比重超过2.0%，体育制造业增加值占体育产业增加值的比重达到30%。在此基础上，湖北省体育局鼓励体育企业的发展，鼓励社会资本投资，争取每年孵化新增1000家以上中小微体育企业，体育产业市场主体到2021年突破10000家，体育龙头企业达到80家以上，培育3到5家全国知名体育用品企业，创建8到11个运动休闲特色小镇，推动建设50个体育综合体和8个体育产业园区。2020年6月，湖北省人民政府发布了《关于促进全民健身和体育消费推动体育产业高质量发展的实施意见》，进一步推动湖北省现代体育产业体系的构建，具体举措：大力发展体育健身休闲业、繁荣发展体育竞赛表演业、创新发展体育用品制造业、规范发展体育培训业等。文件还指出，要推动湖北体育产业的融合发展，重点推进体育与互联网融合发展、体育与旅游融合发展，积极创建一批国家级体育旅游目的地、体育旅游示范基地。在体育消费机制上，要加强

"一带一路"倡议下体育旅游资源的整合与发展研究

体育消费的信息服务，重点发展健身休闲类消费，培养和引导竞赛观赏消费和体育用品消费，对于有条件的地区可以试点全民健身兑换积分、发放体育消费券来刺激体育市场，开展国家级、省级体育消费城市试点。文件还要求要大力培育体育市场主体，支持体育企业上市进行融资，将体育产业项目纳入政府年度招商计划，吸引国内外知名企业落户。与此同时，湖北省政府还加大财政金融支持，在产业端着力提升体育产业发展资金规模，扩大产业资助范围，引导更多的社会资本和金融机构进入体育产业。在消费端，积极与银行及商户进行合作，开发消费信贷业务和金融服务，打通供给端和消费端。另外，还鼓励体育企业发放证券和债券进行融资，鼓励保险公司开发场地设施责任、运动人身意外伤害等体育保险。

除了经济政策的导向以外，湖北省体育局为了优化体育产业营商环境还采取了一些实际举措。2018年10月，湖北省体育局借助省运会平台在黄石市举办了体育产业"投洽会"，大力推介省内体育产业重点项目，现场签约24个项目，总金额达到457亿元，还与四大国有银行湖北分行签订了800亿元的战略合作协议。不仅如此，湖北省体育局一方面对优秀的项目和企业采取项目资助、贷款贴息和奖励的方式支持其发展，另一方面还大力支持并引导社会资金进入体育产业，为体育产业发展不断"输血"。2018年全年，湖北省体育局安排引导资金总计2429万元，资助项目34个；2019年资金资助项目增加至40个。2019年5月，湖北省体育局还在上海举办了"GZLFZ"2021湖北体育招商引资推介会，全国有120余家国内头部知名体育企业参加，推介会共签约12个项目，涉及体育制造业、场馆与赛事运营、体育旅游等领域，总投资额达55.6亿元。2020年11月，湖北省体育局举办了首届湖北·武汉青少年体育博览会，博览会以体育与教育、体育与旅游、体育与医疗卫生、体育与商业、体育与互联网等五大方面为主题，吸引了300家省内外企业参加，其中本土企业数量占到了四分之一。利用这一平台，省内的地市州纷纷推介富有浓郁地方特色的"体育+旅游"及体育产业园等项目，让更多的企业看到湖北体育产业的潜力。"十四五"伊始，湖北省政府将体育产业列入了重点打造的"3000亿元"产业之一，进一步加大招商引资的力度，体育产业重大项目筹备、规划、立项和建设将超过200个，预计总投资超过1200亿元。与此同时，还将新建和改扩建不少于100个大型公共体育场馆项目，推动各地新建一批体育公园、足球公园、篮球公园、体育综合体、健身步道、登山步道等公共健身场所。

总体来讲，2016—2020年，湖北省体育产业一直处于爆发增长的态势，产业创新发展、融合发展步伐加快。湖北省政府和相关职能部门对于体育产业的发展持大力支持的态度,为湖北省体育产业发展营造了良好的经营环境,产业发展空间也不断扩展。随着体育综合体、体育特色小镇等新业态、新模式不断涌现,冰雪运动等众多新兴和特色体育项目也随之兴起,极大地激发了各路资本对湖北体育产业的投资热情,为湖北体育旅游的发展奠定了坚实的基础。

三、湖南省体育旅游经济环境

从图4-8可以看出,2016—2020年湖南第三产业增加值也一直呈稳步上升趋势,发展态势良好。湖南省第三产业的体量水平略低于湖北省,但两者相差并不太大,其第三产业增加值在5年的时间跨度内增加了约7000亿元,在2019年突破了2万亿元。从这些数据可以看出,湖南省第三产业的发展状态良好,市场前景十分广阔,有利于体育产业的发展。在2019年中,湖南省体育产业总产值为1066.89亿元,与湖北省和河南省同期相比还存在一些差距,同年增加值为443.03亿元,占同期全省GDP比重为1.11%。从名义增长上看,湖南省体育产业总产值较去年增长10.3%,增加值增长12.3%。从体育产业产值构成来看,体育服务业独占鳌头,其总产值为807.62亿元,占体育产业总产值的75.7%;其增加值为364.87亿元,占体育产业总产值的82.4%。除了体育服务业,体育用品销售出租与贸易代理排在首位,其总产值为410.42亿元,占体育产业总产值38.5%,增加值为187.22亿元,占体育产业增加值的42.3%;体育用品及相关产品制造排在次位,其总产值为219.73亿元,占体育产业总产值20.6%,增加值为66.00亿元,占体育产业增加值的14.9%;体育教育与培训排在第三位,其总产值为97.47亿元,占体育产业总产值9.1%,增加值为50.83亿元,占体育产业增加值的11.5%。

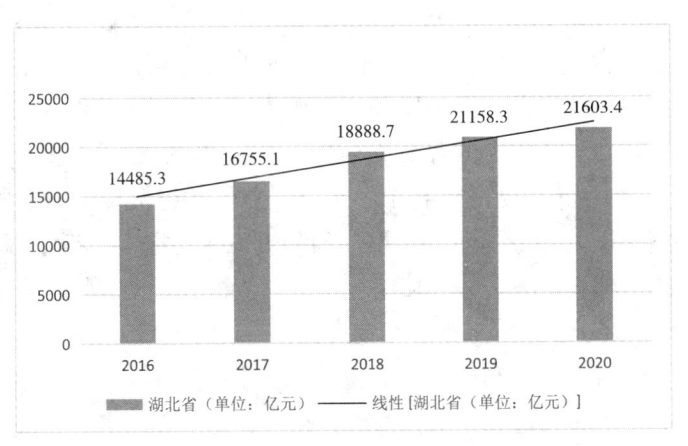

图4-8 湖南省2016—2020年第三产业增加值

"一带一路"倡议下体育旅游资源的整合与发展研究

湖南省体育产业的稳步发展离不开政府的引导和支持，在全省优化体育产业空间布局、深化体育领域"放管服"改革的背景下，省内各县市的体育旅游产业多点开花。2019年，平江县政府成立了县文化旅游广电体育局（下简称"文旅广体局"），开始走"以旅游带体育、以体育促旅游"的道路。经过一年的努力，平江县体育和旅游产生了良好的化学反应，"体育+旅游"格局初步形成。2019年全年，平江县体育产业创造就业岗位8000多个，生产总值达到26.6亿元，占全县生产总值的8.6%。在省政府的支持下，平江县还投资了13亿元修建了以体育运动为主题的"猎玩体育小镇"，该项目还被省文旅厅列为全省首批文旅领域信贷重点支持项目，2020年被列为全省体育产业重点项目。张家界的体育旅游产业也是湖南省一张靓丽的旅游名片，2019年张家界共举办100多项体育活动，接待国内外游客500多万人次，体育旅游产值突破50亿元。近几年，张家界的旅游接待人次和营收屡创新高，每年旅客接待人次呈高速增长态势，至2019年已突破800万人次，旅游收入突破900亿元。

2020年由于新冠肺炎疫情影响，各行各业都受到了一定的冲击，面对这一困境，湖南省长沙市体育局印发《关于全力支持本市体育企业抗疫情稳发展的意见》，旨在促进体育投资，带动体育消费，帮助体育企业渡过难关。文件指出，要减轻中小体育企业负担，免除对承租市属公共体育场馆的非国有中小体育企业两个月的租金；对纳入本市年度国际国内重大体育赛事计划且受新冠肺炎疫情影响的赛事，抽调专项资金给予一定比例的补贴，且从5月中旬起，长沙市体育局安排专项资金850万元支持体育行业开展"复工复产全民健身百日大行动"，以动员体育企业积极有序开展复工复产。为了进一步扶持体育产业，2020年10月湖南省政府布局了中部地区首个省级体育产业示范园区——湖南省体育产业园。该体育产业园占地4000余平方米，是湖南保利旗下唯一大型高端体育中心综合体，着力打造湖南体育产业总部基地、体育类中小企业聚集区（孵化器）、"体育+"产业发展基地及智慧体育公园等多种业态及功能。为了优化营商环境，促进群众体育消费，湖南体育局同样给予了资金支持，2021年7月10日，长沙市在贺龙体育中心举办了首届体育消费节。本届消费节为体育企业和商家提供了58个展位，展区面积近4000平方米，设置了体育培训、体育健身休闲、体育装备、体育休闲旅游、潮流极限运动、特邀展区等六大版块，吸引了超过50多家本土体育企业参展。在此基础上，长沙市体育局还联合数百家本土体育企业，利用微信小程序给长沙市民发放千万元体育消费优惠券。领到消费券的市民可以凭消费券码，在指定的体育商家门店进行核销并抵扣相应的费用。对于体育商家来说，入驻该平台可以享受政府提供的相应经济优惠政策，促进体育企业和市民及体育消费者面对面交流。

总的来讲，2016—2020 年，湖南省体育产业处于稳步增长的态势，具有良好的发展前景。从湖南省的一系列经济支持举措可以看出，湖南省政府正在不断结合自身的体育旅游特色和优势进行摸索，为省内体育旅游产业的发展尽可能创造条件。未来湖南省将大力推进体育与旅游融合发展，积极培育"体育+旅游"新业态，重点围绕"国际户外运动胜地""国家体育旅游示范基地"建设，这势必会给体育旅游业的发展再添一把火。

第三节 华中地区体育赛事和旅游资源整合

一、河南省的体育赛事和旅游资源融合发展

（一）安阳航空运动文化旅游节

安阳航空运动文化旅游节是河南省具有代表性的综合性活动，该活动依托航空表演与展示、航空运动赛事来带动当地文化旅游和经贸招商的发展。截止到 2020 年底，安阳航空运动文化旅游节已连续三年被国家体育总局评为"中国体育旅游精品赛事"，航空运动是这座城市的名片，飞行已经深深刻入这个城市的基因里了。每年都有来自全球各地的顶尖运动员到安阳参加比赛，世界知名飞行表演团队都曾经在安阳上空飞翔，各类新型的航空器让广大"航迷"和游客大开眼界。

经过十多年的发展，安阳航空运动文化旅游节的观赏性和体验性都有了质的飞跃。第十二届航空运动文化旅游节进一步提升了飞行表演、航空运动竞技的表演内容，特技飞行表演和跳伞、动力伞、热气球、航模、直升机编队表演贯穿开幕式到国庆节当天。在此期间，主办方每天晚上还组织了 300 至 500 架无人机编队灯光秀和热气球巡游表演。除此之外，在科研领域方面，主办方还精心筹备了"五展一会"，即通航特种设备展、无人机应用场景展、联通 5G 应用体验展、青少年航空运动科普展、特色扶贫产品展和"北斗系统在智慧城市领域应用研讨会"。"五展一会"一方面可以推动航空运动的发展，为群众普及航空航天知识；另一方面可以促进航天航空业的学术交流，研讨北斗系统在智慧城市、智慧农业、智慧旅游等领域的具体应用。在文化旅游活动方面，第十二届航空运动文化旅游节与中国唱片集团有限公司合作，举办了一系列特色

鲜明的活动。在运动文化旅游节期间，文化美食集市全程开放至10月中旬，区域内设置传统文化区、原创设计区、民俗创新区和手绘工艺区，并且穿插了民族联欢快闪表演和美食大会。与此同时，主办方还紧跟新媒体的潮流，推出了微博、抖音等平台的摄影大赛，集中展出优秀作品并且给予物质奖励。

为了进一步利用航空运动文化旅游节的赛事品牌效应，提升人民群众的参与度，主办方因地制宜结合安阳市的地域特点和文化内涵，组织了三场趣味体育赛事，以点带面发展赛事群。一是林虑山团体骑行赛，该赛事沿途经过林虑山风景区、林虑山国际滑翔基地，以趣味骑行的方式将体育运动与旅行放松进行结合，可以让参与群众在慢节奏的运动中领略当地的山川美景，体现了体育赛事与旅游项目的融合发展；二是甲骨文短程马拉松比赛，该赛事全长5公里，比赛全程还有动力伞选手在空中配合，沿途经过殷墟博物苑，可以让参与群众感受当地的人文气息，促进体育与旅游深度融合；三是全国乒乓球公开赛，邀请全国乒乓球专业运动员和爱好者参加，还有部分知名人士也应邀参赛，可以进一步提升航空运动旅游文化节的影响力。不仅如此，河南省体育局还大力支持安阳市围绕航空运动文化旅游节积极拓展其他户外体育运动，将太行山地区打造为低空运动大本营，大力发展山地越野、马拉松、自行车、徒步等消费引领性体育旅游活动，进一步丰富安阳市的运动旅游内容，提高安阳航空运动之都的品牌吸引力和影响力。

（二）中国·三门峡横渡母亲河活动

中国·三门峡横渡母亲河活动（下简称"横渡母亲河活动"）是全国公开水域知名度较高、参与面较广、规模较大和影响力较强的公开水域游泳活动。横渡母亲河活动经过多年的不断培育和打磨，已经成为国内公开水域的品牌赛事，该赛事也是河南省重点打造的"六赛两节两活动"的赛事活动之一，荣获"中国体育旅游精品赛事"称号。横渡母亲河活动带动了三门峡市体育产业、旅游产业和经济的发展，也成为三门峡市体育、文化、旅游产业联动发展的重要纽带。

在河南省政府的支持下，三门峡市利用横渡母亲河活动赛事的品牌效应，积极摸索和打造沿黄河体育赛事活动品牌，探索体育与文化旅游商贸融合发展的新形式，并且已初见成效，沿黄河体育赛事规模和影响力不断扩大，从而进一步提升了主赛事品牌的影响力和商业价值。通过对黄河沿岸体育资源的不断培育、整合、优化，横渡母亲河活动逐渐形成集"游、跑、骑、行"于一体的沿黄河体育品牌赛事。三门峡市体育局还举办了首届三门峡"黄河船奇"帆船公开赛、卢氏"百佳深呼吸小城"第四届越野精英挑战赛、第十五届全国双胞胎漂流大赛、"乐动黄河"罗曼彩虹跑、山地自行车邀请赛等体育赛事,逐渐形成了以横渡母亲河为沿黄赛事龙头带动沿黄河户外赛事发展的格局,这也进一步丰富了三门峡市的运动旅游内容,提高了横渡母亲河活动的品牌吸引力和影响力,体现出"体育提升旅游品质,旅游扩展体育内涵"的理念。

(三)中国焦作国际太极拳交流大赛

中国焦作国际太极拳交流大赛是一项融体育赛事、文化交流于一体的综合性赛事活动,也是推广普及太极拳的重要平台。中国焦作国际太极拳交流大赛立足焦作城市特色,以"太极拳"和"云台山"两大品牌为依托,将体育赛事、文化旅游、经济商贸融为一体,是国内旅游界的盛事,也是国际武术界的盛会。中国焦作国际太极拳交流大赛先后荣获"中国体育旅游精品项目""中国体育旅游精品赛事"等称号。

中国焦作国际太极拳交流大赛紧扣自身城市特色,以传统武术太极拳为依托,以云台山风景旅游为载体,走出了一条"节会搭台、文旅为媒、经贸唱戏"的体旅融合发展大道。经过多年培育和发展,"一赛一节"在国内外的影响力日益提升,中国焦作国际太极拳交流大赛荣获国家体育总局和文旅部"中国体育旅游精品项目"荣誉称号,云台山旅游节荣获"最佳旅游节庆"奖项,"太极圣地、山水焦作"已经成为两个世界级文化旅游品牌,历届"一赛一节"的成功举办对推动焦作文化旅游和体育产业发展、扩大焦作乃至河南的城市知名度与对外交流发挥了极大作用。焦作市政府紧扣"体育+文化+旅游+康养"的方向,打造出了"一山一拳"两大文旅品牌,擦亮了体育旅游城市这张城市名片,全面推动体育旅游产业发展不断迈上新台阶。

二、湖北省的体育赛事和旅游资源融合发展

(一)神农架国际马拉松赛

神农架是享誉海内外的著名自然旅游景区,是中国唯一以"林区"命名的行政区划,也是中国首个集齐国际级三大保护制度(联合国教科文组织人与生物圈自然保护区、世界地质公园、世界遗产目录)共同录入的名录遗产地。与此同时,神农架还是国家级自然保护区、国家森林公园、国家地质公园、国家湿地公园,是名副其实的旅游"宝藏地",这种得天独厚的优势也为开展山地户外运动提供了绝佳的场所,也成就了神农架野人五项户外体验线路,连续多

年荣获"中国体育旅游十佳精品线路",神农架国际滑雪场、天燕滑雪场双双荣获国家精品景区的荣耀。

神农架旅游景区优越的自然环境是湖北省的体育旅游宝地,景区内负氧离子含量超过国家标准272倍,是户外运动的绝佳场所。因此,湖北省政府一方面在赛事方面大力支持林区推行山地越野、高山滑雪、高山自行车赛、高山湿地国际马拉松等一系列特色体育赛事;另一方面在体育旅游体验方面全力打造登山、滑雪、攀岩、越野、漂流、自行车骑行、房车露营等户外运动,建成了20余处大型户外运动基地,积极探索"体育+旅游"的沉浸式体验旅游形式。神农架林区成功举办了神农架国际马拉松、环大九湖神农架国际大学生自行车挑战赛、汽车越野集结赛、大众冰雪运动会、山地徒步大赛等大型户外体育赛事40余项,成功开辟了野人五项户外特色线路,极大丰富了景区的旅游内容,大大提升了游客的旅游体验。与此同时,林区文旅局还积极探索将各种艺术节会与林区赛事结合在一起,融入当下时尚潮流元素,搭建展示宣传的平台,如世界民族之林森林音乐节、文艺汇演等艺术活动,助力提升林区赛事的知名度和参与度,全面推进文化体育与旅游深度融合。

林区也将继续深耕冰雪和户外运动两大金字招牌,进一步打造世界级户外休闲运动基地、中国冰雪运动南方基地,培育国际体旅精品赛事。除了两大金字招牌之外,神农架地区还将大力开展航空低空飞行运动。早在"十三五"期间,神农架地区已经开始着手准备航空运动旅游项目,并且在景区内部分景点进行了滑翔、动力伞、热气球的测试。"十四五"期间,林区文旅局将进一步深耕航空运动,完善航空运动相关基础设施,计划在大九湖、木鱼镇和松柏镇建立航空服务站,旨在将神农架打造成为集航空运动、低空观光、风俗体验于一体的华中地区最大的航空运动基地。

(二)湖北·长江超级半程马拉松

湖北·长江超级半程马拉松是由五个城市联手同时举办的赛事,其中包括鄂州站、枝江站、石首站、嘉鱼站、巴东站。每站赛事规模为8000人,均设有半程马拉松3000人/站、健康跑5000人/站两个组别,5站总计有40000名马拉松爱好者参与赛事。此次赛事创造了国内马拉松赛事多个首次:"长马"是首次以"长江大保护"理念发起的马拉松赛事,以"守望长江、绿满两岸"为主题,如图4-9所示。湖北省体育局通过此次大众赛事活动,将长江水域保护的环保理念融入其中,以长江元素为主线,5个办赛城市均设置了沿江赛道,也通过各个城市的核心特色地区,在展现各地的风土人情和文化特色的同时,也带动了这些地区旅游经济的发展;"长马"是国内首次以河流命名的马拉松赛事,与国内各地主流以城市命名马拉松不同,"长马"以祖国的"母亲河"长江来命名,凸显湖北省保护长江、带动长江流域经济带发展的决心;"长马"是国内首次多城联动同时出发、4 万人沿江奔跑的赛事,人流和水流共奔腾,这样的超级赛制和规模壮举,在国内、国际都是史无前例的,与此同时"长马"的赛事奖金很高,每站近 30 万元的奖金,在国内半程马拉松赛事中也是首屈一指的;"长马"是国内首次以"1+5"大直播模式进行现场直播的赛事,利用 5G 通信技术,由湖北电视台与各承办城市电视台协同合作,采取武汉主会场和 5 个举办城市分会场连线互动直播的方式,呈现出 5 城 4 万人开跑的震撼场面,将湖北省人民群众积极向上、乐观进取的精神面貌展现在国内外观众面前。

图 4-9　2021 湖北·长江超级半程马拉松赛事主题

　　湖北·长江超级半程马拉赛事针对承办城市不同的地域特色,有针对性地设计了 5 个主题——空港新城,田园鄂州,"起飞方阵"展少年英姿;一江春水,生态枝江,湖北省级非遗异彩大放;鄂南明珠,江豚之乡,石首江豚志愿者传递小豚大爱;二乔故里,诗经嘉鱼,跟最美护园人嗅自然芬芳;壮美三峡,秘境巴东,"纤夫儿女"峡江风情,豪气激荡。这些主题不仅展现出各个城市靓丽的一面,还挖掘出了长江文化、荆楚文化的内涵,通过"体育搭台,经济唱戏",拓展了"体育+"模式,促进了体育与旅游、文化、环保的融合发展。在赛事期间,湖北省体育局还开展了马拉松摄影大赛、征文大赛、"长马之夜"颁奖典礼、"长江荆楚味"长马抖音直播带货活动、长马官方训练营、长马赛道探秘等活动,进一步提升了赛事的大众参与度,扩大了赛事影响。湖

"一带一路"倡议下体育旅游资源的整合与发展研究

北省体育局还将在此次赛事成功的基础上进一步将"长马"打造升级,计划未来面向全国吸纳长江沿岸其他省市的城市加入,将"长马"打造成国内外龙头马拉松品牌体旅赛事。

三、湖南省的体育赛事和旅游资源融合发展

(一)湖南省全民健身节

一年一度的全民健身节,是湖南省全民健身经典品牌活动,到2020年底已经举办了11届,在推动全民健身向纵深发展、促进全民健身与全民健康深度融合方面发挥了重要作用。健身节为期2天,共设置了半程马拉松、体育舞蹈、健美健身、广场舞、排舞、瑜伽、健身气功、啦啦操、儿童滑步车、航模、中国象棋、毽球等13个比赛项目。在全民健身节的赛事中,除马拉松赛事要求略高以外,其余比赛项目均主要面向广大人民群众,目的就是让更多的人能参与到体育运动中来,宣传绿色健康的生活理念,也带动当地的经济消费。

2020年张家界半程马拉松线路:张家界市民广场(起点)—澧兰中路(左转)—南滨路—澧兰路—澧水大桥—滨河路—和平路—科技大道(折返)—科技大道—鸬鹚湾大桥—永昌路—澧兰中路—张家界市民广场(终点),如图4-10所示。

图4-10 2020张家界半程马拉松路线

湖南省第十一届全民健身节的举办为张家界带来了巨大的经济效益，是体育带动旅游、促进经济发展的典范。此次赛事之所以选取张家界作为主办地，离不开当地政府正确的政策导向和对自身旅游业的准确定位。早在 2019 年 1 月，张家界市就成立了文旅广体局，并且明确了全市以旅游为城市核心特色，要全面做好"旅游+"的文章，大力开展和摸索"旅游+体育"的发展模式，促进体育旅游的融合与发展。随后，张家界文旅广体局本着"政府搭台、协会主导、企业参与"的原则，举办了 2019 首届世界旅游城市（张家界）桥牌公开赛、2019 中国·张家界亚洲捷兔慢跑会，取得了显著成效，不仅提升了张家界的城市知名度，也为当地带来了一定的经济效益。为了进一步推动张家界体育旅游的融合发展，2020 年 6 月，湖南省体育局与张家界市人民政府合作签约共建"体育旅游示范城市"，在接下来几年内将张家界打造成国际知名的山地户外运动目标地，加快建设和完善体育基础设施，吸引更多国内外品牌赛事落户张家界。随后，张家界文旅广体局举办了一系列的户外赛事，其中包括第四届张家界天门山越野赛、湖南省第九届天门山"天路"自行车挑战赛、第十一届全民健身节暨张家界半程马拉松、第三届张家界黄石寨高空扁带对抗赛、2020 张家界宝峰湖公开水域（冬泳）活动等。这一系列的户外赛事，让张家界积累了丰富的办赛经验，城市的赛事承办能力、综合管理水平、处理风险能力都得到了很好的检验，这也为张家界承办更大规模和更高规格的体育赛事打下了坚实基础。

（二）长株潭融城半程马拉松

长株潭融城半程马拉松赛旨在以乡村半程马拉松赛和绿心乡村生态旅游节为载体，形成以赛促旅、以旅带文、文体旅共进的新业态，促进天心、石峰、岳塘三区文旅深度融合，打造长株潭生态绿心美丽乡村后花园。长株潭马拉松赛事主打乡村生态旅游，赛道沿途经过风景宜人的自然村落，穿越油菜花海、家庭农场和乡村集市，分半程马拉松赛、融城方阵欢乐跑 2 个项目，赛事剪影如图 4-11 所示。

长株潭融城半程马拉松赛全程路线：天心区许兴村村委会（起点）→许桥路→猫公咀路→暮石路→易家坪路→姚屋场路→官桥湖路→暮云新村→经黄金湾安置小区匝道入口上芙蓉大道往北→许桥路→许兴村村委会（终点），绕行 2 圈，如图 4-12 所示。

此次赛事让参与者奔跑在乡间和花海之中，贴近大自然，感受"城融""人融""心融"。主办方将自然生态、乡村文化、运动休闲充分融入此次赛事之中，

图 4-11　长株潭融城半程马拉松赛剪影

为此次绿心乡村生态旅游节设计了 7 大主题活动——通过花海艺术展演，将舞台置入油菜花海，将艺术融入自然；通过鼓舞天心，激励参赛选手，发扬传统鼓文化；通过"穿越光影重温经典"，带领观众追忆过往，体验城市的人文气息；通过乡村集市，吸引游客体验文创、非遗、美食等；通过风筝绿道，让游客体验亲子活动乐趣；通过高空热气球，带领游客一览自然美景；推出长株潭文旅消费地图及精品旅游线路，天心区南部美丽乡村消费地图，让游客深度体验城市，便捷游玩。

本次长株潭融城半程马拉松赛暨绿心乡村生态旅游节是长沙市天心区推进长株潭融城一体化工作的一个标志性事件。长株潭三区首次携手举办跨区体育赛事，通过"体育搭台，文旅唱戏"加强三地的人文联系和经济交流，以此次赛事活动为载体形成"以赛促旅、以旅带文、文体旅共进"的新业态，促进三地文旅深度融合，打造美丽乡村后花园。与此同时，通过体育旅游赛事还可以进一步提升城市知名度，展示三地的发展成果，吸引更多游客前来打卡，带动当地经济发展。此外，借此次赛事开展之机，长株潭三区携手联动，围绕美丽乡村建设示范点，结合当地各自的特色对区域内的体育文旅资源进行了整合，设计出了各具特色的 7 条跨区精品旅游路线，还绘制了三区文旅手绘地图和天心区南部美丽乡村消费地图，进一步助力三区体育文旅产业的发展。长株潭地区围绕"数字、生态、旅游"大力促进美丽乡村建设，发展文体旅产业，打造国内最美乡村马拉松，是体育一体化发展路径的大胆尝试。

第四章 华中地区体育旅游资源与发展

1. 半程马拉松：天心区许兴村村委会（起点）—许桥路—猫公咀路—暮石路—易家坪路—姚屋场路—官桥湖路—暮云新村—经黄金湾安置小区匝道入口上芙蓉大道往北—许桥路—许兴村村委会（终点），绕行2圈，约21.0975km。
2. 欢乐跑：天心区许兴村村委会（起点）—许桥路—猫公咀路—暮石路—易家坪路—姚屋场路—官桥湖路—力术山路风雨廊桥处，约5km。

图 4-12 长株潭融城半程马拉松赛全程路线

117

第五章　西北地区体育旅游资源与发展

西北地区位于我国西北部，在行政区划概念下指陕西、宁夏、甘肃、青海、新疆五省，在自然区划概念下，指大兴安岭以西，昆仑山—阿尔金山、祁连山以北的地区。该地区面积较大，荒漠广布，但国际边境线漫长，有利于边境贸易，我国古代丝绸之路就起源于西北地区，将我国的商品贸易发展至地中海、欧洲等地，将地中海、欧洲的优良文化引入中国。该地区地形复杂，包括高原、盆地、丘陵、沙漠、戈壁，正因地形复杂多样，才使该地区旅游产业发展迅速，是我国旅游产业潜力巨大的区域。该地区距离海洋较远，深居我国内陆，大部分为温带大陆性气候，青海地区为高寒气候，其降水量由东向西逐渐减少。该区域树木稀疏，但草类植物密集，为畜牧业的发展提供了良好的食料，因此西北地区是我国草原文化的起点。同时，该地区有我国夏季温度最高的地区吐鲁番和全国降水量最少的地区托克逊。西北地区有丰富的矿产资源，煤、石油、天然气、稀土、铁、镍、黄金、盐、宝石等储量较大，为我国华东、华北和华中地区的工业发展提供了丰富的原材料，是我国的矿产资源后盾。

从行政角度进行分析，该地区是我国打开西部，连接中亚、欧洲的重要城门，是我国内陆对外贸易的重点区域。"一带一路"倡议的提出提高了我国西北地区行政单位的名气，将西北地区提升到了国际战略地位，从国际层面、国家层面、地方层面对西北地区进行鼓励和支持，对我国西部大开发起到重要的支持作用。该地区又是古代丝绸之路的起点和终点，在对外贸易方面有着深远的历史影响力，对少数民族文化也能更好地兼容。

从经济角度进行分析，西北地区是国家"一带一路"倡议和西部大开发的重点区域，是我国与中亚内陆地区进行对外贸易的重要省份。"一带一路"倡议的提出，使我国的经济地理格局有了大突破，东边牵着最有活力的亚太经济圈，西边连着成熟稳定的欧洲经济圈，被认为是"世界上最大、最具有发展潜力的经济大走廊"，将融合亚欧涵盖约 30 亿人口的巨大市场，这样的前景给西

第五章　西北地区体育旅游资源与发展

北五省带来了前所未有的大机遇，相比西部大开发的政策扶持和先进地区的帮扶，"一带一路"倡议从更大程度上给西北五省以更重要的经济地位和发展空间，这是能给西北五省带来源源不断的活力的长远福利。国家对西北地区的经济政策和财政支出力度也随之增多，随着"一带一路"倡议的推进，国家对西北五省的交通、能源、城市基础设施等给予技术和经济支持，西北地区的基建将会迎来前所未有的大变革，为西北地区对外贸易奠定良好的基建基础。"一带一路"倡议被中亚、西亚、欧洲等国家给予肯定与支持，中国将成为"一带一路"倡议的核心，西北五省将成为我国内陆沿线对外贸易的经济中心，该地区将成为援助中亚、西亚等地区经济、技术的大动脉，西安、兰州、乌鲁木齐等西部核心城市将会成为丝绸之路经济带的桥头堡。由此可见，西北地区在"一带一路"倡议的背景下，加大了对基础设计的建设，完善了交通枢纽路线和商业贸易路线，为西北地区的政治稳定、民族融合以及能源输出、技术引进等提供了良好的环境，为西北地区的经济发展打通了"任督二脉"，给西北地区带去了丰厚的福利。

通过对西北五省GDP进行检索和分析，我们可以了解到西北五省从2016—2020年每年的GDP均呈上升趋势，如图5-1所示。其中，新疆维吾尔自治区每年的GDP在五省中居

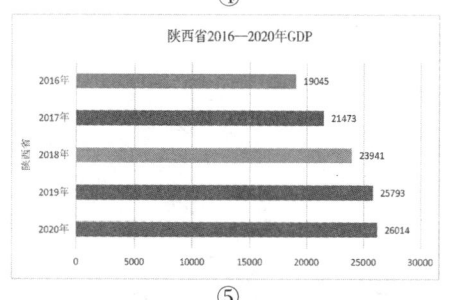

图 5-1　西北五省 2016—2020 年 GDP 增长值

"一带一路"倡议下体育旅游资源的整合与发展研究

首要地位，但 2016—2020 年的增长幅度相比于其他四省每年 GDP 增长幅度较小，波动曲线不大。陕西、青海、宁夏、甘肃四省每年 GDP 增长呈上升趋势，相比于新疆维吾尔自治区其 GDP 增长较慢。西北地区是我国旅游业的重点区域，也是我国开展夏季、冬季体育项目的后备基地之一。丰富的自然资源和社会体育赛事的大力开展为西北地区的体育旅游产业奠定了丰厚的基础，为促进当地体育旅游资源的开发提供保障。体育旅游的大力发展能更好地吸收剩余经济力，扩大体育产业的人员基础量，进而提高西北地区人民的生活质量。该地区体育旅游的发展为"一带一路"倡议建设增添了色彩，宣扬了中华文化、中国特色和中华精神。

西北作为"一带一路"倡议发展的前沿地带，是国家重点打造和开发的区域，国家对西北地区的经济支持力度较大，大力开展体育赛事有利于推动西北地区全面健身的发展，促进西北地区人民迈进高质量生活水平阶段。通过对西北五省 2019 年体育赛事的统计进行整理和分析，我们发现陕西省是西北地区举办体育赛事最多的省份，甘肃和青海其次。笔者通过对国务院、国家体育总局、各省市体育局官方网站的比赛进行粗略收集、整理和统计，发现 2019 年，陕西省举办体育赛事 106 场次，甘肃省举办体育赛事 90 场次，青海省举办体育赛事 91 场次，新疆维吾尔自治区举办体育赛事 67 场次，宁夏回族自治区举办体育赛事 54 场次。具体见表 5-1。

表 5-1　2019 年西北地区五省举办体育赛事的场次

省份	场次	赛事名称
陕西省	106	1. 西安市青少年校园足球联赛
		2. 西安市青少年网球公开赛
		3. 西安市青少年乒乓球公开赛（单打）
		4. 西安市青少年羽毛球锦标赛
		5. 西安市青少年排球锦标赛
		6. 陕西省青少年柔道锦标赛
		7. 陕西省青少年田径锦标赛
		8. 陕西省青少年轮滑锦标赛
		9. 陕西省西安市青少年足球锦标赛暨市运动会年度赛
		10. 西安市青少年武术套路锦标赛
		……
		97. 陕西省青少年体操（含蹦床）锦标赛

第五章　西北地区体育旅游资源与发展

续　表

省份	场次	赛事名称
陕西省	106	98.陕西省群众足球甲级联赛（商洛赛区）
		99.陕西省大学生武术（套路）锦标赛
		100."大明宫建材家居杯"西部马术公开赛
		101.陕西省第三届大学生篮球超级联赛
		102.陕西省大学生篮球联赛暨CUBA预选赛
		103.陕西省大学生羽毛球锦标赛暨"校长杯"比赛
		104.陕西省青少年田径锦标赛（体传校组）暨陕西省体传校田径联赛
		105.陕西省体育传统项目学校定向越野联赛
		106.陕西省"奥体杯"自由搏击争霸赛
甘肃省	90	1.兰州国际马拉松赛
		2.中国·天水国际篮球精英邀请赛
		3.嘉峪关·笼式足球国际邀请赛
		4.中冠联赛（H组）
		5.甘肃省青少年五人制足球锦标赛
		6.嘉峪关铁人三项亚洲杯赛暨"一带一路"铁人三项赛
		7."嘉峪关·神通杯"第三届全国机器人运动大赛
		8.全国（U21）青年女子篮球锦标赛
		……
		82.国际大力士中国公开赛
		83.第二届全民健身运动会"老庙黄金杯"门球比赛
		84.甘肃省青少年柔道锦标赛
		85."体彩杯"甘肃省青少年国际式摔跤锦标赛
		86.定西·漳县贵清山/遮阳山文化旅游暨攀岩邀请赛
		87.甘肃金麟马术俱乐部首届马术运动节
		88.甘肃省第二届全民健身运动会速度轮滑1000米决赛
		89.甘肃省第二届全民健身运动会轮滑项目暨第八届大众轮滑锦标赛
		90.甘肃省第一届"风火杯"速度轮滑邀请赛
青海省	91	1.第十八届环青海湖国际公路自行车赛
		2.第二届青海·岗什卡高海拔世界滑雪登山大师赛
		3.中国青海国际冰壶精英赛

续 表

省份	场次	赛事名称
青海省	91	4. 国际男篮争霸赛
		5. "一带一路"友好城市首届"河湟勇士"国际拳击争霸赛（哈萨克斯坦卡拉干达市—海东市）
		6. 第五届中国·青海国际民族传统射箭精英赛
		7. 第六届"中华水塔"国际越野行走世界杯赛（玉树、贵德、互助）
		8. "一带一路""拳力之巅"WKF世界自由搏击争霸赛（喀山站）
		9. 第二届"一带一路"中国青海国际高原攀岩大师赛
		……
		82. "激情柴达木"中国汽车漂移锦标赛新星赛暨摩托车越野场地赛
		83. "一带一路"中国青海国际攀岩大师赛
		84. 全国漂流俱乐部联赛暨全国桨板公开赛
		85. 环青海湖超级马拉松测试赛
		86. 贵德清清黄河半程马拉松
		87. 农信杯·2019青海海东沿黄河马拉松赛
		88. 第五届青海·玛沁阿尼玛卿文化旅游节暨"民族团结杯"2019阿尼玛卿高原国际越野挑战赛
		89. 环乌海湖国际马拉松赛
		90. 全国青年沙滩排球锦标赛暨二青会预赛
		91. 青海省全民健身汽车摩托车绕桩赛、青海省卡丁车大赛
新疆维吾尔自治区	67	1. 乌鲁木齐冰雪马拉松
		2. 新疆木垒半程马拉松
		3. 新疆铁门关市半程马拉松
		4. 环塔拉力赛
		5. 全国中学生游泳锦标赛·新疆选拔赛
		6. 新疆吉木萨尔·天山马拉松
		7. 乌鲁木齐市"民族传统体育项目"新疆红球赛
		8. 第九届全国田径耐力项目高原地区对抗赛
		9. 中国体育彩票全国业余棋王赛新疆赛区奎屯预选赛暨"曾玉忠"杯全疆象棋公开赛
		10. 阳光体育大会系列赛事
		……

第五章 西北地区体育旅游资源与发展

续表

省份	场次	赛事名称
新疆维吾尔自治区	67	58. 统一绿茶城市定向赛（新疆站）
		59. 乌鲁木齐市速度轮滑公开赛
		60. "原行少年杯"攀岩选拔赛
		61. 环天山单车嘉年华自行车大赛
		62. 中国·新疆国际拳击交流赛
		63. 青少年拳击锦标赛
		64. "脉动杯"混双羽毛球公开赛
		65. "我是球王"乒乓球挑战赛
		66. "乒乓在沃"新疆赛区挑战赛
		67. "银河·飞驰杯"乒乓球城际邀请赛
宁夏回族自治区	54	1. "丝绸之路"宁夏·银川国际马拉松赛
		2. 宁夏回族自治区第十五届运动会
		3. 宁夏回族自治区第九届少数民族传统体育运动会
		4. "金陵体育杯"举重比赛
		5. 宁夏黄河金岸（吴忠）国际马拉松赛
		6. 宁夏青少年U系列锦标赛足球赛
		7. 宁夏青少年U系列田径锦标赛
		8. "残疾人健身周"群众体育比赛
		9. 宁夏回族自治区第十五届全运会华尔兹比赛
		10. "薪火传承·中国健康跑"固原站暨第五届宁夏六盘山登山节
		……
		47. "贺兰山镇银行杯"——宁夏首届女子门球赛
		48. "长城烽火"越野跑
		49. 第十五届宁夏六盘山山花节暨第七届"梯田花海·魅力彭阳"文化旅游节全国山地自行车越野赛
		50. "宁夏杯"西北五省区健身健美锦标赛
		51. 第五届宁夏健身气功站点联赛
		52. 全国青少年U系列攀岩联赛
		53. 中国（中宁）国际轮滑公开赛
		54. "滑启100"中国轮滑巡回赛（宁夏站）

"一带一路"倡议下体育旅游资源的整合与发展研究

西北地区地域广阔，能源资源储备丰厚，是我国的能源储备基地。该地区地势和气温变化较为复杂，使该地区形成了美丽的自然风光，为旅游产业的发展提供了天然的资源。笔者对2016—2019年西北五省的国际旅游外汇收入及接待国际游客人次进行分析（如图5-2、图5-3所示），发现陕西因历史文化、古都文化和历史遗迹等吸引了很多外国游客，促使陕西省在旅游产业方面居于西北五省之首，从2016年的2338.55百万美元发展到2019年的3367.65百万美元，每年都呈正增长趋势；新疆维吾尔自治区因美丽的草原风光、雪山风景以及民族风情吸引了大量的国际游客，在五省中居第二位。2016—2018年新疆维吾尔自治区国际旅游外汇收入分别为518.73百万美元、810.81百万美元、946.37百万美元，2019年新疆维吾尔自治区旅游外汇减少，主要原因是新冠肺炎疫情导致的国际、国内的封闭管控。

西北五省2016—2019年国际旅游外汇收入（百万美元）

年份	陕西	新疆	甘肃	宁夏	青海
2016	2338.55	518.73	19.14	40.58	44.16
2017	2704.4	810.81	20.86	37.63	38.29
2018	3126.66	946.37	28.3	55.87	36.13
2019	3367.65	454	59.05	69.32	33.36

图 5-2 西北五省 2016—2019 年国际旅游外汇收入

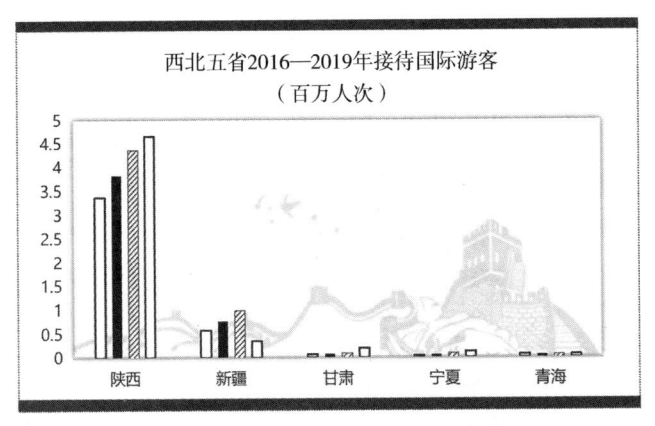

图 5-3 西北五省 2016—2019 年接待国际游客人次

第五章　西北地区体育旅游资源与发展

陕西省西安市作为古代丝绸之路的起点，在对外贸易中起着重要的作用，具有一定的历史影响力。长安城的历史备受外国朋友关注，秦始皇陵兵马俑、秦始皇陵、大明宫遗址、明长城等无不彰显着西安在世人眼中的地位，太白山、百万油菜花、华山等无不显示出陕西的人文社会风情和自然风光，王家坪、杨家岭、袁家村等无不显示出红色文化的历史。这些历史财富和自然资源财富为陕西经济的发展增添了催化剂，更好地展示了中华传统文化和中华精神。

西北五省是我国古代丝绸之路的节点，在对外贸易方面具有一定的历史影响，加之其政治地位和历史文化的保存，使西北地区富有浓浓的历史文化底蕴，有利于促进西北地区旅游产业的发展。近几年，西北地区在体育行业投入较多，产出效果明显，特别是在篮球、耐力项目以及传统民族体育项目上取得了较好的成绩，为西北地区体育赛事的顺利开展奠定了名声基础，政府、社会结合市场群体需求，为满足人们健身、健康的生活需求，积极开展大量群体赛事，响应国家全民健身的号召，为健康中国的政策付诸实践。良好的政策、市场的支持以及体育产业和旅游产业内部的革新为体育旅游融合发展提供了便利，为促进体育旅游的发展奠定了基础，将天时、地利、人和因素全部收纳，因此，体育旅游产业在西北地区的发展潜力较大，能有效缓解人民日益增长的美好生活需求与健身、健康和旅游欣赏之间的矛盾。

第一节　西北地区发展体育旅游资源的政策支持

中国社会科学院刘治彦研究指出，"一带一路"是我国对外发展的新倡议，是我国打造对外开放系统，使对外开放系统升级的重要倡议。改革开放政策一直强调发展沿海经济和沿海城市，对西北内陆城市的发展考虑相对较少，"一带一路"倡议的提出为打开西部地区对外开放提供了政策条件，基于古代丝绸之路的路线，打开我国西部地区对外开放的国门，促使我国更好地融入世界经济一体化中，有效地缓解了我国经济东快西慢的发展现状。"一带"主要带动西北地区乃至北方经济带发展，联动长江流域和南方经济带发展，"一路"主要带动南方沿海港口城市乃至南方经济带发展，联动长江流域和北方经济带发展。"带和路"携手并进，相互弥补、相互推荐、相互影响，形成我国东、中、西、南、北经济带全面开放的新局面。"一带一路"倡议的提出使西北地区与世界更好地接轨，实现共赢的目标，促进地区与地区之间的联合，带动地区与地区之间的合作，推动地区与地区之间的协同发展。

"一带一路"倡议下体育旅游资源的整合与发展研究

一、陕西省对体育旅游赛事活动项目的政策支持案例

〔案例1〕

2017年，陕西省体育局对2016年部门决算进行了说明。首先体育局在大力实施"全民健身"国家战略中，加快了体育惠民工程建设，努力打造休闲体育产业，将"800里秦川渭河沿岸全民健身长廊"建设作为休闲体育项目的重点，突出体育运动的休闲特征，也突出河西走廊的景点优势，加快促进"体育+旅游"融合发展。为促进陕西省全民健身活动开展，陕西省体育局加快了与旅游、文化部门之间的合作与交流，将登高、马拉松、篮球联赛等10余项大型群体赛事与陕西古都历史融合，促进体育+旅游融合发展。通过赛事的吸引力，发挥赛事的商业价值和经济价值，吸引观众前往陕西，弘扬陕西文化，拉动陕西经济增长。在加快推进体育产业发展方面，省体育局积极促进"体育+"产业融合发展，积极规划与旅游部门深度融合，通过体育+旅游融合发展壮大体育产业，其积极打造的航空体验运动得到国家的认可，被誉为体育产业示范区。在精准扶贫方面，通过开展相关体育扶贫特色运动和特色活动，促进当地经济发展，在扶贫行动中，把自行车定向赛与当地山地特色有机结合，开展"多彩黄龙·骑行寻宝"赛事活动，有效地将体育赛事与旅游景点融合，拉动当地经济增长，为共同打造体育、旅游、经济、文化相融发展的新模式而努力。

〔案例2〕

2018年2月，陕西省体育局出台了《关于进一步加强县级体育工作的意见》的通知，其中指出要认真贯彻落实中共中央、国务院《"健康中国2030"规划纲要》《全民健身条例》和《陕西省全民健身实施计划（2016—2020年）》及市县配套的全民健身实施计划等系列文件精神，全力助推体育强省和健康陕西建设。在广泛开展全民健身赛事板块中，陕西省依托特有的"山、水、林、田、路"资源，结合城市旅游景点和自然旅游景点，积极开展适应大众群体的体育赛事活动，推广传统体育项目，逐渐打造"一线一品牌"的全民健身格局。在推动体育产业转型升级板块中指出，要结合市场需求和发展环境，大力开发具备健身价值、休闲价值的体育项目，将旅游景点与体育运动衔接，将自然资源与体育运动衔接，推进"体育+"产业的发展，让体育产业从市场反馈中得到升级，不断完善，逐渐转型，提升其在县级国民生产总值中所占的比重。

〔案例3〕

2019年,陕西省体育局出台了《陕西省省级运动休闲特色小镇评定管理办法(试行)》,具体包括:规范运动休闲小镇的建设和管理,提高运动休闲小镇的健康价值、商业价值以及产业竞争力,为陕西省体育产业的发展规范市场环境;响应国家全民健身要求,体现出运动小镇在体育组织管理活动方面的能力,开展体育竞赛和体育表演活动,营造良好的体育锻炼氛围,促进健身休闲活动开展;打造运动休闲小镇时突出特色产业,凸显特色、错位发展,避免同质化竞争,坚持融合发展;突出"体育+",持续培育"体育+旅游""体育+文化""体育+康养""体育+教育培训"等领域,形成以体育为核心内容,以吃住行、游购娱、运健学为综合服务的产业聚集区。省体育局对认定的省级运动休闲特色小镇进行授牌,并在赛事活动、新闻宣传、信息服务、市场拓展、政策保障和产业发展引导资金等方面给予支持,坚持成熟一个、发展一个。陕西省运动休闲小镇管理办法的出台更好地发挥了陕西省体育优势运动项目的带动作用,展现了陕西省的自然风光,产生了体育旅游融合的示范效应,不断提升陕西省体育旅游产业的区域竞争力,为做大做强陕西省体育旅游提供政策支持。

二、新疆维吾尔自治区对体育旅游赛事活动项目的政策支持案例

〔案例1〕

2016年9月的两博会上,全国共有183个项目被授牌"2016中国体育旅游精品项目",新疆12个项目榜上有名,其中4个项目获得全国十佳,在全国精品线路打造和开发中占据重要地位。如昭苏县的中国西域赛马与公路自行车融合发展项目是传统体育项目、现代体育项目以及旅游风景的交融,拉动了当地经济的发展。国家体育总局群体司原司长刘国永指出,新疆每年体育旅游精品项目的增加和发展源于新疆天然的丰富的自然资源和旅游产业的大力开发,全国旅游资源共68种,新疆就占据56种,占据旅游行业的83%。新疆维吾尔自治区政府高度重视体育赛事和旅游产业的发展,对冬运会的备战和冬季项目的开发也积极响应,反映出政府对体育旅游行业的重视程度。统计表明:新疆各地开展的民族传统体育项目有629项(如果剔除不同民族开展的同类项目,还有278项),其中包括达瓦孜、摔跤、赛马、叼羊、姑娘追、赛骆驼、马上角力、马上拾银、武术、射箭、秋千等优秀项目和部分民间体育项目。

"一带一路"倡议下体育旅游资源的整合与发展研究

2017年"全国体育旅游产业发展大会"在江苏召开,新疆代表团依托"一带一路"倡议推选出的丝绸之路国家度假区、中国环塔(国际)拉力赛分别获得首批"国家体育旅游示范基地"创建单位、首批"国家体育旅游精品赛事"的荣誉。同时,自治区党委、自治区人民政府出台了《关于进一步加快旅游业发展的意见》,大力发展体育旅游产业和体育旅游精品路线,以发展理念引领体育旅游产业发展。

〔案例2〕

2018年10月,中国体育旅游露营大会在新疆尉犁县罗布人村寨景区圆满落幕,本次体育旅游露营大会吸引了来自全国的1000余名参与者和工作人员,为罗布人村寨带去了人气和经济效益。参与者与工作人员搭建的帐篷环环相扣,与沙漠、胡杨和戈壁等构成了一道美丽的风景线。此次露营大会得到了国家体育总局登山运动管理中心、中国登山协会的大力支持,是重点打造项目,新疆相关职能部门对该项目给予支持和鼓励,体现了新疆"体育+旅游"融合发展理念,将自然、自由、健康、生活、绿色等元素填充到活动中,体现了体育旅游的特色和文化,更展示了新疆独特的民族民俗风情。在露营时,参与者可以欣赏罗布人村寨美景,体验当地少数民族的地域特色和户外运动,为此次体育旅游之行增添内容,丰富活动形式。此次露营大会以"生态平衡、环境保护、人与自然和谐相处"为活动理念,将环境保护、低碳生活的元素融入旅游中,让游客健康旅游、素质旅游,为旅游景点的可持续发展奠定基础。活动的开展满足了各族人民群众的体育健身需求,丰富了各族人民群众的体育文化生活,完善了体育民生工程,推动了文化建设大开放、大发展,促进了和谐新疆建设。

尉犁县委常委、宣传部部长表示,此次露营大会的举办旨在提升尉犁县的知名度,打造富有本县特色的旅游品牌,活动的开展对尉犁县的经济发展有重要作用。尉犁县委、县人民政府对活动的开展、赛事的打造以及旅游项目的开发也积极主动作为、靠前服务,不断完善旅游基础设施建设,进一步优化旅游产业营商环境,为涉旅企业发展壮大提供良好的服务和强有力的支持。

〔案例3〕

在2018年12月举办的中国体育文化博览会中,新疆共有11项旅游项目被选入全国体育旅游精品项目,其中有3项分别在体育旅游精品景区、精品赛事和精品线路项目中排名位列前十,被授予"十佳"称号。旅游发展大会为体育旅游产业的发展注入了"强心剂"。新疆环塔汽摩运动俱乐部有限责任公司董事长苏浩波表示,新疆沙漠是新疆原汁原味的地方特色,开展汽车拉力赛能有效利用自然资源和优势。

三、青海省对体育旅游赛事活动项目的政策支持案例

〔案例1〕

2017年,青海省体育局就青海省开展冰雪运动进行了实地考察,青海省体育产业开发中心对海东市瞿昙国际滑雪场进行调研,指出要大力推动青海省冬季旅游发展,拉动青海省冬季体育项目开展,刺激第三产业发展和消费,为加快青海省体育旅游融合发展提供保障,为省内体育产业和旅游产业的转型提供有力的政策支持。瞿昙国际滑雪场的建设为青海省体育旅游产品增添了内容,发展了青海省的冰雪运动,为青海省打造了富有青海省特色的体育旅游品牌,对提升青海省体育旅游知名度和增加体育旅游影响力具有重要的意义。调研还强调要结合青海省的地理优势和气候特点,立足当前实际问题,着眼于长远发展,切实做到建设合理、布局合理和实施顺畅,在开展冰雪运动的同时合理解决好生态、农业和旅游的问题,将冰雪运动、生态、农业和旅游业紧密结合起来,促进青海省地区经济发展,提升人民生活质量水平,丰富群众的精神文化生活。

〔案例2〕

2017年10月,青海省政府办公厅印发了《青海省加快发展健身休闲产业行动计划》,其对于以体育产业为媒介推进全民健身、实现竞技目标、做大品牌赛事、促进融合发展具有重要指导作用,在青海体育事业乃至经济社会发展中具有里程碑意义,凸显了体育在谱写"中国梦"青海篇章中的特有作用,将成为新青海经济高质量发展的新动能。体育旅游能满足全民健身和全域旅游发展的需要,体育旅游的市场潜力大,也是青海省努力打造和开发的重点项目之一。在全民健身、全域旅游深度融合的背景下,积极打造精品赛事,不仅能带动一条集交通、住宿、餐饮、购物于一体的"体育旅游消费链",为当地百姓带来可观的经济效益,同时还能提升地方的接待能力,创造更多就业机会,扩大内需消费,促进全域经济社会转型,实现跨越式发展。

"一带一路"倡议下体育旅游资源的整合与发展研究

〔案例3〕

2019年，在广州举办的中国体育文化博览会、中国体育旅游博览会（以下简称"两博会"）中，青海省结合本省的特色和优势，在体育旅游板块进行了交流展示，紧紧围绕"青海最大的价值在生态、最大的责任在生态、最大的潜力也在生态"理念，以生态建设为中心，以体育活动为形式，积极融合"一带一路"倡议，全方位、多角度地开展体育旅游融合发展。两博会中，国家评选出的体育旅游精品路线中有8条路线在青海省，其中，环青海湖国际公路自行车赛连续3年被评为十佳体育旅游精品赛事。青海省通过体育与其他产业的融合发展，满足了大众群体的需求，丰富了人民群众的精神文化生活，将青海省现有自然资源运用得活灵活现，刺激了市场经济的发展，带动了体育产业的发展和旅游产业的发展，提高了群众的获得感、幸福感和安全感，为体育行业和旅游行业的转型提供了方向。依托"一带一路"倡议，青海省将壮丽的自然风光和独特的文化价值以及文化魅力向全国、全世界展现，彰显了我国高原儿女的勤劳坚毅和豪迈情怀，让更多的人关注青海，了解青海，向往青海。

四、宁夏回族自治区对体育旅游赛事活动项目的政策支持案例

〔案例1〕

2017年宁夏体育局体育产业中心积极探索体育旅游融合发展模式，为宁夏体育旅游融合发展开创新篇。宁夏体育局产业中心牵头，以宁夏体育元素为主导，将沙漠、山地户外运动等休闲项目融入其中，吸引南方参与者来宁夏体验不一样的体育风情和旅游风光。同时宁夏体育局加强与沿海城市体育发展公司的合作，结合沿海城市市场发展需求，将东部、南部市场需求向西北部输送，促进宁夏市场经济发展，活跃市场经济氛围；宁夏结合市场经济发展需求及自身优势资源打造符合市场发展要求的体育旅游项目，刺激宁夏市场经济发展，积极稳步推进宁夏体育旅游项目，促进体育旅游消费。

〔案例2〕

2017年年中，宁夏体育局为贯彻落实国家对体育旅游产业发展和指导的意见，就宁夏回族自治区如何建设体育旅游品牌下功夫将打造体育旅游品牌作为体育赛事与旅游景点融合发展的抓手，在自治区政府的大力支持和鼓励下，积极向国家体育总局和国家旅游委员会争取相关资质和支持。通过探索和不断创新，将中卫市沙坡头旅游景区成功打造成精品旅游景点，将大漠健身运动大赛打造成国家精品体育赛事，将精品旅游景点与精品体育赛事有机整合，既锻炼身体又缓解工作、生活压力，是旅游产业中的创新模式，为宁夏体育旅游的发展开创了新起点。

〔案例3〕

2019年，中国体育文化博览会、中国体育旅游博览会在广州举行，大会主题为"华章七十载 体育新起点"，宁夏体育局依托宁夏"山、水、廊"等特色优势，从"一地一品"的体育精品赛事着手，大力开展体育旅游项目，将冰雪运动、户外运动等与宁夏景区紧密结合，融合宁夏少数民族传统文化，促进宁夏回族自治区体育旅游良好发展，该发展模式得到了广大群众的一致好评。宁夏体育局重新打造黄金河岸（吴忠）国际马拉松与沙湖生态旅游区、拉巴湖景区、星海湖体育运动休闲旅游区等精品旅游景点，使体育赛事与精品旅游景点有机衔接，促进体育行业服务转型，带动旅游项目革新，共同促进体育旅游融合发展，为宁夏体育事业和旅游事业的发展贡献力量。

五、甘肃省对体育旅游赛事活动项目的政策支持案例

〔案例1〕

2017年9月，甘肃省在两博会中展示了以甘肃地域风貌为特色的12项精品项目，其中包括精品体育赛事、精品旅游路线和精品旅游景点。

甘肃省体育局、文化旅游厅精心打造了富有甘肃地域风貌的景区——张掖七彩丹霞旅游景区，该景区以地理地貌风景为主，其地貌面积大、集中，层理交错、岩壁陡峭、气势磅礴、造型奇特、色彩斑斓，有红色、黄色、白色、绿蓝色，色调有顺山势起伏的波浪状，也有从山顶斜插山根的，犹如斜铺的彩布，在阳光的照射下，像披上了一层红色的轻纱，熠熠泛光，色彩异常艳丽，让人惊叹不已，是典型的丹霞地貌，也是我国国内唯一的丹霞地貌聚集区，其色彩之缤纷、观赏性之强、面积之大冠绝全国，集雄、险、奇、幽、美于一身，被誉为世界地质公园和世界十大神奇地理奇观之一，具有较高的旅游价值和地质科考价值。该风景区体现了甘肃的魅力，为体育赛事的举办提供了优美的环境。为贯彻国家"体育＋旅游"的政策，甘肃省努力建设民勤县沙漠艺术公园，将甘肃沙漠文化体现得淋漓尽致，运用沙漠场地开展足球运动，是体育旅游的一种体验和创新；将沙滩排球引入，体验别具一格的沙滩排球赛事；将

"一带一路"倡议下体育旅游资源的整合与发展研究

铁人三项的项目运用到沙漠中，开发沙漠铁人三项运动；将射箭、赛驼和沙漠冲浪等传统运动引进体育公园中，让现代体育运动项目与传统体育运动项目融合，让水上运动项目与陆上运动项目融合，让体育运动与旅游景点融合，让沙漠文化与生态文化融合，体现民勤县沙漠体育公园体育旅游的健身价值、欣赏价值和旅游价值。

天水青鹃山体育旅游休闲公园是乡村旅游发展的典型，六月的山头、田埂、乡道、村落，处处层林尽染、叠峦青翠，自然风光宜人，是天然的氧吧，森林覆盖率高到触顶，可以说见缝插绿，乔木、灌木、绿植、花卉、盆景，把偌大一个青鹃山装扮得妖娆妩媚而又洒脱得体。甘肃省政府和当地职能部门以及度假区以"丝路天水·漫享青鹃"为主题，逐渐打造"旅游+文化、旅游+休闲、旅游+农业"等板块，规划每年接待游客数量达到100万人次，提升度假区的承载量和包容量，为打造"春有百花秋赏枫，夏可纳凉冬玩雪"的四季休闲旅游度假胜地做出努力。

〔案例2〕

2018年底，甘肃省体育局公布了甘肃省在两博会中荣获的11项精品大奖。甘肃省以"新时代、新体育和新生活"为主题，结合甘肃省原有特色和元素，开展体育旅游创意项目；结合"一带一路"倡议背景，开展国际体育组织项目；结合旅游景点，开设体育旅游项目展区；结合信息技术，开展体育健康项目；结合商业经济发展，开设运动品牌展区等。甘肃省结合"一带一路"倡议，努力打造体育旅游精品景区，将富有历史文化和历史内涵的景点与甘肃省自然气候以及冬季奥运会项目有机结合，促使嘉峪关悬臂长城冰雪文化体育产业园建设，该体育产业园是甘肃省重点规划和开发的体育产业项目，被评为十佳体育产业园；青鹃山体育休闲景区将体育休闲项目与当地的自然风光和景观有机结合，促进了景区内容的丰富。甘肃省体育局致力于打造体育旅游精品路线，结合玄奘取经之路的历史文化经典，将甘肃省沙漠景观融入其中，勾勒出玄奘之路戈壁挑战线路，既能培养参与者的坚定毅力，又能突出该路线的经济价值、文化价值和健身价值；打造山丹汉明长城—山丹马场体育旅游线路，将明长城的构建历史、功能和历史地位与山丹马场的现代运动有机融合，彰显长城与马匹是甘肃在历史发展中不可或缺的重要因子。

甘肃省体育局同时重视体育赛事的打造和开展，通过体育赛事的名气吸引旅游者，并与当地名胜古迹、历史文化活动和历史建筑物有机结合，促使体育旅游项目顺利开展，为当地体育旅游建设创造品牌路线。甘肃省体育局通过努力打造中国·天水秦州"李广杯"国际传统射箭锦标赛，将射艺与草原文化结合；打造中国·张掖祁连山国际超百公里山地户外运动挑战赛，体现了甘肃河西走廊的优势和特色；承接乒乓球赛事，开展国际航空滑翔节、玛曲格萨尔赛马节，突出甘肃省承办赛事的能力和城市综合能力。近年来，甘肃省政府、体育局、文化旅游厅对体育旅游项目的开展、规划和打造给予支持和鼓励，在体育旅游项目的建设上取得了不小的成果。

〔案例3〕

2020年9月，甘肃省举办第一届常家河"山楂小镇"乡村文化旅游活动，顺应"一带一路"倡议发展趋势，响应国家乡村振兴战略，接洽国家全民健身策略，推进生态文明建设，为甘肃省体育旅游发展奠定基础。此次旅游节选取定西市通渭县为活动地址，以"体育旅游，自驾运动，美丽乡村，旅游致富"为主题，结合通渭县地势平坦、地理位置优越、气候宜人的自然条件优势开展自驾活动，刺激当地经济发展，为提升当地经济水平打造优势活动和优势品牌。甘肃省体育总会、文旅厅给予政策支持后，甘肃省自驾车运动协会结合市场发展需求，响应国家"体育+旅游"的政策，以促进身体健康、提高生活水平为目的，将自驾运动与体育旅游融合，促进当地城市旅游、农业旅游、生态旅游、探险旅游、体育旅游、红色旅游的多样化、多需求发展，为甘肃省"体育+旅游"发展奠定了社会基础、市场基础、群众基础和资源基础。

第二节　西北地区发展体育旅游资源的经济环境

西北地区是"一带一路"倡议对外发展的重要地域，是古代丝绸之路起源地和连接中亚、西亚地区的主要交通枢纽。西北地区拥有丰富的自然资源和环境资源，为旅游产业的发展提供了天然的环境；天然的环境为西北地区开展大型体育赛事奠定了良好的基础，如赛车拉力赛、环湖自行车赛、越野赛等，天然的环境为体育产业和旅游产业的发展奠定了天然的基础，促进了体育产业与旅游产业的融合。体育旅游产业作为一种新兴的第三产业，为国民经济的发展带来了新的内容，为地区经济发展提供了方向，丰富了"一带一路"倡议的内容，为宣传"一带一路"倡议增添了一道美丽的风景线。西北地区各省市的政府部门在体育旅游产业方面给予大力支持，从政策、经济和交通等方面实施政

"一带一路"倡议下体育旅游资源的整合与发展研究

策,特别是在经济方面给予体育产业和旅游产业支持,为两者的有机融合提供经济条件。

一、陕西省体育旅游经济环境

2019 年西安市国民经济和社会发展统计公报指出,西安市全年接待国内外游客约 30110.43 万人次,比 2018 年增长 21.7%,该年度旅游产业总收入约为 3146.05 亿元,比 2018 年增长 23.1%。从旅游产业的发展现状来看,西安市旅游经济发展较好,整体呈上升趋势,为西安体育旅游产业的发展奠定良好的经济基础。据统计,西安市全年举办各类群众体育展示表演和竞赛活动共计 300 项次,体育社团举办和承办体育赛事 300 项次,其中,国际性和全国性赛事 28 项次。从体育赛事的发展而言,西安市群众赛事和竞技体育赛事的发展为西安市体育旅游的发展打下了群众基础,为西安市经济发展埋下了伏笔。同时西安市更新社区全民健身路径 72 个,带动了社区体育发展,将健康生活通过锻炼得来的理念注入社区,营造了良好的体育氛围。

《陕西省国民经济和社会发展第十三个五年规划纲要》提出改善环境、发展环境、优化环境的理念。着眼全球发展趋势,伴随着世界多极化、经济全球化、社会信息化的大力发展,科技革命和产业融合发展成为当前时代发展的使命。面对国际大环境的不稳定的现状以及国内大环境发展不协调、不平衡、不可持续的问题,陕西省结合"一带一路"倡议,依靠本省优势,释放本省潜能,加速潜能开发,抓好科教实力,开发自然资源,挖掘历史文化底蕴,形成富有陕西特色的经济发展优势;将促改革、调结构、惠民生、防风险任务放在首位。与此同时,陕西省为贯彻党的十九大精神,坚持聚焦"四个全面"战略布局,将五大发展新理念,"追赶超越"和"五个扎实"要求落到实处,推动陕西省经济向中高速、中高端水平发展。"十三五"规划中还指出,要重点改善生态环境质量,降低单位面积二氧化碳排放量,保证森林覆盖率超过 45%,以空气质量为抓手,让陕西依托大秦山地,打造西部地区肺叶的名气。"十三五"规划强调实施高品质消费供给行动,适应个体化、群众化、市场化的消费需求,促进陕西省精致产业发展。优化需求结构,积极引导各类资本向新兴产业、公共服务、基础设施、生态环境等领域进行投资;增强消费对增长的基础性作用,以自然资源优势和社会发展为背景,顺应全民健身、健康中国政策,打造健康养老、休闲旅游、文化教育体育等新型消费业态,促使物质消费向服务性消费迈进,促进第三产业的发展。规划中还强调,要深化同丝绸之路沿线省、区、国家之间的旅游合作,共建丝绸之路国际黄金旅游带。积极开辟空中丝绸航线，新增3到5个国家级5A景区，建立国内国际知名的旅游胜地。以华夏文明的历史文化为基础，建设华夏文明的历史文化基地，为建设成国内知名的红色之都和中国革命博物馆奠定基础；打造大秦岭人文生态旅游度假圈、渭北休闲体育旅游度假区、黄河风景旅游带等旅游圈。规划中还强调促进产业融合创新，借助新时代发展背景下的数据化、智能化、信息化的科技技术，从传统行业中寻找融合点，为促进行业的发展引领方向。大力发展体育事业，完善城乡公共体育服务体系，大力实施城市社区健身器材配送、县级健身场馆、全民健身示范区建设等惠民工程，做好大型赛事筹备工作。寻找体育产业与旅游产业的融合点，促进体育旅游产业发展。

《陕西省"十四五"体育事业发展规划》中指出，体育产业总值要达到1500亿元，增加值占全省GDP比重超过1.5%，突出体育产业为缓解就业环境带来的动力。打造群众体育赛事重点品牌，积极引导各类赛事活动，提升赛事质量，力争在5年内打造20个市级品牌赛事、100个县级特色赛事、2个在全国具有影响力的全民健身赛事。持续深化"体育+"融合发展，依托陕西省丰富的旅游资源，让体育与旅游融合，促进体育旅游产业新业态的发展，加快推进体育服务现代化、高端化，构建适应社会和市场的新发展格局，打造满足高品质生活需求的现代体育产业体系。

综上得知，陕西省在"十三五"规划和"十四五"规划中对体育产业和旅游产业的发展给予大力支持，鼓励体育产业与旅游产业的融合发展，促进体育旅游产业新业态，为体育旅游产业的发展营造了良好的环境。

二、甘肃省体育旅游经济环境

《甘肃省国民经济和社会发展第十四个五年规划和2035远景目标纲要》提出了生态文明建设、生态安全建设、借力"一带一路"倡议的契机发展促使甘肃省各产业赶上新时代经济发展的列车，建设城乡公共服务体系，优化经济结构、产业结构，支持第三产业发展，将科技化、信息化技术嵌入服务业，促进服务产业高质量消费、高质量发展的规划。甘肃省近几年着力于积极挖掘自身的历史文化底蕴，发挥古代丝绸之路的经济发展地位，实现文化旅游资源大省向文化旅游资源强省迈进。甘肃省"十四五"数字经济创新发展规划指出结合当前数字经济发展趋势，按照"创新引领、融合发展、惠民便民、开放合作、安全可靠"原则，推动数字产业化、产业数字化发展，促进数字化技术与实体经济特别是制造业深度融合，推进数字政府、数字产业、数字社会、"数字丝绸之路"建设。

"一带一路"倡议下体育旅游资源的整合与发展研究

甘肃省《文化和旅游部"十四五"文化和旅游发展规划》实施文化事业繁荣工程，以及实施社会文明促进和提升工程、完善文化遗产保护传承利用体系、构建新时代艺术创作体系、健全现代公共文化服务体系、健全现代文化产业体系、完善现代旅游业体系、打造文化和旅游融合发展体系、完善现代文化和旅游市场体系、提升文化交流和旅游推广体系、构建文化和旅游创新发展体系、加强文化和旅游人才队伍保障体系等11个方面，明确了"十四五"时期文化和旅游工作的主要方向，并通过15个专栏列出83个重点举措和工程项目，着力增强"十四五"规划的可操作性。

甘肃省积极打造旅游工程，从重大考古项目、考古资料整理、科技考古中心建设、考古基地建设等方面着手，重点打造陇原文物考古质量提升工程；从遗产保护工程、文化旅游融合发展示范区建设着手，保护陇原国家公园遗产；从不可移动文物保护维修、不可移动文物预防保护、不可移动文物展示利用、代表性史前遗址保护展示、国家考古遗址公园建设等项目入手，建设不可移动文物保护管理工程；从甘肃戏曲影音、旅游演艺、舞台精品创作、文旅题材影视、美术创作展示、剧本创作扶持等方面建设陇原文艺精品工程；从持续开展春绿陇原文艺展演项目、策划举办美术品牌展览系列项目、举办艺术专业赛事项目、举办重大活动演出项目方面，打造陇原品牌展演工程；从公共文化设施建设项目、公共文化云项目、智慧图书馆体系建设、全民阅读项目方面，打造陇原公共文化服务体系建设工程；从线上演播项目、沉浸式体验项目、数字艺术展示项目方面，打造龙源文化产业创新发展工程。

甘肃省体育局给予雄厚的资金助力体育产业发展，助力户外运动，打造品牌赛事，促进冰雪和航空体育运动快速发展，其中冰雪运动场地已达到13个，以户外运动为支撑的"三大板块"健身休闲产业布局初步形成；体育与文化、旅游等相关产业融合发展成效显著，居民体育消费明显增长。甘肃省体育发展"十三五"规划从打造甘肃丝绸之路体育健身长廊、完善体育基础设施工程、建设户外运动产业带等方面着手，给予体育产业政策支持和经济支持。

综上得知，甘肃省体育产业的发展得到了省政府的大力支持和鼓励，对体育产业的经济支出较大，为体育产业的开展和打造营造了一片祥和的氛围，体育服务业、体育健身休闲活动等板块取得的效益较大，为体育旅游产业的发展奠定了体育项目活动基础。

三、青海省体育旅游经济环境

2018年青海省国民经济和社会发展统计公报公示了本年度在旅游产业和体育产业两方面的支出和收入比例。旅游客流运输量达到7157.64万人次，同比增长3.7%，全年全省接待国内外游客4204.38万人次，实现旅游总收入466.30亿元；全省积极举办体育赛事，主办以青海湖为主体的国际体育赛事，为青海省体育赛事的打造和城市宣传奠定了良好的赛事基础。打造体育赛事的同时，促进体育行业消费是青海省体育局的重要任务。在环境保护方面，森林覆盖率达到7.26%，湿地面积达到814.36万公顷。2019年青海省国民经济和社会发展统计公报指出，全年接待国内外游客5080.17万人次，实现旅游总收入561.33亿元，旅游产业正呈现爆发增长趋势；参与国内、国际比赛1766人次，在本年度中销售体育彩票8.13亿元，展现了体育行业的发展前景。

青海省"十四五"规划第二篇第五章指出，要积极推进保护好"中华水塔"、建设国家公园示范省、完善生态安全屏障体系等一系列生态文明建设政策，旨在保护青海省的生态文化和生态资源不被破坏。第五十章推进文化体育繁荣发展中指出，要推进竞技体育、体育产业、全民健身协调发展，不断增加体育服务产品供给，支持社会力量办体育，打造全国最具规模最具特色的民族体育运动示范区；健全竞技体育人才培养、科学训练和竞赛体系，提升竞技体育综合实力；推进"体育+"特色旅游，发展冰雪、水上、航空、山地、户外等健身休闲运动，推动"赛事+品牌+城市"特色发展，提高环湖赛、抢渡黄河、国际攀岩、登山滑雪、国际射箭等赛事水平；加强青藏高原运动与健康研究，推进高原运动、高原医学、高原健康等融合发展；推动全民健身家庭化、智慧化发展，推进体育公园、健身步道、健身中心建设，提档升级乡村全民健身设施，到2025年，人均体育场地面积达到2.5平方米。

良好的自然环境为旅游行业的发展带来了天然的条件，为旅游市场增添了新内容。自然环境的修复、体育行业和旅游行业的发展离不开当地政府的政策支持和经济支持，更离不开市场经济的发展，从近几年对体育行业、旅游行业的支助力度而言，体育行业和旅游行业逐渐被大众群体青睐，政府从市场的发展中发现了两个产业的发展前景，在两个产业的融合发展中看到了希望，对融合产业的发展给予较多的经济支持。

四、新疆维吾尔自治区体育旅游经济环境

随着新疆旅游产业的井喷式发展，新疆政府逐渐重视对旅游行业的财政支

持；同时，新疆体育产业市场也存在巨大潜力，新疆篮球在 CBA 联赛中占有重要影响力，促使篮球运动在新疆地区得到大力开展。2019 年度新疆维吾尔自治区政府对文化旅游体育与传媒的支出为 92.6 亿元，同比增长 26.2%，主要用于旅游基础设施建设和旅游服务性支出。具体包括：实施旅游融合发展的 6 大工程，即安排资金 3.3 亿元，支持旅游事业发展，推进旅游厕所和旅游民宿建设；安排资金 6.5 亿元，落实公共文化服务体系建设；安排资金 2.4 亿元，支持博物馆、体育馆、图书馆和文化馆等公共文化设施免费开放；安排资金 2.2 亿元，支持国家级非物质文化遗产及文物保护；安排资金 1.1 亿元，用于新疆革命历史文化教育基地工程建设。

《新疆维吾尔自治区国民经济和社会发展第十四个五年规划和 2035 年远景目标纲要》第六篇"深入实施旅游兴疆战略，大力发展现代服务业"中强调推动旅游业高质量发展和促进生活性服务业提质扩容。在旅游产业方面打造旅游重点工程，即旅游精品景区建设工程、重大旅游基础设施建设工程、旅游度假区培育工程。推进天山天池、那拉提、喀拉峻、托木尔、帕米尔冰川公园等自然旅游精品景区建设；推进一批国家 4A 级以上景区基础设施建设，加大公共服务设施补短板力度，建设智慧管理、游客服务、旅游交通、停车场、厕所等设施；重点培育喀纳斯、温泉县、乌鲁木齐南山度假区，争取创建 1 到 2 家国家级旅游度假区。推进博湖县博斯腾湖、福海县乌伦古湖、巩留县库尔德宁、拜城县铁热克温泉、和静县巩乃斯自治区级旅游度假区创建工作。在体育行业方面积极发展文化体育产业，发展创作、影视、演艺等文化产业，培育新型文化业态。大力发展体育产业，重点支持发展冰雪产业，提升运动休闲、智能体育、竞赛表演、体育培训、体育彩票、体育用品制造和服务等产业链水平，打造国内知名体育赛事品牌。

综上得知，新疆维吾尔自治区政府对体育产业和旅游产业的发展在政策和经济方面给予大力支持和鼓励，并且经济支持力度在逐年增加，有利于体育产业和旅游产业寻找契合点进行融合，助力体育旅游产业健康、可持续发展。

五、宁夏回族自治区体育旅游经济环境

2019 年宁夏在环境保护治理方面共支出 43 亿元，有效改善了宁夏环境；为打造都市圈重点项目和加强生态环境共保共治，政府支出 10 亿元专项经费；同时，实施美丽乡村、美丽小镇、特色小镇等基础设施建设。近几年，自治区政府对体育产业和旅游产业的财政支出逐年增多，有利于体育产业和旅游产业的融合发展，为两个产业的有机融合奠定了良好的经济基础。

宁夏在"十四五"规划中指出，将借助"一带一路"倡议的契机，建设黄河流域生态保护和高质量发展先行区，调整产业结构，促进产业转型，逐步完善产业链，助力服务业发展；借力政策契机促进体旅融合、特色彰显的"文化体育旅游带"，打造现代服务业发展核心带；发挥宁夏多条入选黄河主题国家旅游线路的优势，推动生态旅游、乡村旅游、红色旅游、研学旅行、康养旅游、休闲度假等新业态发展，打造具有国际影响力的黄河文化旅游带，推进旅游景区、旅游度假区智慧化转型升级，到2025年，国家5A级和4A级旅游景区分别达到7家和30家以上，争取全区游客接待量突破1亿人次，旅游总收入突破1000亿元。在体育产业方面，宁夏加快完善体育场馆、运动训练基地、市民休闲公园、全民健身设施，大力发展集体育赛事、健身指导、技能培训、服务咨询等融合互通的体育产业新业态。

综上得知，宁夏近几年的财政支出中对体育和旅游两大产业的支持逐渐增多，为两大产业融合提供了经济条件，也为丰富"一带一路"沿线风景、为体育旅游产业营造了良好的经济环境，助力体育旅游产业大力发展。

第三节　西北地区体育赛事和旅游资源整合

西北地区是我国占地面积最大的区域，该地区能源资源较多，是我国能源资源的储备基地。随着"一带一路"倡议的提出，国家和西北地区将古代丝绸之路的作用和经济价值再延续和深造，为西北地区的经济发展指明道路和方向。在新时代背景下，西北地区是我国与中亚、西亚和欧洲对外贸易的重点区域，是"一带一路"倡议的节点，为西部大开发战略和助力西北地区经济发展提供优良政策。依附西北地区自然资源优势，打造旅游景点和体育赛事，促进西北地区体育旅游项目发展，结合西北地区草原文化和草原体育运动项目，将体育与旅游深度融合，整合资源优势，能丰富"一带一路"倡议的路线内容，提升"一带一路"倡议在世界的美誉。

一、陕西省的体育赛事和旅游资源融合发展

（一）西安国际马拉松赛

西安国际马拉松赛是中国田径协会认定的银牌赛事，由中国田径协会、西安市人民政府和陕西省体育局主办，陕西省田径协会，西安市文化和旅游局等

"一带一路"倡议下体育旅游资源的整合与发展研究

相关部门承办,是陕西省典型和精心打造的精品赛事之一,旨在宣传西安的城市历史,彰显西安的城市魅力,弘扬西安的城市文化和古都文化,能有效结合旅游城市特点,打造体育旅游项目,为促进西安市经济发展提供新方向和新目标。

马拉松起源于波希战争中的一个名叫菲迪皮茨的士兵的故事,为赞扬该士兵坚持不懈的毅力和精神,在第一届雅典奥林匹克运动会上增设了马拉松项目。延续到现代的马拉松赛事传递了奥林匹克精神,展现了坚持不懈的毅力和意志。马拉松运动以其入门低、参与性强、简单等特点备受广大群众青睐,其健身、健康价值得到专家和大众群体的认可,在近几年呈井喷式发展。西安国际马拉松赛吸引了国内和国际游客前往西安参加比赛,为西安增添了人气和人流量,将西安的城市文化和城市风采更好地展现在世人面前。参加马拉松比赛的同时欣赏西安古都文化是一件两全其美的事,既能锻炼身体,又能欣赏古都城市魅力和古都文化,将古都风采尽收眼底。

西安国际马拉松赛事路线:南门外广场(起点)→南大街→钟楼→西大街→安定门→环城西路→太白北路-友谊西路→朱雀大街→南二环→长安北路→长安南路→电视塔→长安南路→雁塔西路→慈恩西路→大雁塔南广场→雁塔南路→雁南三路→芙蓉西路→芙蓉东路→北池头一路(向南)→芙蓉南路(向东)→曲江池东路→曲江池南路→芙蓉东路→转盘处→芙蓉东路→北池头二路(逆行)→立交桥辅道(向北)→曲江大道(向北逆行)→西影路(向西)→雁塔北路→环城南路东段→环城东路→太华立交→太华南路→大明宫国家遗址公园御道广场(终点)。

针对参赛者和旅游者在西安国际马拉松赛前后对西安进行宣传,突出景点文化、景点历史和景点风貌,促进周边经济发展,为周边旅游景点带去人气,为后续赛事的发展奠定基础。将周边的旅游景点连接成线,形成以赛事和旅游景点为点,将赛事与旅游景点连接成线,即一个点带动一条线发展的体育旅游发展的新局面。

图 5-4 是以西安国际马拉松赛事为中心、以周边的景点为辅助形成的一条赛事旅游路线,该路线的设置有效地将周边的景点进行融合,体现了体育赛事与旅游项目的融合发展。

西安城中有西安城墙、大唐芙蓉园、大雁塔、小雁塔、汉长安城未央宫遗址、大明宫国家遗址公园、汉城湖、曲江池遗址公园以及其他公园等,周边有诗经里、昆明池七夕公园、金龙峡风景区、秦岭野生动物园、白鹿原、白鹿仓、华清宫、秦始皇兵马俑博物馆等。西安市市区和周边地区旅游景点多,且

第五章　西北地区体育旅游资源与发展

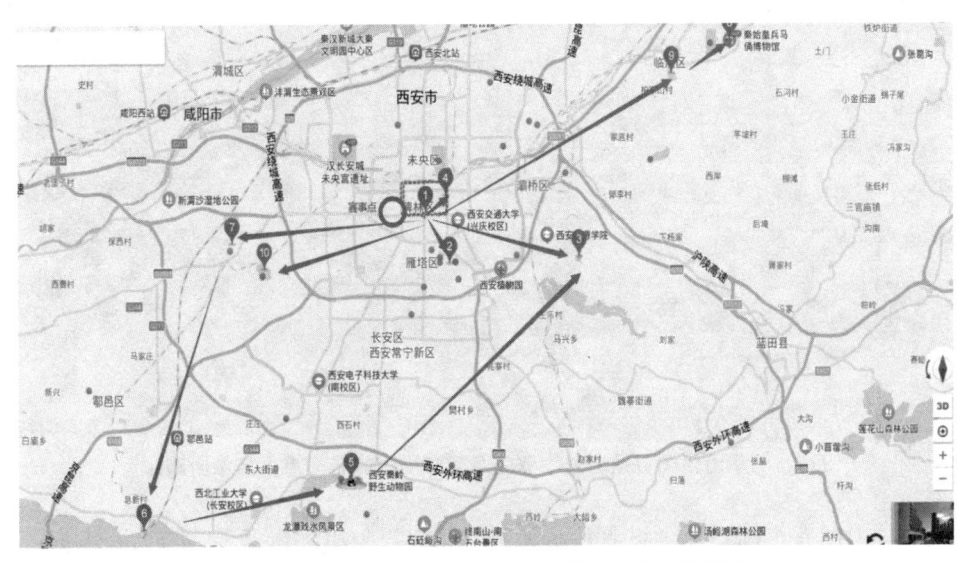

图 5-4　西安国际马拉松赛与周边旅游景点衔接旅游路线

历史文化底蕴深厚，该城市在旅游方面呈放射状发展，在规划体育旅游项目时应紧密结合旅游需求，对需求进行量化和合理规划，促进体育旅游深度融合。

(二)"一带一路"陕西渭南华山中国自然岩壁攀登公开赛

借助"一带一路"倡议的东风，陕西省渭南市以华山风景区为主体，以华山特有的山体地貌为优势，打造"一带一路"陕西渭南华山中国自然岩壁攀登公开赛(以下简称"华山中国自然岩壁攀登公开赛")，将攀岩运动与华山风景区旅游特色紧密结合，促进体育旅游深度融合，华山中国自然岩壁攀登公开赛与周边旅游景点衔接旅游路线，如图 5-5 所示。华山中国自然岩壁攀登公开赛由中国登山协会、陕西省体育局、渭南市人民政府等单位倾心打造，是目前国内唯一一个以自然岩壁和天然环境为特色的国家级攀岩赛事，不仅体现了攀岩运动的难度系数，更体验了华山的"险峻"和奇特，也进一步体现了体育旅游的融合发展，让广大群众熟知华山不仅有自然风景的美，更富有运动、健康的魅力和挑战性。国家、地方都倾心注入力量，为把华山打造成为全国知名的赛事旅游地而努力。作为五岳之一的华山以其陡峭险峻而出名，以华山为主体打造体育赛事能吸引一批攀岩爱好者和登山徒步者，吸引运动者和大众群体体验华山的险峻和魅力，在这里能体现运动的能力和运动的胆识，是体育与旅游融合的最美邂逅，也是精神与自然标识的完美融合。

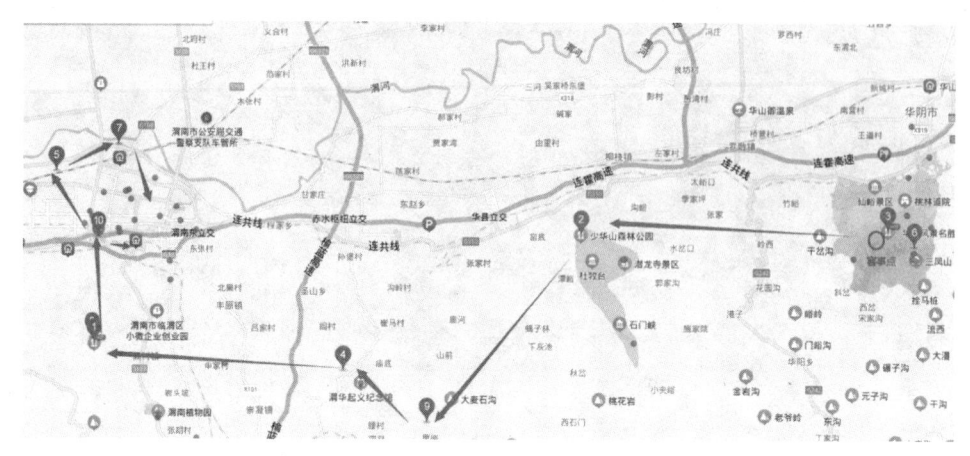

"一带一路"倡议下体育旅游资源的整合与发展研究

图 5-5 华山中国自然岩壁攀登公开赛与周边旅游景点衔接旅游路线

华山拥有全国乃至全世界独一无二的花岗岩公里大岩壁，为攀岩赛事提供了绝无仅有的岩壁资源基础。比赛也进一步让参赛者和旅游者"零距离"一探大岩壁攀爬惊心动魄的独特魅力。华山体育旅游项目的深度融合进一步体现了体育旅游市场的潜力，打破了华山传统的单一旅游的局面，进一步将华山周边的旅游景区紧密连接，形成一个以攀岩赛事为中心、以周边旅游景点为辅助的体育旅游环线，促进渭南市体育旅游发展，丰富渭南市经济发展内容，优化渭南市体育资源和自然资源的再生利用。

渭南市位于关中盆地的平原地区，南北环山，自然风光优美，物产丰富，旅游景点众多，有渭南市桃花源民俗文化园、少华山国家森林公园、华山风景区、竹溪里、西海公园、金锁关、渭河生态公园、蕴空禅院、南湖公园等。

（三）"一带一路"陕西宝鸡鳌山滑雪公开赛

宝鸡市位于西安市以西，被誉为青铜器之乡、炎帝故里，是关中平原的重要城市之一。宝鸡市三面环山，地质结构复杂，以山地和丘陵为主，有利于发展滑草、滑雪、漂流等自由落体运动项目；该城市自然资源丰富，大自然馈赠了天台山风景区、雪山洞森林公园、红河谷森林公园、太白山森林公园等多个自然景区，为宝鸡市旅游景点的开发和打造奠定了自然环境基础。青峰峡森林公园以其优异的气候条件和地理位置优势建设了冰雪运动场地，为宝鸡市体育旅游深度融合发展创造了先天和后天条件。在国家体育总局、陕西省政府和当地政府的积极支持下，"一带一路"陕西宝鸡鳌山滑雪公开赛（以下简称"鳌山滑雪公开赛"）被宝鸡市收纳其中，并将其列为全国大众冰雪季系列活动之

第五章　西北地区体育旅游资源与发展

一，为响应 2022 年北京冬季奥运会奠定冰雪运动场地、项目基础，对充分展现冰雪运动时代风貌、备战北京冬奥会、建设健康中国、服务区域协调发展起到积极作用。鳌山滑雪公开赛的举办，不仅实现了响应 2022 年北京冬季奥运会发展的号召，还带动了三亿人参与冰雪运动，丰富了全民健身的内容，为陕西省打造冰雪运动精品赛事奠定了场地基础，将宝鸡市太白县丰富的森林资源、冰雪资源向全国乃至全世界展现，促进冬季冰雪运动发展，提升体育赛事与旅游项目的深度融合，激活了旅游产业的发展潜能，拉动了当地经济的发展。

鳌山滑雪公开赛的打造和举办，为宝鸡市在体育行业和旅游行业迈进更高层次、更大空间奠定了活动基础，为宝鸡市打响冰雪旅游品牌，激活宝鸡市冬季旅游市场提供平台，为宝鸡市助力群众开展冰雪运动和冰雪项目提供机遇。体育赛事的开展加上宝鸡市特有的自然资源优势，促进了体育旅游产业的发展，助力宝鸡市成为全国冰雪运动、冰雪旅游、体育旅游发展的新高地，为 2022 年北京冬季奥运会添彩，为全民健身贡献力量，是健康中国、体育强国理念落实的典范。

陕西省将鳌山滑雪公开赛与宝鸡市的九龙山风景区、太白山国家森林公园及相关景点、六川河生态旅游风景区、西府老街、宝鸡市雪山洞森林公园、庵岭古城等旅游景区连接成线，如图 5-6 所示，促进体育与旅游深度融合。

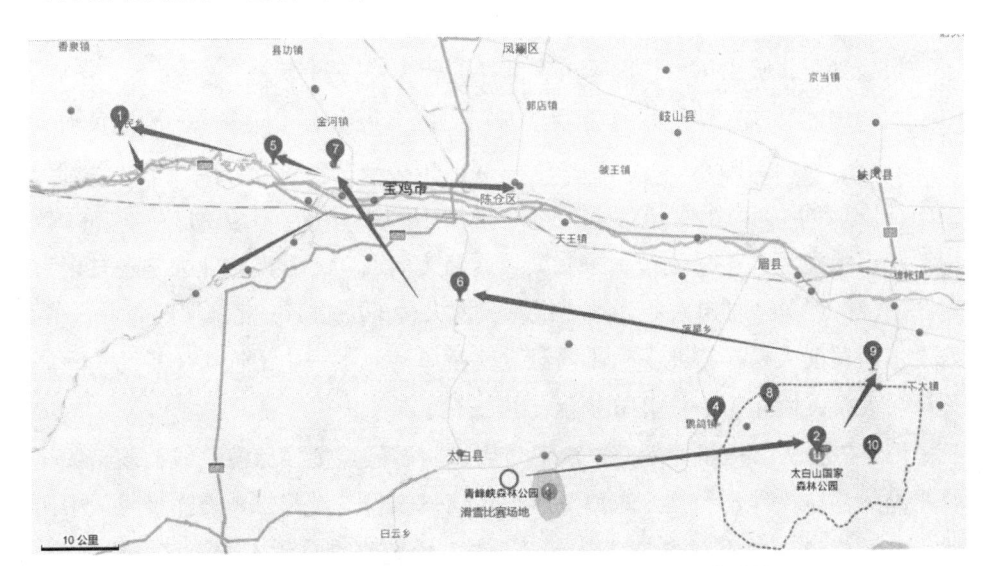

图 5-6　鳌山滑雪公开赛与周边旅游景点衔接旅游路线

二、甘肃省的体育赛事和旅游资源融合发展

(一) 兰州国际马拉松赛

兰州作为甘肃省省会,是古代丝绸之路必经的重要城市,也是"一带一路"倡议中西北地区经过的第二个城市。兰州国际马拉松赛是西北地区重要的马拉松赛事之一,是由中国田径协会、甘肃省体育局和兰州市人民政府共同举办的大型群众赛事,被国家体育总局评为国家体育产业示范项目,得到甘肃省和当地的一致好评。兰州国际马拉松赛事的路线设置把兰州市的城市名片"黄河风情线"融入其中,增添兰州国际马拉松赛事的特点,使兰州市优美的山水和黄河风景在马拉松赛事中加以体现,使参与者进行锻炼的同时能更好地体验黄河沿岸所特有的自然生态景观,增加了兰州国际马拉松的赛事体验感,将马拉松赛事中永不言弃、坚持不懈、超越自我的拼搏精神和奔腾不息的黄河文化深度融合,打造最具西北特色的马拉松赛事。兰州市政府通过精心打造兰州国际马拉松,将兰州的特色和城市魅力通过马拉松赛事体现,打造出极具兰州特色的品牌赛事,为兰州市注入新的活力和激情,将黄河文化和黄河风情以别具一格的风貌展示在世人眼前,提升了兰州的城市形象,促进了兰州市体育旅游项目的发展,为兰州体育产业的转型和发展提供发展思路,为兰州城市的发展打造了一块吸铁石,吸引国内、国际游客前往兰州参赛、旅游。

兰州国际马拉松赛路线:(起点)甘肃国际会展中心(向东)→雁滩黄河大桥(过桥)→南滨河东路(向西)→南滨河东路→兰州体育公园→平沙落雁→中山铁桥(桥南)→小西湖立交桥(桥南)→南滨河中路→七里河黄河大桥(桥南)→银滩黄河大桥(过桥)→北滨河西路(向西)→甘肃农业大学→甘肃省军区(转折点)→甘肃农业大学→银滩黄河大桥(桥北)→北滨河西路(向东)→七里河黄河大桥(桥北)→小西湖立交桥(桥北)→中山铁桥(桥北)→城关黄河大桥(桥北)→甘肃国际会展中心(终点)。

图 5-7 展示了兰州国际马拉松赛与周边旅游景点衔接旅游路线,该路线将兰州国际马拉松赛与兰州水车博览园、黄河母亲像、兰州基地海洋世界、中山桥、黄河索道、白云观、白塔山公园、五一山省级森林生态旅游区、烧盐沟、小西湖等旅游景区连接成线,促进体育与旅游深度融合。

第五章　西北地区体育旅游资源与发展

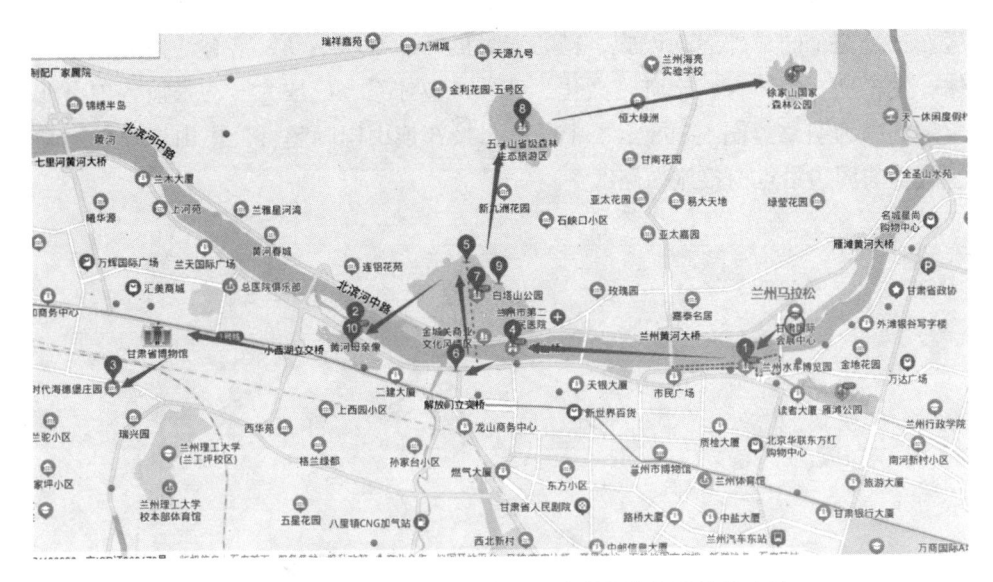

图 5-7　兰州国际马拉松赛与周边旅游景点衔接旅游路线

（二）中国·张掖祁连山国际超百公里山地户外运动挑战赛

张掖市是甘肃省重要的旅游中心和商贸流通枢纽，是"一带一路"倡议打造的重点城市，也是我国少数民族聚集的区域，该城市的河西走廊是国家重点保护和打造的生态安全屏障，也是我国重要的农业粮食生产地之一，其景色宜人，素有"塞上江南"的美誉。在古代丝绸之路中，张掖市就承担着商贸重镇和咽喉要道的功能，如今在"一带一路"倡议发展背景下，张掖市重塑古代商贸的功能，对"一带一路"倡议的发展起着拉通东西的重要作用。

张掖体育文化旅游资源丰富，有着悠久的历史、灿烂的文化和独特的人文景观，境内富集了丹霞、湿地、草原、森林、雪山、冰川、戈壁、沙漠等多种地质风貌，先天的自然条件和资源禀赋，使张掖成为开展山地户外运动赛事活动的绝佳之地。近年来，张掖市委、市政府立足资源禀赋，全力推进体育、旅游、文化、医疗深度融合，积极培育户外运动产业，先后成功举办了中国·张掖汽车拉力锦标赛、全国山地竞速挑战赛、中国·张掖祁连山国际超百公里山地户外运动挑战赛、全国徒步大会等一系列有影响的体育赛事活动，在不断提升对外影响力的同时，也在大型体育赛事组织领导、安全保障、基础设施建设等方面积累了丰富经验，为今后开展各项比赛奠定了良好基础，带动了张掖体育旅游产业的全面发展，被国家发展和改革委员会和国家体育总局确定为全国体育产业联系点，被甘肃省政府确定为全省旅游文化体育医养融合发展示范区。日趋健全的户外运动设施，精心培育的特色赛事活动，富有活力的参与实体，发育良好的体育、旅游、文化、医养产业体系，已成为推动张掖各项事业发展的强力引擎。图 5-8 展示了中国·张掖祁连山国际超百公里山地户外运动挑战赛与周边景点衔接旅游路线。

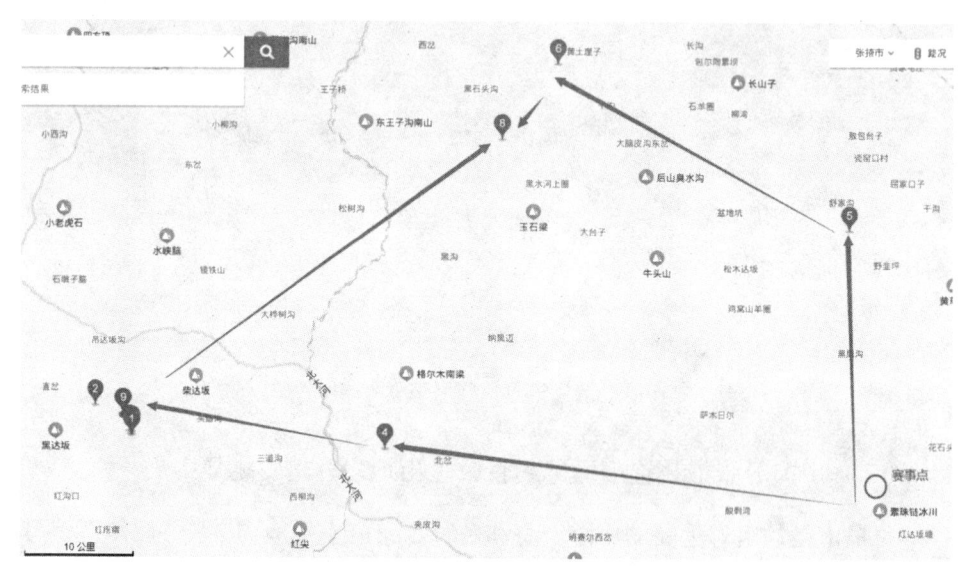

图 5-8　中国·张掖祁连山国际超百公里山地户外运动挑战赛与周边旅游景点衔接旅游路线

（三）张掖·中国汽车拉力锦标赛

张掖市是西北地区重要的交通枢纽，是西北地区通往中亚、西亚和欧洲的咽喉要地，从古至今就有交通历史影响。张掖市借助交通历史发展和交通历史地位，努力打造汽车拉力锦标赛，创造张掖市汽车拉力赛品牌。张掖·中国汽车拉力锦标赛由国家体育总局汽车摩托车运动管理中心、中国汽车摩托车运动联合会、甘肃省体育局、张掖市人民政府主办，张掖市人民政府、体育局等相关职能部门以及赛事公司承办，得到了中国农业银行的冠名赞助，成为国家、地方精心打造的精品体育赛事。张掖·中国汽车拉力锦标赛的创办向外界充分展示张掖魅力，吸引各地游客来张掖"看拉力比赛，游湿地水乡，拜天下卧佛，赏丹霞美景"。汽车赛事与张掖市沙漠、戈壁、丹霞等地貌的融合，突出了张掖·中国汽车拉力锦标赛的特点，增添了赛事的欣赏感和舒适度，让选手在比赛的同时欣赏张掖市特有的自然景观和地理特色，给人留下美好的印象，为促进张掖市体育赛事和旅游项目的融合发展奠定自然环境基础和赛事基础，有利于体育旅游产业的发展。

图 5-9 展示了张掖·中国汽车拉力锦标赛与周边旅游景点衔接旅游路线，该路线将张掖·中国汽车拉力锦标赛与七彩丹霞风景区、张掖国家湿地公园、大佛寺、屋兰古镇、玉冰苑、张掖沙漠体育公园、张掖市博物馆、钟鼓楼、芦水湾旅游度假区、甘州府城等旅游景区连接成线，促进体育与旅游深度融合。

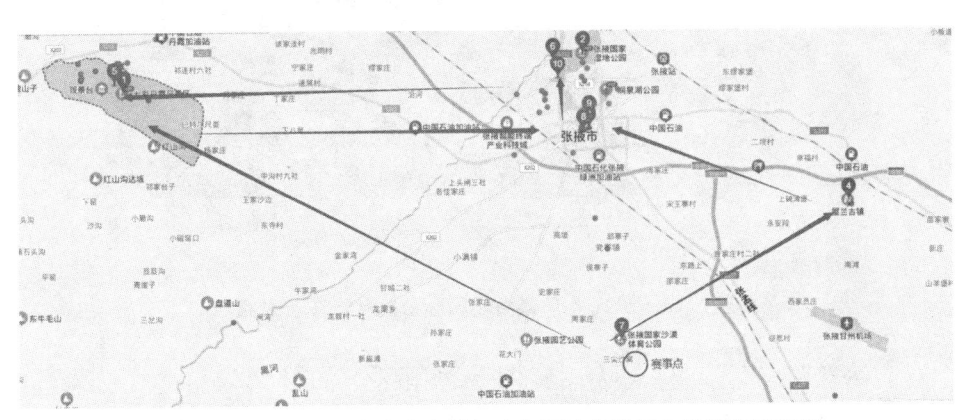

图 5-9 张掖·中国汽车拉力锦标赛与周边旅游景点衔接旅游路线

三、青海省的体育赛事和旅游资源融合发展

（一）环青海湖国际公路自行车赛

青海湖位于西宁市以西，是我国内陆最大的咸水湖，是维护青藏高原生态稳定和平的最大水体。随着全球气温升高，青海湖湖面每年在不断扩大，在湖的北面会出现"龙吸水"的情状。青海湖地势高，昼夜温差大，阳光充足，具有冬寒夏凉的气候，适宜居住和开展体育运动，该地是候鸟每年的迁徙地，吸引了成千上万的鸟类前来栖息，为青海湖成为高原地区最靓丽的旅游景点奠定了自然资源基础。青海湖流传于世的历史文化传说是，文成公主远嫁吐蕃，公主思念家乡将手中的镜子扔出化为青海湖。随着"一带一路"倡议的发展，青海省人民政府和体育局致力于将青海湖国际公路自行车赛打造成"一带一路"线路上最靓丽的风景线和最具特色的体育运动，结合青海湖优异的自然环境条件和政策支持优势，将青海湖国际公路自行车赛打造成青海的知名品牌，为青海省经济发展和"一带一路"对外贸易增添色彩，促进体育旅游产业的发展。2021 年环青海湖国际公路自行车赛线路，如图 5-10 所示。

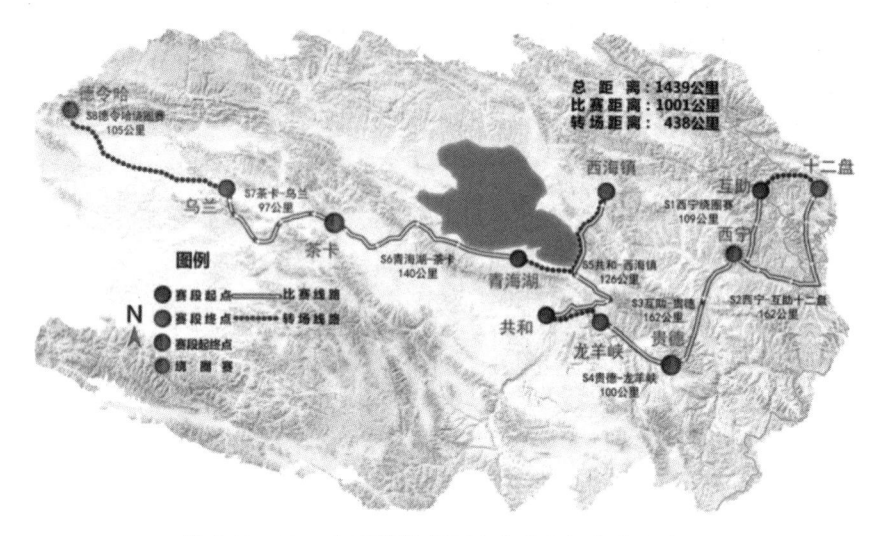

"一带一路"倡议下体育旅游资源的整合与发展研究

图 5-10　2021 年环青海湖国际公路自行车赛线路

青海省人民政府和体育局坚持将青海湖国际公路自行车赛打造成最具经济价值、旅游价值和文化价值的体育赛事，通过二十余载的初心支持，为最开始的初心精心打造赛事，为流传百年的梦想笃定前行。该赛事的打造和发展离不开国家、地方和当地政府的支持、努力，也离不开人民群众对赛事的期待；赛事的打造深入贯彻了新发展理念，进一步发挥了赛事的功能和价值，为美丽中国添彩，为体育强国增色，为谱写社会主义现代化国家青海篇章贡献新力量。

图 5-11 展示了 2021 年环青海湖国际公路自行车赛与周边旅游景点衔接旅游路线，该路线将环青海湖国际公路自行车赛与塔尔寺、宗家沟文化旅游景区、土楼观、日月山、西宁小峡、群加国家森林公园、丹葛尔古城、青藏高原野生动物园、乡趣卡阳景区、鹞子沟风景区以及茶卡盐湖景区等连接成线，促进体育与旅游深度融合。

（二）"行走中华水塔"国际徒步活动

"行走中华水塔"国际徒步活动由国际行走联合会、青海省体育局以及玉树州委州政府共同主办，以玉树地震遗址公园作为起点，该赛事活动将行走运动与中华水塔旅游景点紧密结合，亲密接触三江源的发源地，感受"中华水塔"的自然、人文、生态美，吸引了来自俄罗斯、瑞士、波兰、新西兰等 11 个国家以及国内的徒步爱好者共同走进大自然，感受和谐美丽青海。比赛以水车广场为起点，途经滨河路、吊桥、环城东路、河东加油站路口、黄河清大桥、黄河北岸东侧便道、二连村、阿什贡村，最终以阿什贡地质公园为终点，全程25

第五章 西北地区体育旅游资源与发展

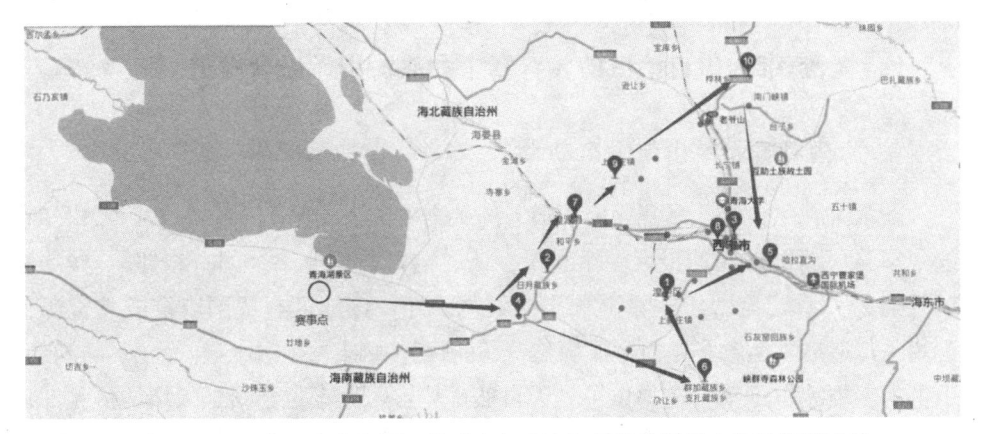

图 5-11 2021 年环青海湖国际公路自行车赛与周边旅游景点衔接旅游路线

公里。青海省体育局副局长表示，徒步已经成为人们生活中必不可少的一部分，健身已经成为大众群体的共同认识，"行走中华水塔"就是让大众群体亲近自然，感受中国源泉的源头，并在徒步中获得快乐，为打造青海省体育旅游产业的发展奠定赛事基础和群众基础，促进青海省经济发展，为"更好地打造"一带一路"做贡献。

图 5-12 展示了"行走中华水塔"国际徒步活动与周边旅游景点衔接旅游路线，该路线将"行走中华水塔"国际徒步活动与清清黄河景区、中华福运轮、青海贵德黄河清国家湿地公园、千姿湖生态旅游景区、贵德古城、玉皇阁景区、黄河奇石苑、南海殿景区、查达长佛寺、珍珠寺等旅游景点连接成线，促进体育与旅游深度融合。

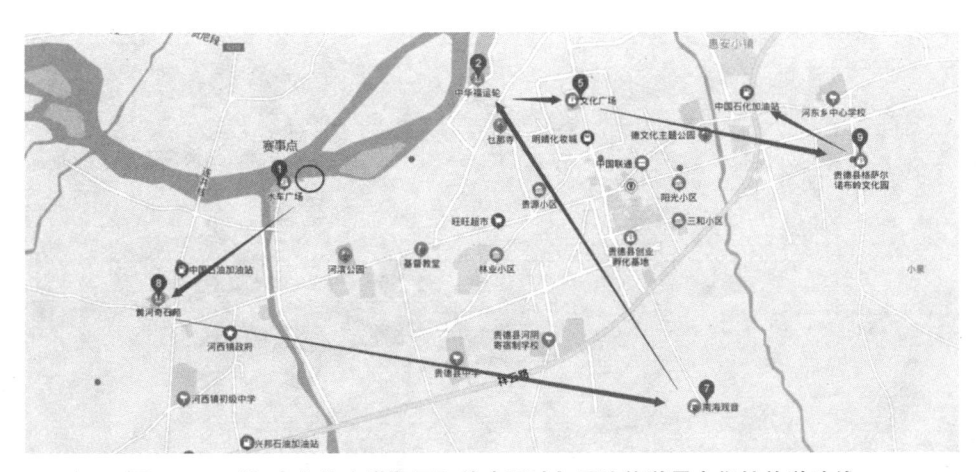

图 5-12 "行走中华水塔"国际徒步活动与周边旅游景点衔接旅游路线

四、新疆维吾尔自治区的体育赛事和旅游资源融合发展

(一) 阿勒泰将军山滑雪运动

新疆维吾尔自治区是我国面积最大的一个省（自治区），是"一带一路"倡议中国路段西部地区的最后一个省份，该自治区与中亚多个国家相邻，与各国对外贸易关系较为密切。除了东北与华北以外，该地区有我国丰富的雪资源，为我国打造冰雪运动场地打下了自然资源的优势基础，像天山、昆仑山、阿勒泰山都为新疆冰雪运动打造提供了先天自然优势。阿勒泰位于新疆板块的最北部，该市政府依托阿勒泰的天然优势，多渠道、多方面改善冰雪运动场地，打造了新疆最大的阿勒泰将军山滑雪场，大力开展群众体育赛事，为丰富群众体育赛事和开展群众体育活动创造了运动场地，也进一步为阿勒泰市成为体育旅游城市奠定基础。中国第十三届冬季运动会在新疆举办，自此以后新疆大力开展以冰上运动为核心的冰上运动产业园，将冰雪运动与新疆的雪景旅游深度融合，吸引国内游客，中亚、西亚地区游客来疆旅游、滑雪，促进新疆冰雪运动和冬季旅游的发展。

图5-13展示了阿勒泰将军山滑雪与周边旅游景点衔接旅游路线，该路线将阿勒泰将军山滑雪活动与黄金海岸、五彩滩、吉木乃草原石城景区、海上魔鬼城景区、乌伦古湖公园、塘巴湖旅游景区、将军山森林公园、天鹅湖水寨、桦林公园等旅游景点连接成线，促进体育与旅游深度融合。

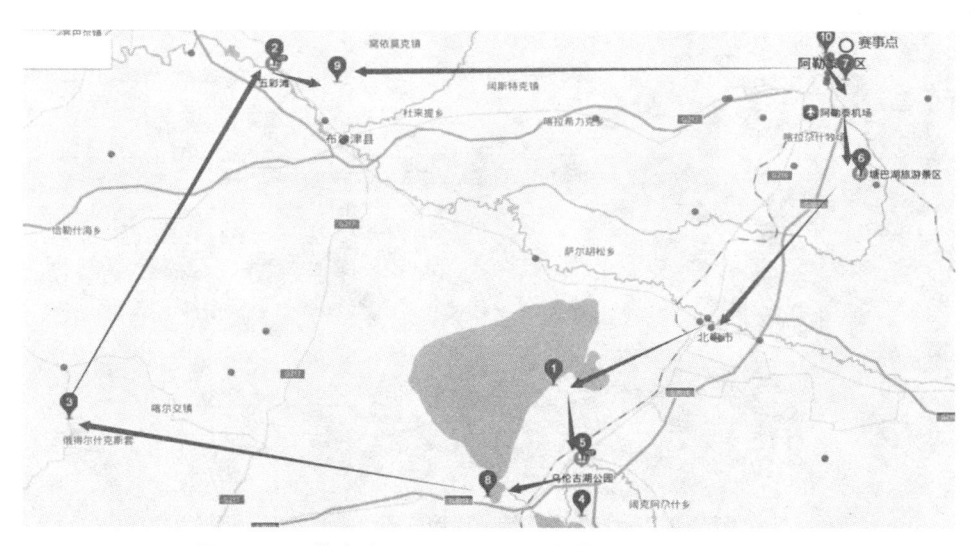

图 5-13　阿勒泰将军山滑雪与周边旅游景点衔接旅游路线

新疆政府在冬季将迎合寒冷气候打造以山脉为主体的雪上运动产业园，巩固和持续发展北疆地区和哈密市具有地域特色的冰雪运动赛事和活动，促进新疆整体体育旅游产业的发展，为新疆贫困地区脱贫提供经济发展方向，拉动当地经济发展。

（二）中国环塔（国际）拉力赛

中国环塔（国际）拉力赛是国家 A 级体育运动比赛项目，是一项富有挑战、刺激性的综合性机车运动的赛事，该赛事从 2005 年举办至今已经得到国内外参赛选手的认可，得到国家体育总局、新疆维吾尔自治区体育局的大力支持和认可，新疆环塔汽摩运动俱乐部帮助赛事掌握更好的市场需求，助力赛事打造和发展。该赛事致力于将人、车、自然融合为一体，创造体育、文化、经济交流平台，为将其打造成国内外著名的品牌赛事努力。首先，该项赛事充满了冒险与征服，把新疆的广和宽体现得淋漓尽致；其次，该项赛事充满了挑战，将惊险、迷路、故障、陷车、沙尘暴、高温、缺水等恶劣环境与人的拼搏精神、坚强意志相结合，彰显了赛事对意志、品质的磨炼和打造；再次，将团结互助、友谊更好地展现在赛事中，增添了赛事的团队协作和集体精神；最后，将人、自然景色和机车有机融合，体现人、车、自然景观的和谐之美。

2019 中国环塔（国际）拉力赛选手从阿克苏地区阿克苏市发车，途经阿克苏地区、克孜勒苏柯尔克孜自治州、喀什地区，最后在和田地区和田市闭幕收车，赛事沿塔克拉玛干西南部环绕，展示了南疆风景、风情。中国环塔（国际）拉力赛有效地将赛事与地方的旅游景点融合（如图 5-14 所示），设置的路线紧密串联各赛事补给点，将赛事补给点设在各地区的旅游景点处，增加旅游景点的人气和人流量，为体育旅游深度融合发展树立了典型。

五、宁夏回族自治区的体育赛事和旅游资源融合发展

（一）沙坡头全国大漠健身运动大赛

沙坡头全国大漠健身运动大赛是国家体育总局社会体育指导中心、宁夏体育局和中卫市人民政府重点打造的以传统体育项目为主，渗透传统文化和精神的全民健身赛事活动。为丰富全民健身活动内容、增添人民健身活动氛围、传承传统体育项目和文化的大赛。沙坡头全国大漠健身运动大赛设有沙漠足球、沙漠软式排球、沙漠手球、拉沙舟、沙漠毽球、沙漠拔河、沙漠木球 7 个集体项目和沙漠马拉松、沙漠脚斗士、沙漠定向赛、沙漠滑沙、沙漠障碍赛、爬沙丘

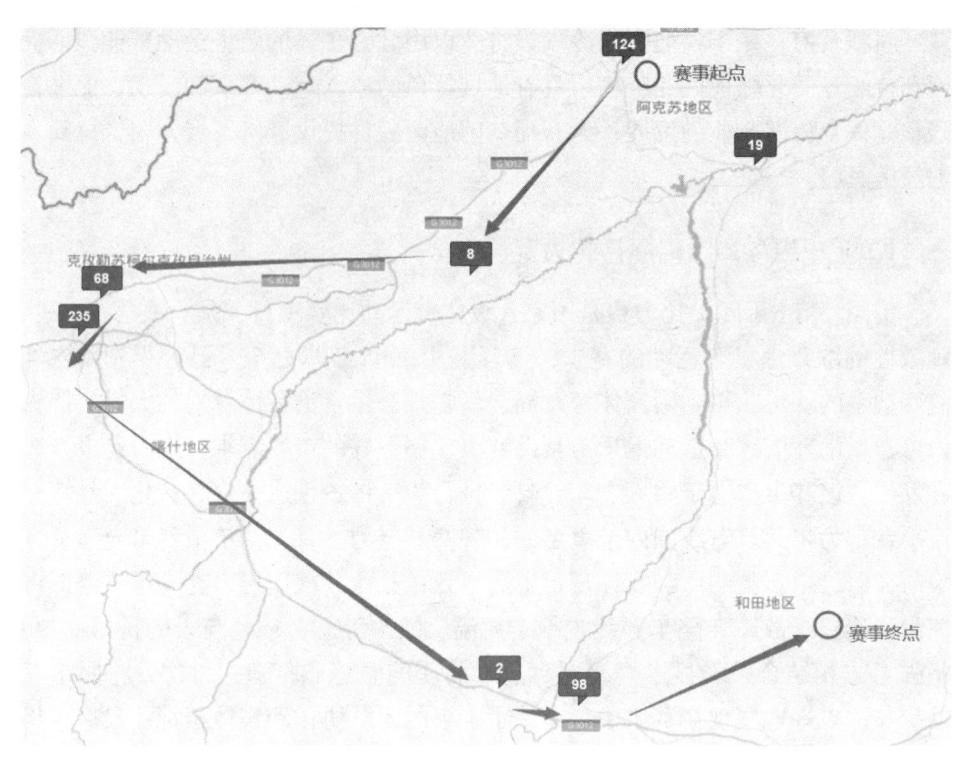

图 5-14　2019 年中国环塔（国际）拉力赛与周边旅游景点衔接旅游路线

赛、沙漠射箭 7 个个人项目。可谓内容丰富，项目精彩，充分地体现了宁夏对体育旅游项目打造和展现的成功之处，响应了国家对体育旅游发展的政策，促进了宁夏回族自治区体育旅游产业的发展，提高了中卫的经济发展水平。近几年，宁夏中卫努力打造旅游城市和运动休闲城市，开发国家级沙漠旅游目的地，积极把握体育旅游发展特色和发展机制，寻找体育项目与旅游景点融合的契合点，寻找体育赛事与旅游景区的新优势和新特色，将宁夏特有的自然资源融合其中，打造富有宁夏特色的体育旅游精品赛事、体育旅游精品路线和体育旅游精品目的地。将中卫的"沙漠之魅、大河之舞、丝路之魂、党项之根、生态之秀、城市之美"的旅游品牌和"宜居、休闲、生态美"的城市内涵充分展示出来，为推动体育与旅游深度融合注入新的活力。

图 5-15 展示了沙坡头全国大漠健身运动大赛与周边旅游景点衔接旅游路线，该路线将沙坡头全国大漠健身运动大赛与沙坡头旅游景区、腾格里沙漠湿地金沙岛旅游区、黄河悬索桥、中卫鼓楼、腾格里湖、沙坡头水镇、黄河 3D 玻璃桥、老君台、香山公园等旅游景点连接成线，促进体育与旅游深度融合。

第五章　西北地区体育旅游资源与发展

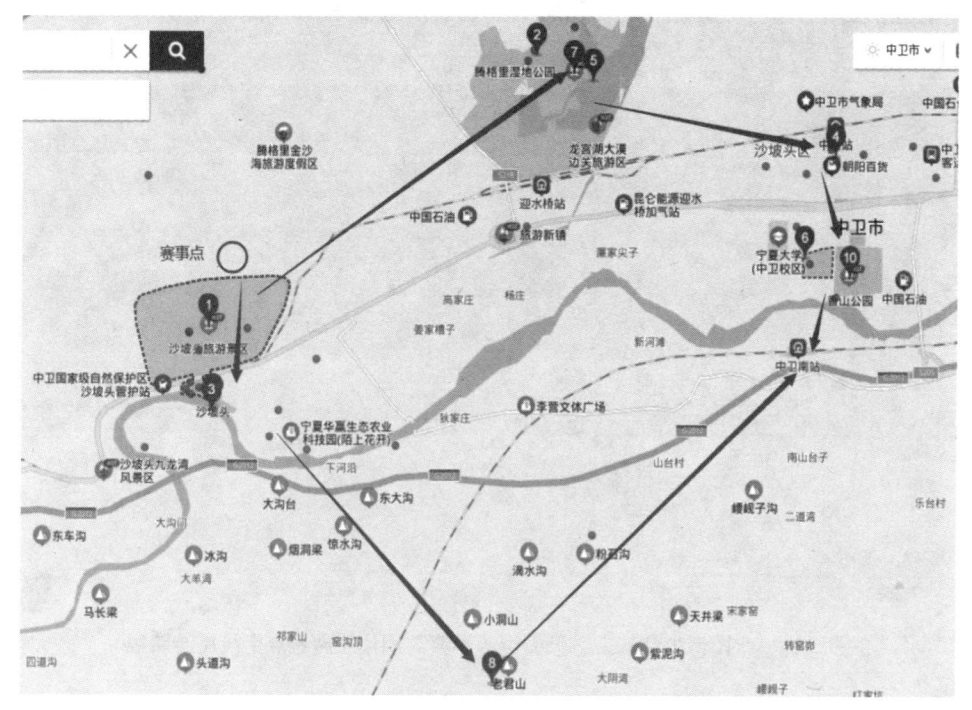

图 5-15　沙坡头全国大漠健身运动大赛与周边旅游景点衔接旅游路线

（二）全国青少年航空航天模型锦标赛

全国青少年航空航天模型锦标赛是宁夏回族自治区吴忠市重点打造的青少年体育赛事，得到国家体育总局航管中心和宁夏体育局的大力支持，为宁夏航空文化旅游节精心打造了丰富的旅游内容，增添了罗山航空飞行基地的魅力。"一带一路"倡议为宁夏对外商贸发展提供了思路，吴忠市红寺堡是国家生态移民的重点区域，该地区地势开阔，有山川之美、人情之和，当地风光独特、文化荟萃，更为重要的是该地区低空气流适合大面积模型飞机飞行，是模型飞机训练、比赛的理想地区，这里已经承办了多场国家级航空航天模型赛事，是一座富有特色的、新兴的航空运动之城。该赛事的举办和发展为红寺堡地区体育旅游的发展增添了赛事内容，促进了当地体育旅游的发展，拉动了当地经济发展。

图 5-16 展示了全国青少年航空航天模型锦标赛与周边旅游景点衔接旅游路线，该路线将青少年航空航天模型锦标赛与罗山国家级自然保护区、渔光湖旅游区、康济寺塔、韦州清真大寺、弘佛寺、会呼吸的墙、移民博物馆、太阳山国家湿地公园、青云湖公园等旅游景点连接成线，促进体育与旅游深度融合。

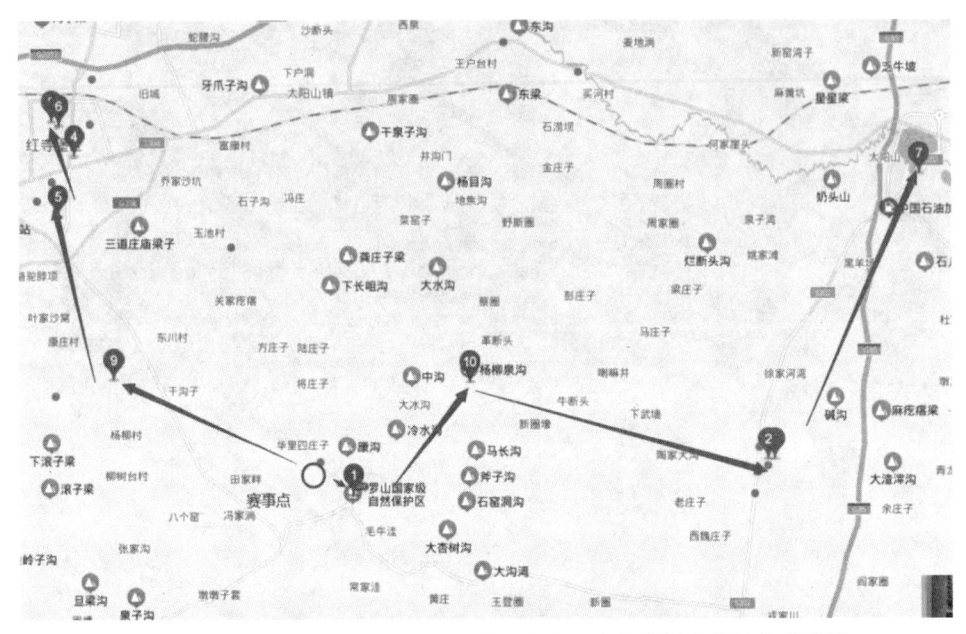

"一带一路"倡议下体育旅游资源的整合与发展研究

图 5-16 全国青少年航空航天模型锦标赛与周边旅游景点衔接旅游路线

第六章 西南地区体育旅游资源与发展

　　西南地区位于我国地图的西南方向，由青藏高原、四川盆地、云贵高原以及丘陵地势组成，主要包括四川、重庆、云南、贵州、西藏，地域面积较大，居住人口较多，地势高低不一，造就了蜀道难难于上青天的险势，为川西成为旅游胜地和旅游开发潜力区奠定了良好的自然优势，川西地区羌族文化、羌族传统体育特色显著，为川西地区体育旅游产业的发展提供了环境优势和体育特色；川东地区地处丘陵地带，该地成为国民革命时期和抗日战争时期重要的政治中心，该地区红色文化丰富，成为西南地区最具红色革命文化的腹地，为传承红色文化精神和红色文化意志创造了历史先机，加之该地区的体育发展被国家重视，贺龙元帅曾亲自指点该地体育项目的打造，对川东地区体育旅游产业的发展创造了历史文化条件和体育发展平台；云贵高原喀斯特地貌显著，为云贵地区打造喀斯特地貌风景区提供了良好的自然资源，该地区少数民族多，少数民族传统体育项目丰富多彩，为云贵高原地区体育旅游产业的发展提供了自然优势和体育特色；青藏高原因地势高处于高寒气候带，造就了别具一格的风景风貌，高原、草原、蓝天、白云、清澈的湖水、清凉的河水以及藏族风土人情成为人们向往的高原旅游胜地，天然的自然环境优势和人文风情为青藏高原的旅游资源创造了先天优势，加之藏族地区的传统体育项目的打造、体育文化的熏陶，也为青藏高原地区体育旅游产业的发展提供了环境条件和体育特色。西南地区是我国"一带一路"倡议建设的辐射地带，成渝经济圈是西南重点打造的经济体，借助国家战略政策的支持和地方政府的协同合作，促进西南地区体育旅游产业整体实力的提升，为把西南地区打造成为体育旅游特色地域，精品体育赛事、精品体育旅游、精品体育目的地而努力。

　　从行政板块进行分析，该地区是我国打开西南部、连接南亚与东南亚的重要城门，是我国西南对外贸易的重点区域。"一带一路"倡议为西南地区对外贸易的发展提供了国际平台，将西南地区的省份提升到国际战略地位，从国际层面、国家层面和地方层面对西南地区进行鼓励和支持，极大地促进了西部大

"一带一路"倡议下体育旅游资源的整合与发展研究

开发战略的发展进度。西南地区设有直辖市，直辖市的建设往往趋向于大城市发展，在全国的政治、经济、文化、科学、交通等方面具有重要的地位。成渝双城经济圈的发展为西南地区经济一体化的打造创造优势和政策平台，促进西南地区经济的发展，该地区是古代丝绸之路沿线的辐射区域和通往佛教圣地的必经之路，在对外贸易方面有着深远的历史影响，在古代对民族文化的兼容和民族和平相处有着重要的历史文化作用、意义，对现代西南地区的稳定发展有着重要的借鉴意义。

从经济板块进行分析，西南地区是"一带一路"倡议发展的重点区域，是西部大开发建设的重点打造区域，是成渝经济圈经济一体化建设的重点区域，有利于促进西南地区与南亚、东南亚地区的贸易往来，在国家政治、经济、文化等战略板块中有着重要地位。"一带一路"倡议的提出使西南地区成为活跃南亚和东南亚地区经济贸易和对外发展的重要区域，被认为是打通南亚、东南亚地区的重要通道。将打通世界近一半人口的地域的对外经济贸易重任赋予西南地区，既是挑战也是机遇。丝绸之路经济带从更大程度上给予西南地重要的经济地位和发展空间，是促进西南地区经济源源不断发展的动力支柱。随着"一带一路"倡议的实施与推进，国家对西南地区的财政支出力度也随之增加，对西南地区的交通、能源和城市基础建设等给予支持与鼓励，使西南地区产生了前所未有的大变革，为西南地区对外贸易奠定了良好的政策环境。"一带一路"倡议得到了南亚和东南亚地区国家的认可和支持，西南五省将成为我国内陆西南地区对外贸易的经济中心，成都、重庆、贵阳、昆明等城市将成为"一带一路"倡议发展的桥头堡。西南地区在"一带一路"倡议的背景下，加大了对城市基础设施的构建，完善了交通枢纽和商业贸易路线，为西南地区经济的发展、民族的融合、技术的开发提供了良好的环境，为西南地区的经济发展注入了新的血液。

图 6-1 中显示了西南五省从 2016 年到 2020 年各省市每年的 GDP 呈上升趋势，五省中 GDP 最高的为四川省，发展较为缓慢的是西藏自治区。西藏自治区位于我国高寒地区，由于其地势高、海拔高，造就了独具特色的地域风貌，成为我国旅游产业发展的重点区域，为耐力项目的训练提供了良好的地域优势，同时利于开展高山滑雪等项目，结合当地特色，进一步打造摔跤、骑马等传统体育项目，能促进当地体育旅游产业的发展。"一带一路"倡议和成渝经济圈经济一体化的发展为西南地区提供了良好的平台，为西南地区经济健康稳定发展营造了良好的环境。该地区体育旅游的发展为"一带一路"倡议建设增添了色彩，宣扬了中华文化、中国特色和中华精神。

第六章 西南地区体育旅游资源与发展

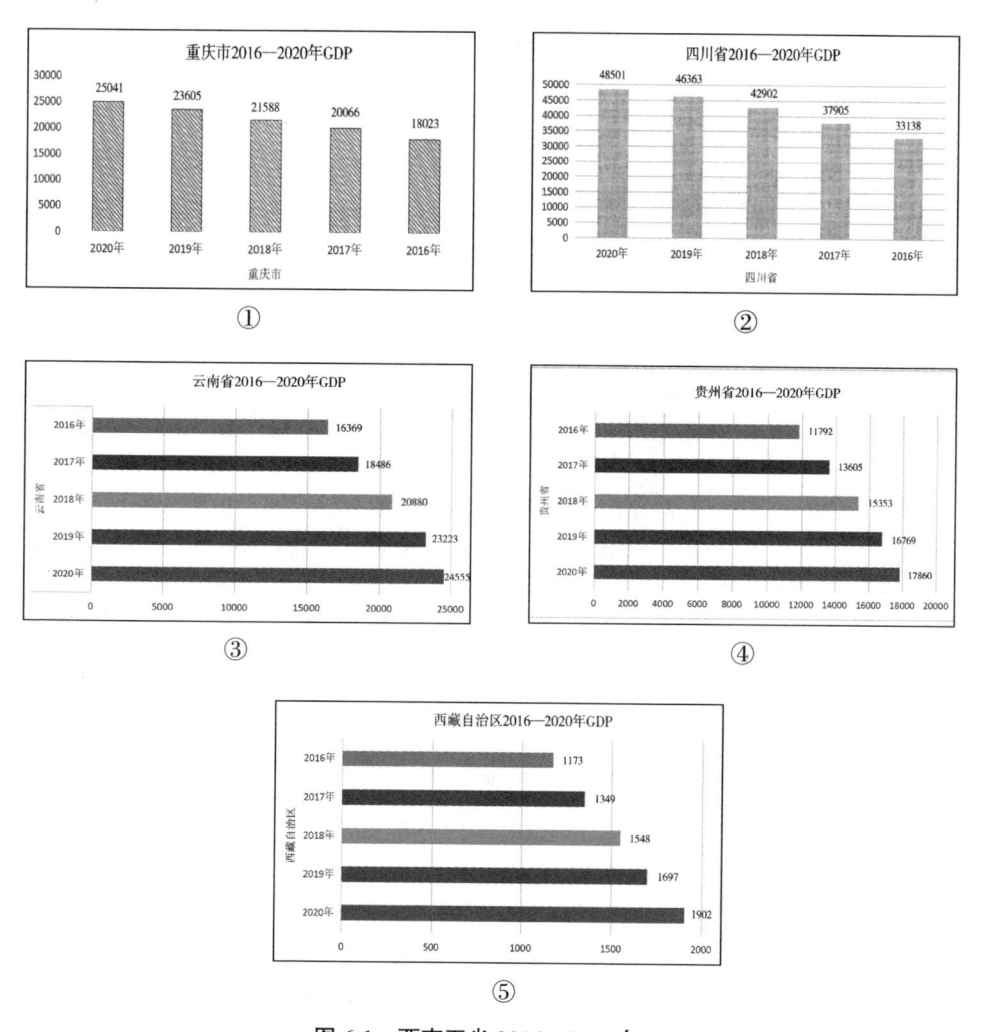

图 6-1 西南五省 2016—2020 年 GDP

通过对西南五省 2019 年体育赛事的统计、整理和分析，笔者发现四川省是西南地区举办体育赛事最多的省份，重庆和云南其次。笔者通过对国务院、国家体育总局、各省市体育局官方网站进行粗略收集、整理和统计，发现 2019 年四川省举办体育赛事 161 场，重庆市举办体育赛事 145 场，云南省举办体育赛事 103 场，贵州省举办体育赛事 83 场，西藏自治区举办体育赛事 27 场，具体见表 6-1。

续 表

表 6-1 2019 年西南地区五省举办体育赛事的场次

省份（市）	场次	赛事名称
四川省	161	1. "传奇杯"世界足球全明星中国赛
		2. 国际网联青少年 U18 巡回赛
		3. 国际剑联女子重剑世界杯赛（成都站）
		4. 国际体操联合会跑酷世界杯
		5. 双流空港国际马拉松
		6. 中国·成都（彭州）生态运动季暨龙门山国际户外生态三项赛
		7. 成都金堂"港中旅"铁人三项公开赛
		8. "熊猫杯"国际青年足球锦标赛
		9. "一带一路"成都国际乒乓球公开赛
		10. 2019 至 2020 年国际篮联 3×3 世界巡回大师赛（成都站）
		……
		153. 四川省青少年体操锦标赛
		154. 四川省青少年武术散打锦标赛
		155. 四川省青少年拳击锦标赛
		156. 四川省青少年棒球锦标赛
		157. 成都市第一届青少年（女子）曲棍球锦标赛
		158. 四川省青少年赛艇锦标赛
		159. 四川省青少年皮划艇（静水）锦标赛
		160. 四川省青少年皮划艇（激流回旋）锦标赛
		161. 四川省青少年帆船帆板锦标赛（专业组）
重庆市	145	1. 国际攀联世界杯攀岩赛（重庆站）
		2. 第五届亚洲龙狮锦标赛
		3. 亚洲青年攀岩锦标赛
		4. "际华杯"全国室内跳伞（风洞）锦标赛
		5. 重庆铜梁原乡风情马拉松赛
		6. 重庆国际马拉松赛
		7. 重庆江津东方爱情国际半程马拉松赛
		8. 重庆璧山国际半程马拉松赛
		9. 重庆·大足环龙水湖国际半程马拉松赛
		10. 第九届中国摩托艇联赛"太极水"杯重庆彭水大奖赛暨中美澳艺术滑水精英赛

第六章 西南地区体育旅游资源与发展

续　表

省份（市）	场次	赛事名称
重庆市	145	……
		138. 重庆市青少年围棋团体锦标赛
		139. 重庆市青少年棋类锦标赛
		140. 第十届重庆市体育舞蹈锦标赛
		141. 重庆市青少年体育冬夏令营系列活动
		142. 重庆市青少年篮球锦标赛
		143. 2019年重庆市青少年足球锦标赛
		144. CFA中国之队·重庆三峡银行杯国际足球锦标赛
		145. 阆中古城嘉陵江国际龙舟赛
云南省	103	1. 中缅瑞丽—木姐跨国马拉松
		2. 腾冲国际马拉松赛
		3. 卡瓦博格·梅里100极限耐力赛
		4. 秘境百马挑战赛
		5. 昆明网球公开赛
		6. 中国·保山"永子杯"国际围棋大师赛
		7. 第十六届中国·东川泥石流国际汽车摩托车越野赛
		8. 石林彝族摔跤系列赛
		9. 元阳红·2019哈尼梯田越野挑战赛
		10. 一带一路 七彩云南 贵州茅台 2019大理徒步旅游节
		……
		94. 云南省第九届太极拳、械套路锦标赛
		95. 云南·江川国际体育旅游嘉年华暨江川北山公园国际定向越野赛
		96. 中国业余网球首站公开赛
		97. "一带一路·七彩云南"国际汽车拉力赛
		98. 悦动云南2019城市巡回赛
		99. 亚洲短道速滑公开大奖赛
		100. 普洱国际山地马拉松
		101. 昆明市晋宁区2019"郑和杯"足球赛
		102. 云南省第一届大学生田径锦标赛暨2020年全国学生运动会田径比赛（大学生）选拔赛
		103. 中国云南昆明·安宁八街大黑山摩托车矿山耐力赛

续　表

省份（市）	场次	赛事名称
贵州省	83	1. "亚狮龙杯"2019多彩贵州U系列羽毛球选拔赛
		2. 贵州省青少年摔跤、举重锦标赛
		3. 全国皮划艇U系列赛（遵义站）暨2019年贵州省青少年赛艇、皮划艇（静水）、皮划艇激流回旋锦标赛
		4. 贵州环雷公山超100公里国际马拉松
		5. 贵州省青少年U系列网球锦标赛开赛
		6. "体育彩票杯"首届贵州省大学生篮球联赛"嘉年华"
		7. "星牌·FURY威利·LP"杯2019贵州省中式台球排名赛
		8. 第一届"建安杯"贵州省男子篮球公开赛
		9. 全国木球锦标赛
		10. 贵州省青少年体育大联赛乒乓球比赛
		……
		74. 西南协作区射箭比赛暨全国射箭邀请赛
		75. "王茅杯"全球清华之友网球联赛（贵阳站）
		76. 第三届今贵州新年大步走暨徒步贵州·重走长征路活动
		77. 西南青少年高尔夫联赛（贵阳站）暨贵州省青少年高尔夫巡回赛第二站
		78. 贵州省首届室内铁人三项赛
		79. 中国门球冠军赛贵州赛区预选赛
		80. 贵州省青少年射击锦标赛
		81. 全国空手道俱乐部联赛贵州站
		82. "三岔河"贵州省速度轮滑联赛总决赛
		83. "翱翔贵州"第七届牂牁江国际滑翔伞邀请赛
西藏自治区	27	1. 西藏斯诺克巅峰对决赛
		2. 拉萨半程马拉松
		3. 藏族传统体育运动会
		4. 中国丛林越野系列赛林芝站暨2019喜马拉雅汽车赛林芝场地赛
		5. 第二届跨喜马拉雅国际自行车极限赛
		6. "一带一路"中国拉萨国际攀岩大师赛
		7. 全国东西南北中羽毛球大赛西藏自治区选拔赛
		8. 第三十二届晚报杯全国业余围棋锦标赛
		9. 第二届一带一路"柳梧城投杯"中尼国际业余网球友谊赛

第六章 西南地区体育旅游资源与发展

续　表

省份（市）	场次	赛事名称
西藏自治区	27	10. 第七届环巴松措国际山地自行车越野竞速赛
		……
		21. "卓卓情昌都行"暨传奇昌都10公里欢乐行徒步活动
		22. 西藏山南2019环羊卓雍措自行车公开赛
		23. 西藏首届健身瑜伽公开赛
		24. 西藏自治区第十二届运动会暨第四届民族传统体育运动会
		25. 第二届阿里山地自行车越野挑战赛
		26. 西藏自治区那曲市羌塘恰青格萨尔赛马艺术节
		27. 全国"全民健身日"活动西藏自治区分会场暨全区第九套广播体操比赛

通过对西南地区旅游板块进行整理分析，笔者发现西南地区旅游资源丰富，包含川西旅游资源、云贵高原的喀斯特地貌旅游资源、川东地区的红色文化旅游资源等，为西南地区旅游资源发展提供了先天的自然环境优势，吸引了国内外游客，为西南地区旅游经济的增长，为体育旅游产业的发展提供了良好的赛事条件。

第一节　西南地区发展体育旅游资源的政策支持

成渝双城经济圈的发展加大了西南地区经济的开发力度，促进西南地区经济快速增长；"一带一路"倡议的发展加大了西南地区经济和国家与国际经济的紧密联系；优化了少数民族之间的团结协作，构架了良好的民族关系；促进西南地区内部科学、文化、卫生发展；最重要的是促进了西南地区体育旅游资源的互补，打开我国西南地区对外开放的国门，促使我国西南地区更好的地向世界展示体育赛事、展示旅游文化，将西南地区经济融入世界经济一体化建设中，缩小了我国东西部的经济差距。"一带一路"倡议和成渝经济圈经济一体化的发展使西南地区更好地与世界经济发展接轨、与世界旅游产业发展接轨，促进地区与地区之间的联合，带动地区与地区之间的合作，推动地区与地区之间的协同发展。

"一带一路"倡议下体育旅游资源的整合与发展研究

一、四川省对体育旅游赛事活动项目的政策支持案例

〔案例1〕

2020年，四川省体育局对四川省政协医卫体育委员会提出的《关于加快打造天府国际赛事名城推动我省体育旅游产业发展的提案》进行了答复，从加快打造场馆型体育综合体、重点打造电竞运动行业、建设省级体育旅游示范基地、落实省级体育产业专项资金几个方面进行了阐释。其中，体育局对建设省级旅游示范基地和举办群众基础体育旅游精品赛事进行了重点规划，致力于打造国家运动休闲特色小镇4个，开发体育旅游精品景区8个以及体育旅游精品路线2条，为四川省体育旅游事业发展提供良好的赛事基础和良好的旅游景点。充分发挥四川体育旅游赛事、体育旅游景点和体育休闲小镇的经济价值、商业价值、文化价值，进一步促进体育与旅游、体育与文化的融合发展，将体育旅游放到重点扶持项目中，为第三产业的发展贡献一份力量。四川体育局还出台了一系列打造群众基础的体育旅游精品赛事的政策，将马拉松、民族舞蹈、传统少数民族体育项目引进赛事中，创造出"跑遍四川""骑遍四川""舞遍四川"等主题系列赛事，将全省最优质的旅游资源和体育赛事融合，为体育赛事和旅游的融合发展创造大量的价值。同时，四川省体育局还打造"云健身"平台，为健身教练更好地指导大众健身提供了方便；通过云平台可以举办线上体育比赛，赋予体育比赛新的功能。成渝双城经济圈的发展为四川和重庆两地区的体育旅游资源的共享提供了便利，有利于川渝两地携手促进体育旅游产业发展，打造体育旅游品牌。

〔案例2〕

从2020年开始，四川各市州大力打造群众体育赛事、竞技赛事，为体育旅游开展创造赛事基础。自贡市举办"跑遍四川"自贡站的半程马拉松赛事，带动了自贡市群众体育运动氛围，将自贡市"盐、龙、灯"文化与马拉松赛事有机融合，助力全民健身运动和体育产业融合发展；广元市将《卡路里》作为四川省柔力球规定套路，积极打造大众群体赛事，贯彻国家全民健身战略、四川省体育发展"123456"战略，为推动健康中国建设积极贡献力量；达州市为增进老年群体活动，开展了老年人运动会，增设适合老年人活动群体的运动项目，进一步贯彻和落实了国务院对体育设施和活动的相关文件精神，为达州市老年体育工作再上一个新台阶做贡献，为增进老年人群体的身心健康发展和推

进四川省老年人群体的生活内容做贡献；宜宾市根据四川省体育产业发展规划和体育旅游发展规划编制了《宜宾市健身休闲产业发展总体规划（2018—2025）》《宜宾市中心城区体育设施专项规划及体育场馆规划（2019—2035）》，为宜宾市体育基础设施建设、体育产业发展、体育旅游的发展提供良好的政策环境基础，因地制宜建设富有当地特色的体育主题公园、健身休闲基地，为体育与旅游深度融合创新平台，推动产业聚集的辐射带动效应。

二、重庆市对体育旅游赛事活动项目的政策支持案例

〔案例1〕

2018年，重庆市体育旅游产业发展大会在万盛召开，会上表示将高度重视重庆市体育旅游产业的发展，为认真贯彻党的十九大精神，促进体育旅游深度融合、体育产业革新和体育产业品牌打造，以满足人民不断增长的物质文化需求与健身、健康的需要，响应全面健身政策的号召，将体育事业和旅游事业合理优化，使两个项目资源互通、资源共享、资源互补，进而促进人民高质量生活水平的发展，助力重庆市体育旅游发展，提升重庆经济发展水平。为促进重庆市体育旅游产业的发展，2020年10月重庆市举办了第四届体育旅游产业发展大会，为促进重庆市体育旅游产业发展提供政策支持，体育旅游产业发展大会主要针对新冠肺炎疫情背景下体育旅游产业如何发展、如何创新提出了新目标、新思路、新方向。为此，重庆市体育局以及相关体育职能部门联合四川省体育局、成都市体育局共同协商成渝两地体育旅游产业发展，为成渝两地开展深入合作、共建交流平台提供政策支撑。为促进重庆市体育旅游产业的发展，重庆市体育局与英国驻重庆领事馆签署了体育发展合作备忘录，将引入国外市场需求推动重庆发展，引入国外体育项目注入重庆，为丰富重庆体育项目和体育基础设施以及体育旅游的发展奠定良好基础。在重庆市第四届体育旅游产业发展大会中，重庆市体育局和重庆市文旅委联合发布了一批精品旅游赛事、精品旅游路线和体育旅游综合体，为各区县和地方促进体育旅游的发展提供政策保障，深化体育和旅游景区的合作。

〔案例2〕

巴南区为促进体育旅游产业发展，举办了"不夜巴南"的夜跑赛事，为巴南区时尚体育旅游的发展树立了良好的形象，该活动的举办带动了广大市民对体育锻炼的热情，使市民对体育锻炼有了新的认识和理解，提升了重庆这座美

"一带一路"倡议下体育旅游资源的整合与发展研究

丽夜景城市的人气和夜间人流量，带动了巴南区夜间消费，促进了当地夜间经济的发展。荣昌区为促进体育旅游产业发展从市场消费机制、政策引领、体育旅游模式创新以及体育旅游产品创新等方面刺激市场消费，进而带动体育旅游产业发展。荣昌区体育旅游产业的发展被重庆市体育局认可，被国家体育总局点赞，成为国家体育总局体育消费试点城市，市体育局、当地政府和相关职能部门对当地体育旅游产业的发展给予政策、经济、资源等方面支持。彭水县体育旅游产业的发展为彭水县脱贫立下赫赫战功。该县依托"民族、生态、文化"三大特色，因地制宜地将自然资源和水上赛事紧密结合，走出一条属于彭水特有的体育旅游特色发展之路，将彭水县的风土人情向世界展示，向世界宣传，使体育旅游产业的发展成为彭水县创新发展的润滑剂和助推器。整个重庆市发挥体育赋能的作用，优化体育产业，促进体育产业转型，推动体育产业多样化、多元化发展。体育局领导表示将打造两江新区际华园极限运动小镇，为开展重庆极限运动、为体育产业注入新元素；打造蓝天湖国际滑雪场，为助力奥运会贡献力量；开发金佛山大环线等体育旅游精品项目，以"金佛山福南川"为宗旨，促进南川区体育旅游产业发展，为促进南川区体育旅游的改革发展提供思路。

〔案例3〕

2020年7月，重庆市体育局组织了各个区县积极申报体育旅游精品赛事、体育旅游精品路线和体育旅游综合体，以响应家对体育旅游示范区建设工作的推进，促进体育旅游融合发展和培育体育旅游精品项目。同年10月，重庆市体育局公布了2020年重庆市体育旅游精品赛事和重庆市体育旅游精品路线以及重庆市体育旅游综合体的结果。其中精品旅游赛事有10个，具体包含永川国际女子足球锦标赛、中国重庆·荣昌国际划骑跑铁人三项公开赛、长江三峡（巫山）国际越野赛、中国摩托艇联赛重庆彭水大奖赛、金刀峡溪降精英赛、金佛山·绳命LifeLine国际绳索救援邀请赛、重庆·大足环龙水湖（国际）半程马拉松赛、中国足协中国之队国际青年足球锦标赛、重庆铁山坪森林半程马拉松赛、重庆市"李雪芮杯"业余羽毛球公开赛；精品体育旅游路线有9条，即大金刀峡体育休闲精品线路（北碚）、永川区黄瓜山体育旅游精品线路、涪江风情游（潼南）、黑山谷深度体验游（万盛）、双桂湖国家湿地公园体育旅游精品线路（梁平）、重庆市铜梁区西郊示范片绿道、重庆市大足区龙水湖环湖健步步道、行禅养生·朝圣爱情体育旅游线路（江津）、中国·巫山当阳大峡谷户外运动挑战赛道；体育旅游综合体有3个，即大足龙水湖旅游度假区、青年汇巅峰乐园（万盛）、三峡橘乡田园综合体（忠县）。

三、云南省对体育旅游赛事活动项目的政策支持案例

〔案例1〕

2020年云南省为推广本省体育旅游赛事面向社会招商,以吸取社会市场对体育旅游产业发展的投资,更好地与市场接轨,为满足市场需求打造相应的体育旅游精品赛事、体育旅游精品路线、体育旅游精品目的地。此次招商会议邀请了云南省文化和旅游厅、云南省投资促进局以及投资企业,就云南省体育旅游精品项目的打造和建设进行了现场交流与招商引资。会议期间,通过云南省体育产业发展研究中心、云南产权交易所有限公司为项目单位与投资企业进行精准匹配,为企业开展投资合作洽谈提供平台和现场服务,共有7个项目进行现场项目意向签约,项目意向签约金额达54.93亿元。通过政府的不断努力和打造,云南省的新平磨盘山国际户外运动公园、保山永子棋院获评中国体育旅游精品景区称号;昆明十峰登山体育旅游线路、中国远征军之路获评中国体育旅游精品线路称号;卡瓦博格·梅里100极限耐力赛、中国·东川泥石流国际汽车摩托车越野赛、昆明网球公开赛、AA百公里主题徒步活动、中国·大理·宾州鸡足山越野跑大赛等获评中国体育旅游精品赛事称号;腾冲获评中国体育旅游精品目的地称号。其中,卡瓦博格·梅里100极限耐力赛和腾冲同时获评全国"十佳"称号。

〔案例2〕

为响应云南省政府和体育局对促进体育旅游产业发展的号召,腾冲市积极发挥当地自然资源优势和政策优势,全力打造体育旅游目的地。该市依托少数民族资源优势,对体育产业的开发和打造融入了少数民族特有的民俗因子,为促进该市体育旅游目的地的打造增添了民族元素。腾冲市大力开展中华武术项目以及"上刀山、下火海"等少数民族项目,在全国和省级比赛中取得优异成绩,打造出富有腾冲特色的体育旅游优势。同时,腾冲立足"旅游观光+户外运动+赛事体验",积极举办腾冲国际马拉松、高黎贡超级山径赛、"腾冲杯"全国业余围棋公开赛和智力争霸赛、七彩云南·格兰芬多国际自行车节腾冲站比赛、腾冲美丽乡村花海马拉松等,通过绿色健身产业与旅游产业的融合发展带动项目区群众致富。腾冲市承办了中国花样滑冰国家集训队公益服务行动、云南青少年冰球对抗赛、全国冰球锦标赛等多项高质量的冰雪体育赛事及特色活动,为体育旅游发展奠定了赛事基础。

"一带一路"倡议下体育旅游资源的整合与发展研究

〔案例3〕

云南省体育局为促进云南省体育旅游产业发展，积极与云南省文旅局合作，共同促进省内体育旅游产业发展。2021年9月，云南省体育局向各地市州发出积极申报体育旅游精品项目的通知，以贯彻落实《云南省人民政府办公厅关于加快建设体育强省的意见》和《云南省人民政府办公厅关于促进全民健身和体育消费推动体育产业高质量发展的实施意见》，旨在促进云南省体育产业与旅游产业的融合发展，为云南省"十四五"期间体育旅游产业的发展奠定政策基础，为云南旅游项目的发展提供良好的政治环境和政策优势。云南省体育局将云南省少数民族特色与传统体育项目融合，共同打造云南省体育旅游项目的特点；将云南省特有的传统文化融入相关体育赛事中，助力体育旅游产业特色的打造和融合；将云南省传统的文化节日与旅游项目合作，打造热门旅游景点，再将热门旅游景点与体育赛事融合，促进体育旅游产业一体化发展；将民俗项目与群众体育赛事紧密融合，打造富有云南省特色的体育赛事项目，再将旅游景点与赛事项目融合，促进体育旅游产业的发展，总之，云南省体育局对各地市州通过政策上的帮助，为云南省各地市州体育旅游产业的发展营造了良好的氛围。

四、贵州省对体育旅游赛事活动项目的政策支持案例

〔案例1〕

贵州省以山川秀丽、气候宜人、冬无严寒、夏无酷暑以及民族文化丰富等特点在全国享有旅游城市的美誉，为该省份的旅游产业奠定了名声基础。丰富的自然资源为贵州省体育旅游产业的发展营造了良好的环境，因此，山地户外运动成为贵州发展体育旅游产业的增效产业，也是贵州省结合本省独有优势开展的优势项目，为贵州省体育旅游产业发展提供了新思路和新路径。近年来，围绕体旅融合发展，贵州省进行了积极探索。在顶层设计方面，贵州省先后出台《中国贵州山地户外运动大省专项建设规划》《贵州十三五体育发展规划》等政策，成立贵州省山地户外运动管理中心、体育旅游经济发展中心、体育旅游研究院等机构，划拨1000万元专项资金用于支持贵州山地户外运动发展。在拓展国际视野上，贵州省大力开展国际体育赛事，不断提升贵州的国际知名度、美誉度。2016年，国际山地旅游暨户外运动大会永久落户贵州。2017年，贵州发起成立的国际山地旅游联盟这一非营利性国际组织正式揭牌，截至2020年

第六章 西南地区体育旅游资源与发展

11月已有30个国家和地区的155个团体和个人加入联盟,为贵州进一步走向世界奠定了很好的基础。省体育局领导高度重视体育旅游产业的发展,高标准、高质量编制贵州省体育旅游示范区总体规划,集中力量打造具有国际知名度和地域特色的IP赛事活动,引导地方政府加大运动基础设施建设,建设攀岩、足球、骑行等特色小镇,培育和壮大市场主体,设立体育产业发展基金盘活存量资产,挖掘赛事商业价值,运用互联网大数据技术推动体育旅游线上线下良性互动,与专业机构合作建立山地救援保障体系,加大与山地户外运动相关的产业人才培养力度,培育旅游体育发展的核心资源等方面为贵州体育旅游产业的发展指明方向。

〔案例2〕

2020年贵州依托都市区域的大型商场、产业园孵化地、工厂空闲地区、体育场馆等地方,结合国家乡村振兴战略政策优势,将户外运动项目、水上运动项目、冰雪运动项目、传统体育项目等元素融入其中,努力打造体育旅游产业格局,组织开展体育旅游项目以及相关活动,推进体育产业与旅游产业相互融通、相互弥补、相互支持,拉动体育产业和旅游产业的消费,促进体育旅游产业内部消费,为体育旅游示范基地的建设树立良好的形象并起到示范引领作用。贵州省为促进体育旅游产业发展,将贵州省传统体育项目与现代体育项目结合,与现代旅游特点融合,将龙舟、斗牛、射弩、武术、舞龙、鞭陀、独竹漂等传统民族体育旅游项目和马拉松、高桥极限、自行车、航空营地、户外拓展营地、水上乐园、冰雪乐园等现代体育旅游项目融合,为打造体育旅游示范基地提供建造元素。打造贵州省城镇体育旅游示范基地助力了贵州省体育旅游产业的发展,也为贵州努力实现脱贫攻坚,实现产业扶贫提供了新方向、新思路和新方针。

〔案例3〕

为促进贵州省体育旅游产业的发展,加强体育部门与旅游部门的协同合作,推进体育旅游示范区、体育旅游精品赛事、体育旅游精品路线和体育旅游精品目的地创建,贵州省制定了相关部门之间的统筹规划、体育旅游后续工作及衔接工作规划,即《贵州省全国体育旅游示范总体规划》。国家发展和改革委员会、国家体育总局、中国社会科学院等相关部门对《贵州省全国体育旅游示范总体规划》进行评审,并通过了评审,这标志着贵州体育旅游产业进入一个新的发展阶段,迈入了新的里程,为把贵州省打造成世界一流的体育旅游目的地奠定前期基础。贵州省创建的体育旅游示范基地众多,主要有开阳县猴耳天坑极限酷玩公园、赤水市望云峰景区、黄果树旅游区坝陵河大桥极限运动基地、义龙新区山地旅游运动休闲博览园、龙里油画大草原景区、长顺县神泉谷休闲旅游区、乌当区香纸沟风景名胜区、清镇市四季贵州度假区、罗甸县红水河休闲度假区等。

五、西藏自治区对体育旅游赛事活动项目的政策支持案例

西藏位于我国青藏高原地区，是我国海拔最高的省份，因海拔高、地势险以及世界第一高峰而著名，为其开展攀登运动奠定了天然基础。为响应国家体育旅游产业开发、体育旅游产业打造、建设体育强国，健康中国以及全民健身的号召，助力西藏体育经济的发展，西藏体育局努力打造"西藏登山大会"，为丰富居民生活、加强群众锻炼和身体健康提供了良好的平台。该项目的开发和打造极具民族特色，为西藏地区培育了新兴体育产业，活跃了体育旅游产业市场，促进了体育与文化、科技以及产业的相互融通、相互弥补，为我国体育旅游产业的发展整理资源、优化资源、创新产品，同时也为西藏地区体育产业的整体发展提供了契机，将西藏体育特色、西藏体育文化和西藏体育旅游资源展现在世人面前，得到国家体育总局和文化旅游部的认可。

第二节 西南地区发展体育旅游资源的经济环境

西南地区是我国西部大开发的重点打造区域，2020年初中央财经委员会第六次会议就成渝双城经济圈建设进行研究，旨在促进成渝地区经济发展，促进西南地区经济发展，加快西部大开发建设，促进西部地区经济高质量发展。

经济环境的营造为经济的良性发展提供优良的环境，经济发展的快慢集中体现在地域的GDP发展趋势、市场经济结构的变化与完善、居民的收入水平、居民的消费水平和市场供需平衡等方面。产业的发展为经济的增长提供直接效益，良好的政策支持为产业的发展营造环境，两者相互弥补，体育旅游产业逐渐成为国民经济发展的重要支柱。为促进体育旅游产业发展，西南地区各政府部门为其提供良好的政策环境和强大的财政支持，为产业的发展营造优良的环境。

一、四川省体育旅游经济环境

根据四川省统计局统计，对四川省2019年体育产业的发展规模和体育产

业的增长值进行分析和推算，同时确保 2018 年四川省体育产业数值与 2019 年四川省产业数值衔接，将 2018 年和 2019 年两年体育产业增长值和总产出进行对比分析。结果显示，2019 年四川省体育产业总体规模较大，总产出为 1582.68 亿元，增加值为 602.61 亿元。从名义增长看，总产出比 2018 年增长 12.2%，增加值增长 13.6%。就内部结构而言，体育产业发展中体育服务业发展的优势较为明显，2019 年增加值为 472.24 亿元，占体育产业增加值比重为 78.3%，但比 2018 下降 0.7 个百分点；体育制造业的发展潜力较大，2019 年增加值为 90.15 亿元，占体育产业增加值比重为 15.0%，比 2018 年提高了 1 个百分点。另外，从体育产业内部结构中分析，增长速度最快的板块为体育健身休闲活动、体育用品及相关产品制造业，2019 年增加值现价增长速度分别为 22.2% 和 21.5%。

2020 年，面对新冠肺炎疫情暴发的状况，四川省广元市坚持稳中求进的工作总基调，扎实做好"六稳""六保"工作，着力推动高质量发展，市场活力不断恢复，市场潜力不断释放，市场总量不断扩大，消费市场延续稳中恢复、稳中向好态势。特别是在消费方面，广元市将旅游景点、民族传统文化节日以及乡村旅游等元素融入其中，促进广元市旅游产业发展。围绕中国（广元）女儿节、庆中秋迎国庆，组织开展了一系列丰富多彩的节庆活动，热门景区持续火爆，红色旅游不断升温，乡村旅游备受青睐，大大激发了居民的消费热情，暑期经济呈现一片欣欣向荣的景象。剑门关启动"白＋黑"旅游模式，通过"关山团圆，月舞中秋"巡演、本地特色非遗表演、开关仪式表演、手工月饼制作、剑门美食体验、手信赠礼等表演和游客互动活动，为现代文旅消费注入传统文化元素，吸引大批游客打卡；昭化古城开展"跟着芒果学表演"直播、中秋游园会、西市美食节、县衙审案、武士巡街等活动，《剑门长歌》崖壁灯光演艺秀、大型沉浸式实景演出《葭萌春秋》3.0 升级版震撼上演，有效激发市场活力，释放消费潜力。根据广元市文旅部门统计，在 2021 年中秋节期间，旅游景区累计接待游客 60.19 万人次，实现门票收入 314.00 万元。广元机场保障航班 48 架次，旅客吞吐量 4530 人次。借助建党 100 周年庆典，将红色文化、红色记忆以及追寻红色文化活动嵌入旅游中，为红军精神的传承起到了积极助推作用。

四川省体育局在 2021 年部门预算中重点强调了打造体育产业，指出始终坚持全面开放，把体育产业往"实"里做。将体育产业与市场部门结合，促进体育产业市场化、集团化，助力体育产业成渝双城经济圈建设和成渝双城经济圈产业结构布局等五大体育产业工程，推动四川省体育产业高质量发展。整合全省体育产业资源构建体育产业"一核三带五区"空间布局，为四川省体育产业高、快、稳发展奠定基础，相关部门将设立 2000 万元的体育贷款，为降低体育产业的风险提供资金保障；将体育彩票作为体育赛事、体育风险保障的资金活动来源，力争全省体彩销售额达到 100 亿元、筹集公益金 25 亿元。2021 年四川在文化旅游体育与传媒方面共支出 48971.14 万元，为体育旅游产业的发展提供了经济支持，在一般公共预算当年的拨款结构中对文化旅游体育与传媒支出为 48381.06 万元。一般公共预算当年拨款具体使用情况中文化旅游体育与传媒支出（类）体育（款）行政运行（项）2021 年预算数为 1334.91 万元；文化旅游体育与传媒支出（类）体育（款）运动项目管理（项）2021 年预算数分别为 40893.11 万元，以促进四川省体育事业的蓬勃发展。

综上得知，四川省体育产业的发展得到了省政府的大力支持和鼓励，对体育产业的经济支出较多，为体育产业的开展和打造营造了一片祥和的氛围，体育服务业、体育健身休闲活动等板块发展取得的效益较大，为体育旅游产业的发展奠定了体育项目活动基础。

二、重庆市体育旅游经济环境

重庆是西部地区唯一一个直辖市，在西部建设中起着重要作用。2019 年重庆市国民经济和社会发展统计公报中指出，重庆地区生产总值达到 23605.77 亿元，相比 2018 年增长了 6.3%，其中第一产业增加值为 1551.42 亿元，增长 3.6%；第二产业增加值为 9496.84 亿元，增长 6.4%；第三产业增加值为 12557.51 亿元，增长 6.4%。

在 2019 年居民消费板块指数中，教育、文化及娱乐、体育等板块指数消费呈正增长，相比传统的衣着、住宿、交通、通信等板块发展较好。

在文化旅游、卫生健康和体育板块中，全年旅行社组织出境旅游人数 38.74 万人，全年接待入境旅游人数 411.34 万人次，旅游外汇收入达到 25.25 亿美元，分别增长 6.0% 和 15.3%。年末全市拥有国家 A 级景区 242 个，其中 5A 级景区有 8 个，4A 级景区有 106 个。旅游景点的增长和旅游人流量的注入为重庆地区经济增长提供了保障，为后续重庆地区打造网红城市、打造网红景点奠定人流量基础。同时，重庆市财政对重庆市旅游产业的支出也随着市场经济的需求和发展不断加大。

2020 年，重庆市国民经济和社会发展统计公报中指出了在"十三五"规划收官之年的国民经济发展情况，公报指出了在"十三五"规划期间，重庆第一产业、第二产业和第三产业的发展情况，特别强调了第三产业发展较为迅速，发展潜力大。2020 年重庆市全年地区生产总值为 25002.79 亿元，比上年增长

3.9%。其中第三产业增加值为 13207.25 亿元，增长 2.9%；民营经济增加值为 14759.71 亿元，增长 3.8%，占全市经济总量的 59.0%。

据图 6-2 分析得知，重庆市第三产业从 2016 年开始到 2020 年都呈上升趋势，其增长的速度相比第一产业和第二产业较快。

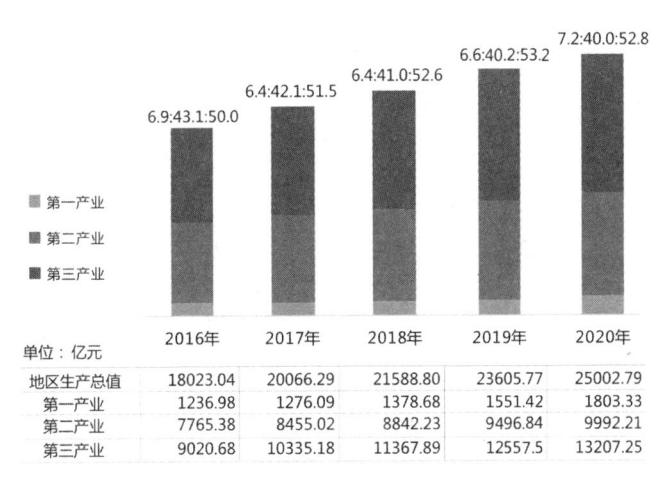

单位：亿元	2016年	2017年	2018年	2019年	2020年
地区生产总值	18023.04	20066.29	21588.80	23605.77	25002.79
第一产业	1236.98	1276.09	1378.68	1551.42	1803.33
第二产业	7765.38	8455.02	8842.23	9496.84	9992.21
第三产业	9020.68	10335.18	11367.89	12557.5	13207.25

图 6-2　2016—2020 年重庆市三次产业结构比

在 2020 年居民消费板块指数中，教育、文化及娱乐、体育等板块指数消费呈正增长。相比传统的衣着、住宿、交通、通信等板块发展较好。

在服务业板块中，其他服务板块增加值达到 5655.32 亿元，增长 4.4%，是服务业板块中增长幅度最高的板块。

在国内贸易板块中，体育、娱乐用品类商品零售额增长 19.6%，相比传统的粮油、食品、烟酒、服装鞋帽等产业发展较好，是国内贸易中产值提升最高的板块。由此可知，体育产业的发展将成为未来第三产业发展的主要路径。

2020 年，重庆市国民经济发展中较为突出的是文化旅游、卫生健康和体育方面，为促进重庆旅游产业的发展，全市大力打造旅游网红景点，将重庆特色和重庆文化体现得淋漓尽致。年末全市拥有国家 A 级景区 262 个，其中 5A 级景区有 10 个，4A 级景区有 121 个。为促进体育旅游产业的发展，重庆大力打造体育场馆、场地，为大型体育赛事的发展提供场地保障，年末全市共有体育场地 12.62 万个，体育场地面积达到 5891.44 万平方米。

2021 年，重庆市体育局对重庆市体育旅游发展项目和相关体育民营企业等 25 个单位进行了财政资助。为促进重庆市体育旅游产业的发展，重庆市体育局划拨专项资金对重庆市体育旅游相关项目进行专项资金资助，体现重庆市对体育旅游产业的政策支持和经济支持，有利于重庆市体育旅游项目的开展。其中，体育旅游产业场地的打造主要有巴南区华熙·LIVE 鱼洞场馆、丰都县的南天湖国际滑雪场、江津区 2383 热火公园体育场地和户外运动科普基地、万盛经开区巅峰乐园的山地专业赛车场、南川区金佛山绳探谷等；体育旅游赛事项目建设主要有沙坪坝区户外障碍赛健身活动、重庆璧山半程马拉松赛、重庆国际女子半程马拉松赛、巴渝十二峰挑战赛等。

三、贵州省体育旅游经济环境

2019 年，贵州省统计局就本省 2019 年体育产业 GDP 占比进行统计，统计结果显示全省体育产业增加值为 113.11 亿元，增长 16.78%，占全省生产总值的比重为 0.67%，比上年提升 0.04 个百分点。从内部结构分析，体育服务业快速发展，全省体育服务业实现增加值 109.84 亿元，增长 17.39%，占全部体育产业的比重为 97.11%；体育用品及相关产品制造和体育相关基础设施建设规模较小，2019 年，体育用品及相关产品制造实现增加值 3.08 亿元，增长 0.31%，占全部体育产业的比重为 2.72%；体育相关基础设施建设实现增加值 0.19 亿元，下降 14.8%，占全部体育产业的比重为 0.17%。表 6-2 展示了 2019 年贵州省体育产业增加值的情况。

表 6-2　2019 年贵州省体育产业增加值

分类名称	增加值（亿元）	增长（%）	比重（%）
体育产业	113.11	16.78	100
体育服务业	109.84	17.39	97.11
体育用品及相关产品制造	3.08	0.31	2.72
体育相关基础设施建设	0.19	-14.81	0.17

2020 年，贵州省在"十四五"规划和 2035 年远景目标制定的建议中重点指出全省将群策群力、奋力赶超，推动各项事业大踏步前进，实现乡镇和行政村体育工程全覆盖，加快贵州旅游产业发展。

在推进全省健康建设板块，努力打造公共卫生服务体系，将医疗与体育运动融合，推进体医建设，为提高人体免疫力、增强体质、防范疾病、治疗疾病以及健康管理等提供相应的保障。积极开展卫生、体育活动等项目，促进全民养成文明健身的良好生活习惯，贯彻全民健身、全民运动的国家战略，积极完善健身设施，实施全民健身提升工程，人均公共体育场地面积增加到 1.65 平方米。提升竞技体育综合实力，健全国民体质监测服务体系。同时，大力促进体育、健身等服务消费，发展"互联网+社会服务"，推进服务消费线上线下融合。

打造贵州省旅游产业化，构建高质量发展现代服务业体系，加快形成全域旅游发展新格局，创建全国全域旅游示范省、国家体育旅游示范区，打造"温泉省""桥梁省""索道省"等旅游品牌；大力发展世界名酒文化、红色文化、民族文化等特色旅游带，推动"旅游+多产业"深度融合发展；大力发展避暑康养旅游、乡村旅游、文化旅游、研学旅游、体育旅游，开发适应市场需求和消费升级的新业态。培育壮大旅游市场主体，培育和引进一批旅游大企业，支持旅游企业扩规模、强实力、创品牌，推动旅游企业上市融资。

文件还指出了要促进产业深度融合。大力培育新型文化业态，推动文化与旅游、文化与体育、文化与大数据等的深度融合，以旅游、体育、作品为载体，提高文化的传播力度；以文化为灵魂，提升旅游的内涵，促进体育的发展，加快数字技术的应用，打造区域产业新名片。

四、西藏自治区体育旅游经济环境

2018年，西藏自治区就体育旅游产业的发展进行了工作综述，综述中就西藏政府组织的登山活动、商业组织的登山活动、社会专业人士及非专业人士进行的登山活动进行总结，强调西藏登山全面崛起、势头强劲，登山产业已成为西藏经济发展中的一个新亮点。同时，西藏自治区对体育产业的财政支出也在逐年增长，体育产业的发展逐渐被重视，也满足了人们对体育产业及健身和健康的需要。西藏地区为促进体育产业发展，从体育旅游发展方向、发展赛事活动旅游市场、培育体育旅游市场主体、加强公共服务设施建设四个方面进行打造、建设、管理和发展。西藏地区最早在2014年举办了西藏首届户外运动大会，后续又举办了穿越喜马拉雅徒步活动、青少年户外夏令营、羊卓雍错环湖自行车体验游、林芝南迦巴瓦山地马拉松等一系列户外活动，吸引了大批来自海内外的户外运动爱好者，使西藏实现了从"登山天堂"向"户外天堂"的华丽转身。依托西藏地区天然的环境优势，立足日喀则的山峰资源优势和林芝的户外运动资源优势，把日喀则建设成为以登山为主的喜马拉雅登山产业带，把林芝建设成为以户外运动为主的高原特色体育旅游产业带；结合民俗传统和地域条件，把山南、那曲、昌都、阿里建设成为以民族传统体育表演和高原极限运动为主的特色体育产业区。

西藏以"一带一路"倡议为发展主线，加强部门与部门之间的协作，突出"圣地西藏户外天堂"的主题，根据不同海拔、不同地域的特点，因地制宜开发以户外运动为主的特色体育旅游产品，优化体育旅游产品结构。唐蕃古道、茶马古道等体育旅游精品线路的设计促进体育旅游产业转型升级，进而将西藏打造成世界旅游重要目的地。《西藏自治区人民政府关于加快发展体育产业促进体育消费的实施意见》中指出，要培育一批具有自主产权、市场潜力和竞争实力的体育企业，壮大体育市场主体，将推广登山运动、传播登山文化、培养专业的教练员和体育旅游管理者，为户外运动爱好者提供专业的高海拔攀登、徒步、探险、攀岩、攀冰培训等一系列服务。为推动体育旅游产业发展，西藏自治区加快了公共服务设施建设步伐。2009年，西藏登山队羊八井高山训练基地建成，占地面积18000平方米，主题房屋建筑面积3205.49平方米；2018年，西藏喜马拉雅高山环保基金会正式成立，该基金会努力引导农牧民群众通过参与环保工作脱贫致富，推进高山环保常态化，为支持西藏喜马拉雅山峰所在地环保事业发展、保护我们的家园和促进群众增收做出积极贡献。

第三节　西南地区体育赛事和旅游资源整合

　　西南地区是我国地势最复杂的地区，造就了地势险、蜀道难的奇观，天然的景观为西南地区旅游产业的打造和开发奠定了良好的基础。该地区也是我国对南亚、东南亚等地区商业贸易的重要输送和引入地带，对促进经济发展、西部大开发和西部建设起着重要作用。随着"一带一路"倡议的提出，西南地区成为"一带一路"倡议的辐射地带，丰富了"一带一路"倡议的建设内容，为延续"古代丝绸之路"的经济价值和商业价值提供地域特色和地域产品，增加了"丝绸之路"起始点的商业范围，将古代丝绸之路的作用和经济价值再延续和深造，为西南地区多样化、多元化的发展指明道路和方向。近年来，西南地区积极打造体育赛事，承办体育赛事，修建大型体育综合馆和体育场地，积极打造赛事名城、赛事之都，促进体育产业发展。西南地区各地政府结合西南地区体育产业建设和旅游产业的天然优势，依托"一带一路"倡议，促进西南地区体育旅游融合发展；将西南地区的巴蜀文化、山川特色与对外贸易结合，整合体育旅游资源和市场需求，丰富"一带一路"倡议的内容，提升"一带一路"倡议在世界上的美誉。

第六章　西南地区体育旅游资源与发展

一、四川省的体育赛事和旅游资源融合发展

(一) 西昌邛海湿地国际马拉松赛

西昌邛海湿地国际马拉松赛（下简称"西昌马拉松赛"）是由中国田径协会、四川省体育局、凉山州人民政府主办，四川省田径协会、西昌市人民政府等相关单位承办的大型马拉松赛事。该赛事先后被授予银牌赛事、金牌赛事、特色赛事称号，是四川省、凉山州精心打造的特色体育精品赛事，旨在凸显川西特色，彰显西昌魅力。该赛事融合少数民族文化，为当地经济发展提供了新方向和新目标，发挥四川省自然资源优势，融合体育赛事资源，促进地区体育旅游产业发展。西昌市是彝族、藏族等少数民族的聚集地，该地的火把节是庆祝、狂欢的节日，西昌马拉松赛以凉山州西昌火把广场为起终点，以邛海为赛道，将体育赛事与当地火把节融合，将西昌邛海作为赛道，营造优美的赛事环境和赛事氛围。该赛事融合了体育、少数民族文化、优美自然风光，契合体育旅游融合发展的内核，吸引全国乃至世界游客对西昌市民族文化进行认知和了解，既能弘扬民族文化，又能传承民族文化。图6-3显示的是西昌邛海湿地国际马拉松赛与周边旅游景点衔接路线。

图6-3　西昌邛海湿地国际马拉松赛与周边旅游景点衔接路线

2020年，西昌入围"2020中国旅游百强县"，充分利用自身优势，打造"旅游+体育""生态+体育"业态。邛海湿地是全国最大的城市湿地，是集生态恢复、观光旅游、科普教育于一体的大型城市湿地。西昌马拉松赛是依附于邛海、以火把节文化为元素的特色赛事，也是我国首个以城市湿地命名的马拉松赛事。

"一带一路"倡议下体育旅游资源的整合与发展研究

邛海为周边营造了不同的景观、建筑和文化特色,是山、水、城相依相融的独特自然景观。包括川南胜境、悟道佳山、碑林集萃、索道览胜等景区,将雕刻文化、宗教文化与现代交通技术相融,体现出别具一格的城市魅力。西昌马拉松赛以周边旅游景点为点缀,将体育赛事与旅游景点相衔接,使游客在赛前、赛中、赛后都能欣赏到自然风景、人文景观,体现出体育旅游的魅力和特色,将西昌马拉松赛与邛海泸山风景区、金鳞沙滩、西昌古城、烟雨鹭洲湿地公园、安哈彝寨仙人洞旅游景区、邛海国家湿地公园、青龙寺等旅游景点连接成线,促进体育旅游产业发展。

(二)环四姑娘山超级越野跑

四姑娘山是川西地区的 4A 级旅游景区,获得了"国家环保科普基地"称号,也是大熊猫栖息的重要场所。该地景色优美,蓝天白云构造了一幅自然画卷;植被覆盖面积大,有珍贵的动物品种,为该地成为 4A 级旅游景区和旅游胜地奠定了自然优势。美好的景色靠单一的欣赏只能体现其外在美,为此四川省体育局、阿坝州人民政府、阿坝州体育和旅游局、四姑娘山管理局等相关职能部门协同合作,促进四姑娘山体育旅游产业发展,积极、精心打造以四姑娘山为主体的精品体育赛事——环四姑娘山超级越野跑。环四姑娘山超级越野跑是我国以景区为重点开展的体育赛事,每年的环四姑娘山超级越野跑能吸引全国近 1500 名选手参与比赛,为四姑娘山带来了人气,让参赛选手和游客欣赏四姑娘山的优美风情,体验以四姑娘山为主体的体育赛事氛围,感受四姑娘山高海拔的生活环境和生活方式,与大自然亲密交流。环四姑娘山超级越野跑赛道设置穿过景区的核心景点,如双桥沟、长坪沟、海子沟等,让游客体验核心景点的原生态路面、高海拔环境以及体育赛事活动的健身、健康理念。

川西地区以四姑娘山为主体,以环四姑娘山超级越野跑赛事为表现形式,依托四姑娘山的秀丽山川和冰川之美,将四姑娘山周围的景点、景区紧密衔接,营造体育旅游市场氛围,打造富有阿坝州特色的体育旅游品牌,将各类户外运动、冰雪运动引入四姑娘山,促进川西地区依托地理优势和降雪气候对冬奥会项目进行培育和发展。川西地区阿坝州四姑娘山体育旅游产业的开展和打造,为进一步助推四姑娘山创建国家 5A 级景区奠定产业基础,进一步助推小金县国际山地户外运动旅游目的地建设,进一步助推阿坝州国际生态文化旅游目的地建设。每年秋季是四姑娘山的旅游旺季,在秋风的渲染下,雪山、冰川、原始森林等自然资源在湖水的倒影、阳光的照射、白云的反射下变得色彩斑斓、层林尽染,呈现一幅半山彩林半山雪的壮观景象,使人如置身在童话般

第六章　西南地区体育旅游资源与发展

的五彩世界中，让人流连忘返，既能在比赛中欣赏山川美景，又能通过山川美景感受与大自然的亲密接触，可谓两全其美。

环四姑娘山超级越野跑与周边旅游景点衔接路线，如图6-4所示。该路线将环四姑娘山超级越野跑与毕棚沟风景区、桃坪羌寨、干海子风景区、阿坝州汶川特别旅游区、理县甘堡藏寨景区、凉台沟、海子沟、卧龙自然保护区、巴朗山垭口等旅游景点连接成线，促进体育赛事与旅游产业深度融合，助力体育旅游产业发展。

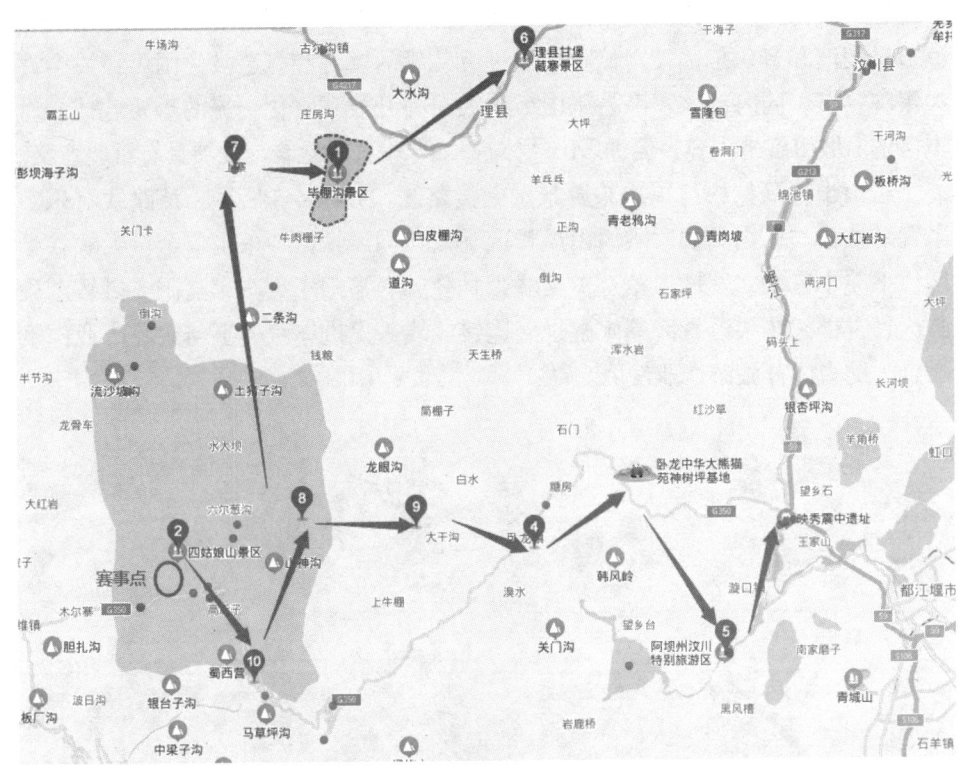

图6-4　环四姑娘山超级越野跑与周边旅游景点衔接路线

（三）乐山国际半程马拉松赛

乐山是四川省的地级市，在古代享有"海棠香国"的美誉，是国家历史文化古城，被誉为国家优秀旅游城市，该城市水资源较为丰富，矿产资源种类较多，动物种类繁多，孕育了一方地域文化和地域特色。该市每年的GDP显示，乐山市第三产业发展较快，其中美食是第三产业发展中的重要支柱，豆腐脑、钵钵鸡、西坝豆腐、甜皮鸭、跷脚儿牛肉、叶儿粑都是该地的名小吃，峨眉

"一带一路"倡议下体育旅游资源的整合与发展研究

山、乐山大佛是世界自然与文化遗产，东风堰是世界灌溉工程遗产，嘉阳·桫椤湖景区、黑竹沟等都是著名的旅游景点，可谓旅游资源丰富。随着健身、健康和高质量生活水平的需求增大，乐山市人民政府协同中国田径协会和地区相关职能部门共同打造以乐山美食为主题的乐山国际半程马拉松赛（以下简称"乐山半程马拉松"）。赛事吸引了来自肯尼亚、埃塞俄比亚、意大利、比利时、土耳其、韩国、日本、泰国、越南、老挝、蒙古、中国香港、中国澳门等23个国家和地区的参赛者，为乐山带来了人流量和人气。在乐山半程马拉松赛事中设置了提前向广大跑友征集的、独具特色宣言的公里牌，沿途还设有乐山特色节目表演和音乐加油站，该赛事经过近几年的磨炼和打造被中国田径协会评为银牌赛事，同时，该赛事是乐山市扩大对外开放和文化交流的重要载体，对丰富乐山城市旅游内容、促进乐山"体育+N"模式的融合与发展具有重要意义。

乐山半程马拉松与周边旅游景点衔接路线，如图6-5所示。该路线将乐山半程马拉松与乐山大佛、峨眉山风景区、黑竹沟风景区、乐山市金口大峡谷景区、平羌小三峡、罗城古镇、美女峰森林公园、嘉阳小火车、嘉阳·桫椤湖旅游区、古郡·花果溪景区等旅游景点连接成线，促进体育赛事与旅游产业深度融合，助力体育旅游产业发展。

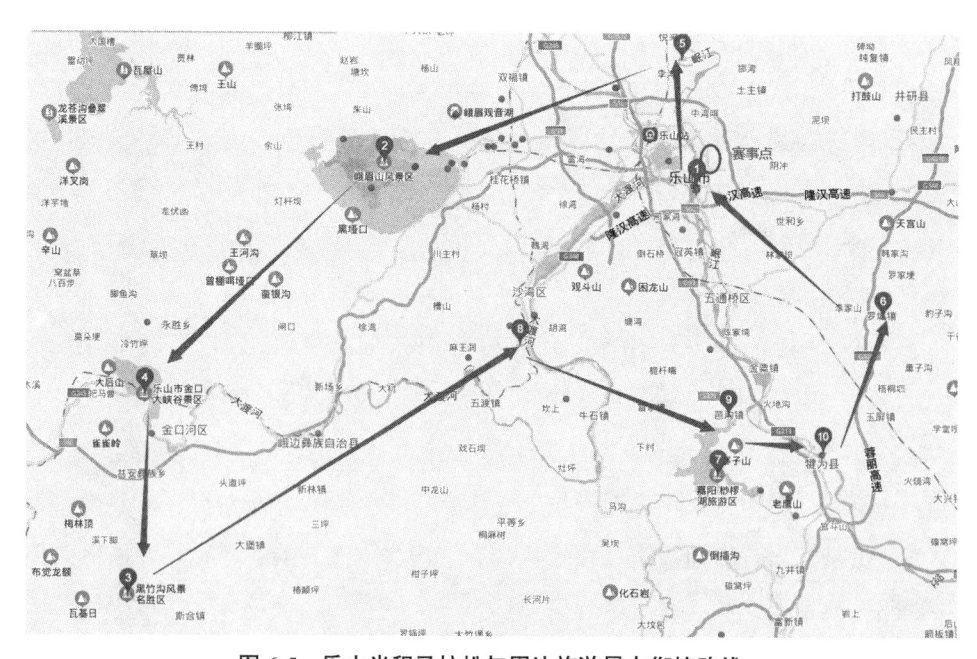

图6-5 乐山半程马拉松与周边旅游景点衔接路线

二、重庆市的体育赛事和旅游资源融合发展

（一）重庆国际马拉松赛

重庆国际马拉松赛是重庆市人民政府、中国田径协会主办，重庆市体育局、重庆市田径协会等相关职能部门共同承办的大型群体赛事，是西部首个全程国际马拉松赛事，也是长江上游打造的第一个奔跑型赛事，为落实全民健身、健康中国理念，促进重庆市体育旅游的发展做出了实践行动。重庆市在西南大开发战略中起着承上启下的作用，在"一带一路"倡议中为打开南亚、东南亚地区国家之间的沟通、交流发挥着重要力量，因此重庆是国家对外开放政策西部地区的重要门面，是国家发展的中心城区。南岸区滨江路作为重庆的特色地段，是重庆特有的名片，有利于宣传重庆魅力和城市文化。重庆市政府、南岸区政府和南岸区体育局通过举办群众赛事和大型活动提高重庆城市的形象、城市魅力，宣传重庆的城市文化，提升重庆在全国乃至世界的知名度和影响力，为助力"一带一路"经济道路建设增添色彩。马拉松赛事为"一带一路"道路建设中体育旅游的发展丰富了内容，将重庆雾都文化、火锅文化、山城文化融入马拉松赛事中，让参赛者和市民更亲近赛事，体验赛事中的文化氛围、活动气氛和健康元素，同时也让参与者和市民在家门口观赏赛事、欣赏赛事和体验赛事，让健康元素融入市民生活，丰富市民生活，填充市民生活，为重庆体育旅游产业的发展奠定赛事基础，促进区域经济发展。

重庆国际马拉松赛事路线：重庆南滨公园门口（起跑）—朝天门大桥下（折返）—重庆南滨公园门口—长江大桥下—菜园坝大桥下—鹅公岩大桥下—美堤雅城路口—李家沱大桥下—融汇小区路口（折返）—李家沱大桥下—美堤雅城路口—鹅公岩大桥下—菜园坝大桥下—长江大桥下—重庆南滨公园门口（终点）。该赛事是环南滨路风景区、商业区和居住区的大型群体赛事，将重庆文化通过赛事体现得淋漓尽致，充分展现了重庆人民的热度、重庆发展的速度、重庆办赛的力度、重庆打造旅游景区的决心以及重庆打造体育产业经济圈的战略规划。

重庆国际马拉松赛与周边旅游景点衔接路线，如图6-6所示。该路线将重庆国际马拉松赛与重庆洪崖洞景区、磁器口古镇、南山风景区、重庆曼谷园、白象街传统风貌区、南山·龙脊山、龙门浩老街——龙门浩历史文化街区等旅游景点连接成线，促进体育赛事与旅游产业深度融合，助力体育旅游产业发展。

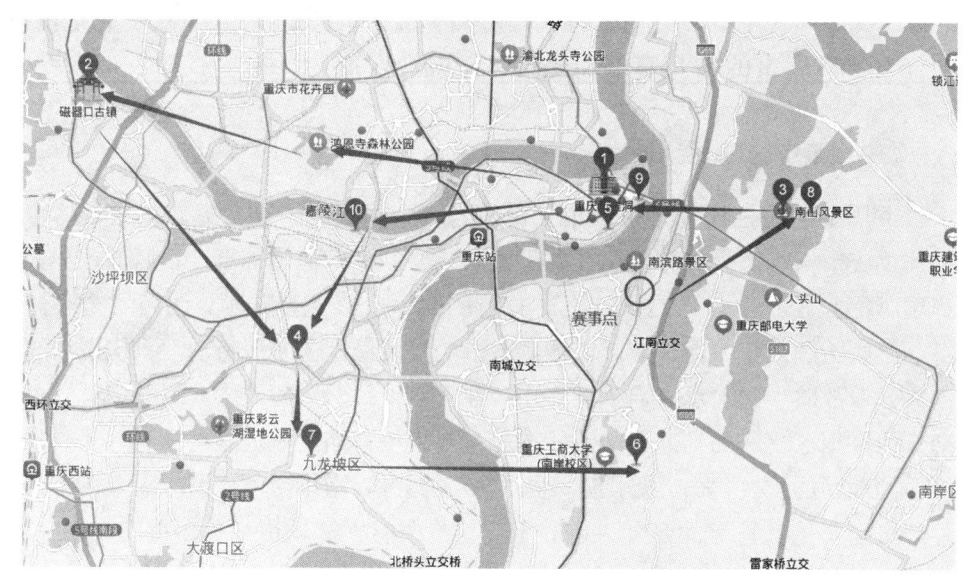

"一带一路"倡议下体育旅游资源的整合与发展研究

图 6-6 重庆国际马拉松赛与周边旅游景点衔接路线

(二)中国重庆·荣昌国际划骑跑铁人三项公开赛

荣昌是重庆连接四川的重要纽带,是成渝经济圈战略发展的支撑点,为搭建成渝之间的沟通、交流奠定地理优势。荣昌在古代有"海棠香国"之称,借助地域优势和城市发展契机,该区在保障原始自然基础之上进一步改善和规划城市建设,森林覆盖率达到36%,具备森林城市特色优势。荣昌也是"填川移民文化"的重要地域,被移民文化研究专家称为"客家文化活化石",该区域有丰富的国家级非物质文化遗产,饮食、旅游资源相当丰富,为打造国际划骑跑铁人三项公开赛奠定环境、景区等基础。重庆体育局、荣昌区人民政府联合北京体育大学为赛事顺利进行保驾护航,为促进荣昌体育旅游产业发展提供良好的环境和物质基础。

参加国际划骑跑铁人三项公开赛的选手需要完成68公里山地车骑行、9公里皮划艇、15公里越野跑,共计92公里赛程。沿途经过万灵古镇、二郎滩、罗家河、兰家湾、万灵大桥、荷子冲、冯家巷子、马王庙等生态田园,整个线路贯穿城市特色文化、人文景观,将荣昌的人文、历史、景点尽收眼底,体现出赛事的连贯性和完整性,充分展现了划骑跑铁人三项赛"发现、挑战、乐观、融合"的运动精神,为荣昌打造品牌赛事基地、户外运动胜地、休闲健康福地奠定雄厚的基础,展现出荣昌的城市文化和魅力,为打造城市特色品牌、特色

第六章　西南地区体育旅游资源与发展

赛事、特色旅游营造良好的环境。

中国重庆·荣昌国际划骑跑铁人三项公开赛与周边旅游景点衔接路线，如图 6-7 所示。该路线将中国重庆·荣昌国际划骑跑铁人三项公开赛与万灵古镇、龙水湖国际旅游度假区、海棠公园、昌州故里、仁义百果玩、中国夏布时尚小镇、香国公园、渝西植物园、双桥公园等旅游景点连接成线，促进体育赛事与旅游产业深度融合，助力体育旅游产业发展。

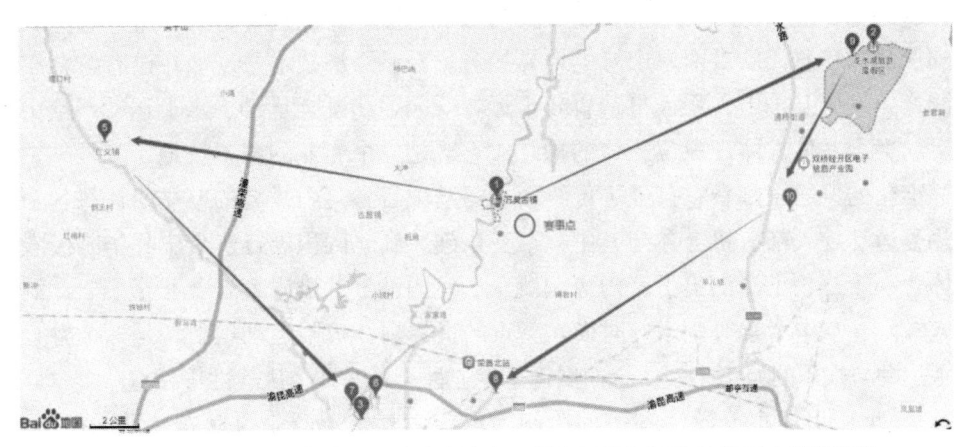

图 6-7　中国重庆·荣昌国际划骑跑铁人三项公开赛与周边旅游景点衔接路线

（三）《重庆市体育旅游地图》的绘制

为响应国家对体育旅游产业的重视，重庆市规划和自然资源局以及重庆市地理信息和遥感应用中心等部门结合重庆地区地貌类型、旅游资源以及山水优势，将重庆市开展的竞技体育赛事、群众体育赛事以及因地制宜建设的体育设施和开展的健身项目进行融合绘制了《重庆市体育旅游地图》，地图包括 19 条体育旅游精品线路和 11 个体育旅游综合体，为体育旅游产业的发展指明了方向和道路，促进重庆市体育旅游的发展。

例如：以金佛山为主体，设置金佛山环线体育旅游大环线，融体育资源、自然资源、文化资源等于一体，全线贯穿金佛山核心景区，串联金佛山东、西、南、北坡景点。从绵延不绝的喀斯特丛林、生态峡谷、高山洞穴、瀑布、溪流到壮丽的日出云海，沿途设有各项小型活动，如徒步登山、绳降探洞、高山滑雪、森林越野、生态漂流、路亚垂钓、户外拓展等体育旅游项目，将体育活动项目与旅游项目深度融合，成为户外"运动+旅游"的天然沃土。双桂湖国家湿地公园体育旅游精品线路以双桂湖为中心，路线途经环湖公路、一环路、万

181

石耕春至中华柚海（柚园），整条线路融合吃住行游购娱六大旅游特点，既有体育运动，又有景区景点，更有当地特色美食，组合呈现。通过整合民俗、文化、体育等资源，在该线路上开展了田园马拉松赛、晒秋节、柚博会、竹文化节等一系列节庆活动，将旅游与当地香柚特色产品紧密融合，促进旅游精品路线发展，打造品牌赛事。为响应乡村振兴战略，巫山政府积极打造当阳大峡谷户外运动挑战赛赛道，为乡村振兴发展开辟新道路，该赛事道路集巫山明珠、集峡谷、漂流、瀑布、溶洞、草场、田园风光于一体，让参赛者和旅游者体验峡谷幽深的神秘感，欣赏两岸山峰的奇异景观。万盛经济技术开发区在已有体育旅游产业发展基础上，积极打造青年汇巅峰乐园，将陆上运动、水上运动、空中运动融合一体，体现三位一体的理念，它既是一个专业的赛事场地，又是一个标准化的主题乐园，它打破了传统高端运动项目参与门槛高的壁垒，让每一个热爱运动的人都有机会参与其中，享受乐趣。渝北区积极打造重庆际华园极限体育小镇，该小镇汇集了室内风洞跳伞、室内冲浪、极限攀岩、儿童攀岩、洞穴探险、空中滑索等刺激、时尚、新奇的世界顶级极限运动项目，是一个融合了运动与娱乐的城市乐园，全面展现了专业性、趣味性、挑战性等特点。

《重庆市体育旅游地图》的绘制为重庆体育旅游产业的发展提供了指引，为体育旅游产业的进一步发展提供了方向，有利于促进当地的经济发展，满足市民对体育旅游产业的需求，引导体育旅游参与者跟着地图来一场身心健康之旅，提高体育旅游参与者的欣赏感、满足感。

三、云南省的体育赛事和旅游资源融合发展

（一）昆明十峰登山体育旅游线路

昆明是云南省省会，有"春城"的美誉，是国家西部大开发战略的又一重要城市，与南亚、东南亚国家相邻，地处南北国际大通道，是中国面向南亚、东南亚国家开放的门户城市。该省份是我国少数民族聚居最多的省份，民族文化、民族特色和民族传统体育项目丰富，为云南成为美丽的旅游胜地奠定了人文基础。云南省政府、国家体育总局、文化和旅游部等协同合作，以昆明市十峰为主体打造登山活动，响应国家全民健身政策，丰富市民健身、健康活动，促进地域体育旅游产业发展，拉动当地经济发展。依托当地彝族少数民族文化和体育项目，将十峰攀登与民族文化考察之旅、植物科考之旅、贫困山村帮扶之旅、山地越野赛、企业户外拓展等重新组合，打造体育旅游精品路线，得到国家和当地政府的认可，得到当地市民的支持。为保证十峰旅游景区可持续发

展，让其文化、旅游、锻炼价值影响更深远，当地政府以"环保"理念为着手，提出"清洁十峰，洁净山野"的发展理念和模式，该发展理念和模式得到全国 20 多家知名企业和户外组织企业的称赞，为十峰生态打造营造了良好的环境。将登山这种低强度、有价值的锻炼行动与十峰旅游环境和环保行为深度融合，在促进当地旅游经济发展的同时，更增强了参与者体质，助力体育旅游产业发展。

昆明十峰登山体育旅游线路与周边旅游景点衔接路线，如图 6-8 所示。该路线将昆明十峰登山体育旅游线路与周边旅游景点融合，将体育活动更好地融入景点，创新旅游新模式，创新体育锻炼新方式，助力体育旅游产业发展。

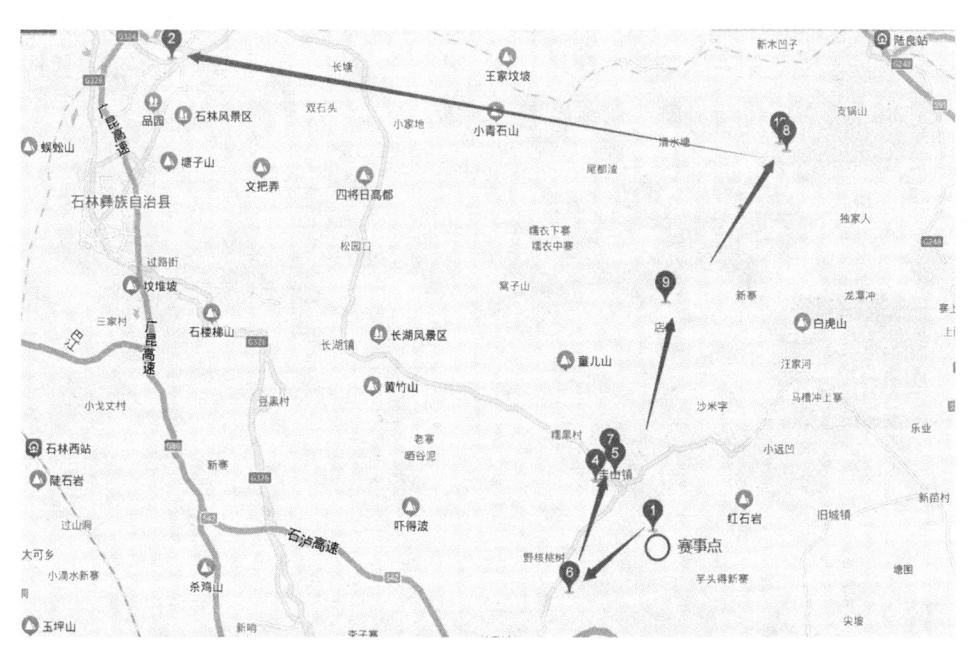

图 6-8　昆明十峰登山体育旅游线路与周边旅游景点衔接路线

（二）中国东川泥石流国际汽车越野赛

昆明东川位于云南与四川凉山州的交界地带，该地区海拔较高，落差较大，形成了天然的地理优势和美景，东有雄奇险峻的牯牛山寨——乌蒙山的最高峰，西有娇媚优雅的轿子雪山——云南中部第一峰，尤其是那里五彩斑斓的红土地，更是驰名中外的"摄影天堂"，是人们亲近大自然的天然胜地。借助东川地区地势险峻、沟壑纵横的地貌以及遍布峡谷、河道、泥石流道路和砂石戈壁的特点，云南省政府、云南省体育局与国家体育总局等相关职能部门联合精心打造了中国东川泥石流国际汽车越野赛,将该赛事打造成东南亚著名的机车赛事,为构建"北有环塔,南有东川"的赛车新格局努力奋斗。云南省人民政府和昆明市政府、昆明市体育局等就云南省昆明市东川区体育产业进一步发展规划蓝图,以中国东川泥石流国际汽车越野赛为主体将体育、旅游与脱贫攻坚相结合,同时进行赛事、赛道创新。在未来发展中,中国东川泥石流国际汽车越野赛将结合东川体育运动赛事经验,利用东川天然独特的泥石流赛道魅力,拓展赛事范围,不断丰富赛手体验、观众体验,推进泥石流赛事常态化运营,助推东川产业转型发展,让赛事成为东川乃至昆明文体旅产业发展的引擎。

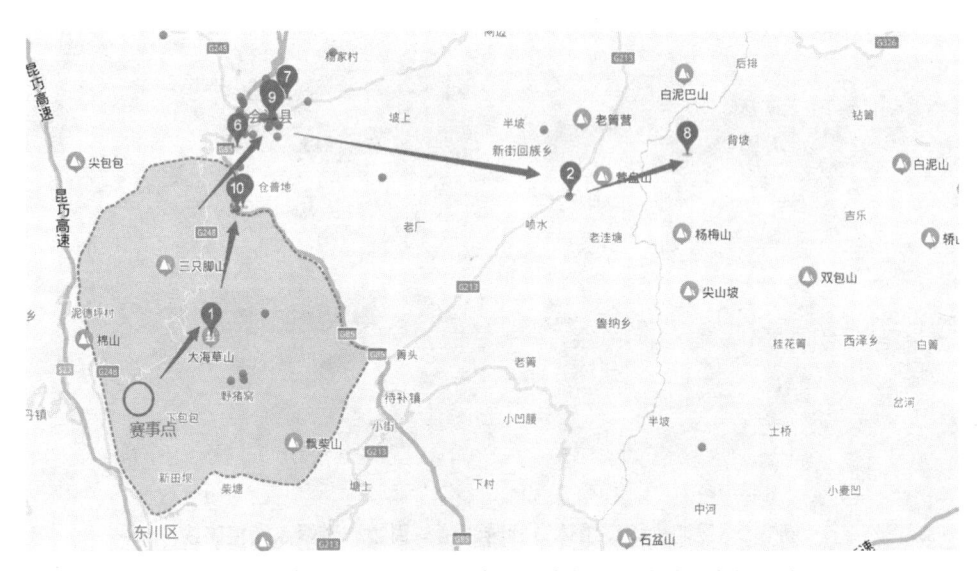

中国东川泥石流国际越野赛与周边旅游景点衔接路线,如图 6-9 所示。该路线将中国东川泥石流国际汽车越野赛与大海草山、会泽大地缝、会泽公园、会泽古城、亚洲第一土坝、文笔塔景区、唐继尧故居、以礼河等旅游景点接成线,促进体育赛事与旅游产业深度融合,助力东川体育旅游产业发展。

图 6-9　中国东川泥石流国际汽车越野赛与周边旅游景点衔接路线

(三)新平磨盘山国际户外运动公园

云南省玉溪市新平县因形体酷似磨盘而得名,其与云南省省会昆明相距较近,其森林覆盖面积较大,植被覆盖率达到 80% 以上,地形多样,形成了山、水、林、泉、湖、瀑、雾等景观。依托新平县优越的自然条件,云南省人民政府、玉溪市人民政府、玉溪市体育局与国家体育总局协作,精心打造磨盘山国际户外运动公园,并入选 2018 中国体育旅游精品项目。磨盘山户外运动区打造的户外运动场地包括山地越野运动俱乐部、皮划艇运动基地、生态房车露营地、户外拓展训练基地等，形成了集多种功能于一体的综合户外运动基地；借助磨盘山国家级森林公园的优势条件，先后举办了山地自行车公开赛、地衡丰山地马拉松赛、玉溪磨盘山户外旅行大会、七彩云南全民健身运动会、野战运动对抗赛等亲近自然的大型群体赛事活动，为当地体育旅游产业的发展奠定了雄厚的基础。

新平磨盘山国际户外运动公园与周边旅游景点衔接路线将新平磨盘山国际户外运动公园基地与石门峡风景区、磨盘山国家森林公园、哀牢山红河谷旅游景区、南恩瀑布、云南哀牢山国家级自然保护区、戛洒花街、大沐浴花腰傣文化生态旅游村、褚橙庄园、古州野林、红河第一湾观景台等旅游景点连接成线，促进体育赛事与旅游产业深度融合，助力新平县体育旅游产业发展。

四、贵州省的体育赛事和旅游资源融合发展

（一）铜仁玉屏茶花泉旅游线路

贵州省的玉屏茶花泉景区以天然的风景、环境优势为载体，以健身走、徒步为锻炼形式，打造了体育旅游精品线路。该路线位于国家3A级景区茶花泉景区内，茶花泉景区距玉屏县城7公里，景区内步道全长约20公里，有柏油、水泥、石板、木板等材质路面，很适宜开展户外体育活动。

景区融自然景观、人文景观、箫笛文化、油茶文化和北侗文化于一体，油茶产业示范园、龙泉生态湿地公园、户外运动基地、混寨乡村旅游区等景点与周边的铁柱山、卧佛山、古樟树群等自然景观和人文景观互相映衬，打造出十分丰富的体育旅游资源。景区山清水秀，空气新鲜，道路幽静，观光步道、文化长廊、景观亭以及纵横交错的园区柏油道路，成为绝佳的徒步游览和山地自行车观光路线。景区有着优美的自然环境，以丘陵地貌为主，自行车车道、山地自行车赛道、健身步道等基础设施为"相约茶花泉"山地自行车邀请赛、"相约茶花泉"户外徒步比赛、茶花泉越野跑比赛等体育活动赛事打下了基础，而各项体育赛事活动以茶花泉旅游、玉屏箫笛文化、山地户外健身相结合的方式，共同打造出了玉屏茶花泉独特的体育旅游内涵。

（二）铜仁印江环梵净山骑行线路

铜仁印江环梵净山骑行路线是贵州省体育局、铜仁市政府以及相关职能部门共同打造的体育精品赛事，为促进印江体育旅游产业的发展奠定赛事基础。

"一带一路"倡议下体育旅游资源的整合与发展研究

环梵净山公路自行车赛以梵净山圣地为主体，秉承"绿色、健康、开放、拼搏"理念，嵌入风光秀丽的自然景色、生态环境、文化底蕴以及市民的热情，旨在大力推进全民健身运动，倡导绿色健康生活，宣传推介铜仁文化旅游资源，推动铜仁对外开放交流。同时体育赛事的打造和旅游路线的规划旨在认真贯彻落实习近平总书记关于建设体育强国的重大决策部署，大力弘扬体育精神，以体育赛事为载体，促进"体育+旅游"深度融合发展，全面提升梵净山西线文化旅游的知名度、美誉度和影响力，努力将环梵净山公路自行车赛打造成让世界了解铜仁、走进铜仁的靓丽名片，让广大体育爱好者、参与者和社会各界朋友在领略梵净山自然风光的过程中亲近自然、强身健体、骑向未来、挑战极限。铜仁市政府及相关职能部门充分挖掘书法文化、红色文化、民族文化等特色元素，精细策划文旅产品，不断丰富旅游业态，积极举办体育赛事，文、体、旅融合发展取得新进展。自行车运动是一项有着广泛群众基础、融入生态自然的绿色运动，其理念与"书法之乡·养生印江"的内涵高度契合，能推动全民健身活动的开展，该赛事的举办和旅游路线的规划大力提升了印江的整体形象。

铜仁印江环梵净山骑行线路与周边景点衔接路线，如图6-10所示。该路线将铜仁印江环梵净山骑行线路与梵净山、亚木沟、思南石林旅游区、云舍景区、寨沙侗寨、藏龙洞景区、思南千佛洞景区等旅游景点连接成线，促进体育赛事与旅游产业深度融合，助力印江体育旅游产业发展。

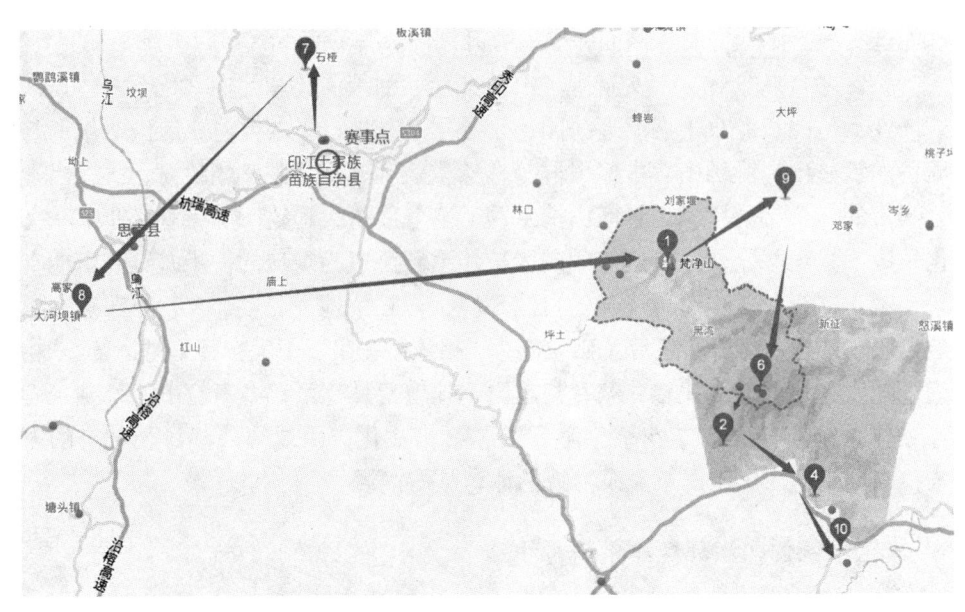

图6-10 铜仁印江环梵净山骑行线路与周边旅游景点衔接路线

(三) 百里杜鹃山地休闲体育旅游区

百里杜鹃风景名胜区位于贵州西部的毕节市，是我国的 5A 级景区，因各种杜鹃花竞相怒放、漫山遍野、千姿百态、铺山盖岭、五彩缤纷，形成美丽的杜鹃花开放景观而著名。该景点在花开时节备受徒步者的青睐，吸引了来自全国各地的徒步爱好者。借助自然环境优势，百里杜鹃管理部门为满足人民日益增长的体育旅游休闲需求，响应国家体育旅游产业发展的政策，把体旅融合发展作为丰富旅游产品体系、拓展旅游消费空间、促进旅游产业转型升级的重要手段，整合周边景点资源，优化景点资源，通过举办体育赛事、培育当地品牌、完善机制推进"体育 + 旅游"融合发展，助推旅游实现更高质量、更稳增长、更可持续的发展。全民健身、健康中国逐渐成为新时代背景下的发展趋势，人们健康、健身的需求不断增强，从"吃住行"到"运健学"，越来越多的人在旅游中关注并选择运动元素。毕节市政府和百里杜鹃管理部门借着"一带一路"倡议和国家大力发展体育旅游产业的契机，打造了一批有影响力的体育旅游精品线路、精品赛事和示范基地，通过体育搭台、旅游唱戏等形式将百里杜鹃景区作为开发载体，在景区中建设滑草场、赛马场、射击场、健身步道、越野赛道、户外拓展等体育设施，将体育赛事与沿线风光、文化、民俗有机串联，辅之以山、水、林、田、湖、草等景观元素，助力旅游内涵升级、旅游品质提档、经济效益增长，让参与者在美景中运动，游览的是风光，体验的是文化，收获的是运动的快乐。

百里杜鹃山休闲体育旅游区与周边旅游景点衔接路线，如图 6-11 所示。该路线将百里杜鹃山地休闲体育旅游区与百里杜鹃风景名胜区、奢香古镇、织金洞国家重点风景名胜区、九洞天风景名胜区、乌江源百里画廊化屋风景区、浪漫草海风景区、平原古镇、大韭菜坪、油杉河景区、小河风景区等旅游景点连接成线，促进体育赛事与旅游产业深度融合，助力百里杜鹃区域体育旅游产业发展。

五、西藏自治区的体育赛事和旅游资源融合发展

珠穆朗玛徒步大会是西藏创新"体育 + 旅游"模式又一次成功的实践，活动吸引了来自全国各地的上百名徒步爱好者参加。为贯彻《国务院关于加快发展体育产业促进体育消费的若干意见》和《国务院办公厅关于加快发展健身休闲产业的指导意见》等，日喀则市积极打造喜马拉雅登山徒步穿越经典线路和登山徒步"示范点"，探索"体育旅游促精准扶贫惠民"新模式，推动构建"体

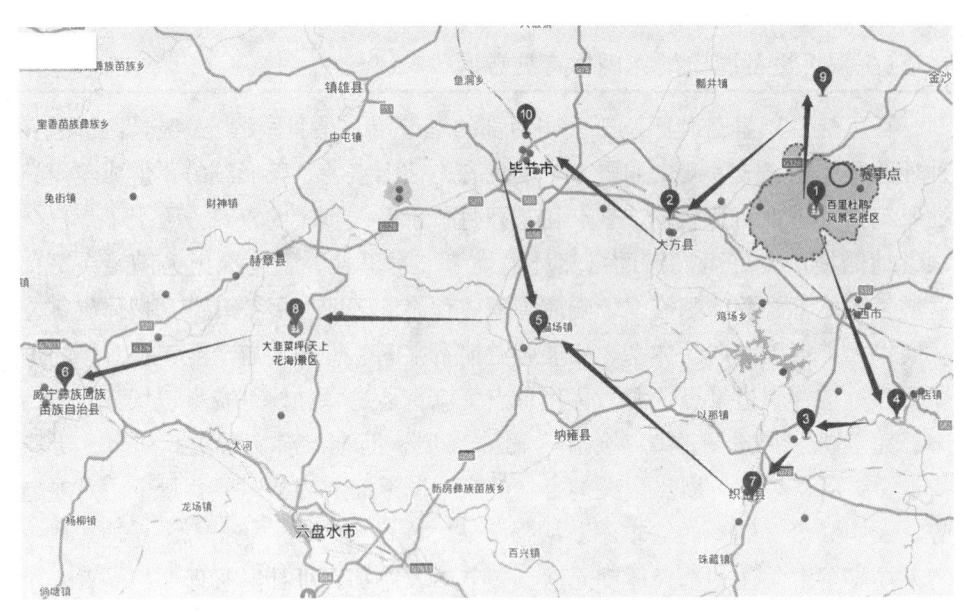

"一带一路"倡议下体育旅游资源的整合与发展研究

图 6-11　百里杜鹃山地休闲体育旅游区与周边旅游景点衔接路线

育旅游产业扶贫珠穆朗玛示范区",引导和鼓励资源所在地群众通过自主经营步道营地和餐饮住宿等服务设施,积极参与山地户外运动产业,实现脱贫和增收致富。在"一带一路"倡议的时代背景下,在珠峰地区开发打造户外徒步旅游项目,有助于进一步打造环珠穆朗玛观光带,对提升西藏地区的旅游资源开发和推广力度具有重要意义。

珠穆朗玛徒步大会与周边旅游景点衔接路线,如图 6-12 所示。该路线将珠穆朗玛徒步大会与星嘎玛错、定结县陈塘沟风景区、朗嘎玛、虫育嘎玛等旅游景点连接成线,促进体育赛事与旅游产业深度融合,助力西藏体育旅游产业发展。

西藏体育旅游产业发展还处于起步阶段,西藏自治区体育局指出,西藏体育事业整体实力在逐渐增强,正把融合发展作为体育产业发展的重要路径,推动体育与旅游、文化、农业、医疗、传媒等"体育+"业态融合,努力提供多层次、高品质的体育供给和服务。西藏自治区在充分发挥体育产业关联度高、融合性强的特点基础上,加强体育文化交流,以融入"一带一路"和面向南亚大通道建设为突破口,开展沿线国家和地区的体育赛事、体育文化交流,构建环"喜马拉雅"健身休闲赛事活动体系,充分展示西藏的生态优势、人文资源、民俗文化、体育旅游线路和景点;深度挖掘优秀旅游资源,重点打造纳木错户外徒步、洛堆峰滑雪、"天路"骑行体验等重点体育旅游项目,扩大西藏体育

第六章 西南地区体育旅游资源与发展

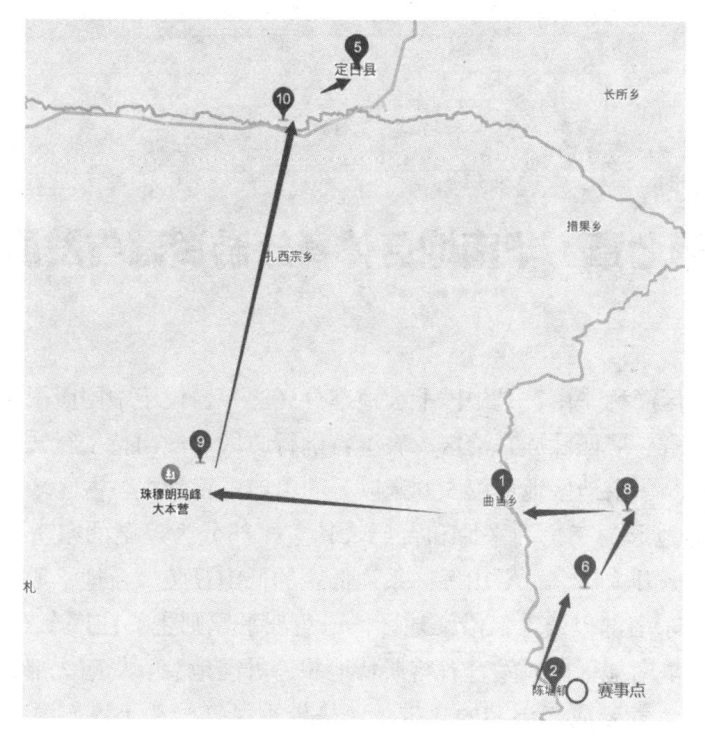

图 6-12 珠穆朗玛徒步大会与周边旅游景点衔接路线

旅游市场客群，使全域旅游和全季旅游向纵深推进，构筑"圣地西藏，户外天堂"体育旅游品牌发展的新优势和新动能；发展运动休闲特色小镇，积极参与鲁朗等特色小镇建设，打造集体育、健康、旅游、休闲、养老、文化、宜居等多种功能于一体的特色旅游区。近年来，西藏体育产业边界逐步扩大，"体育＋地产"的体育小镇、"体育＋旅游"的旅游路线、"体育＋娱乐"的综艺产品等发展得如火如荼，"体育＋"优质项目已成为吸引资本进入的"宠儿"。

第七章　华南地区体育旅游资源与发展

华南地区简称华南，是中国七大地理分区之一，位于中国版图的南端，区内包含广东省、广西壮族自治区、香港特别行政区、澳门特别行政区、海南省及临近海岛。华南地区地形以500米以下的山地丘陵为主，占区域面积的70%以上，部分地形为三角洲平原和台原。其主体部分为广阔的东南丘陵，包括十万大山、云开大山、云雾山等一系列低矮的低山丘陵，台地平原主要集中在广西中部和东南部以及珠江沿江地区，三角洲平原则主要在广东省的中南部。除此之外，华南地区内还发育有喀斯特地貌、丹霞地貌。华南大部分地区都处于中低纬度，气候属于湿润的热带、亚热带季风气候，年均气温16～23℃，台风频繁，阳光雨水丰沛，植被四季常青，夏长冬短，最南端的海南岛则几乎没有冬季，是全国人民冬季的旅游度假胜地。华南地区的动植物资源也同样丰富且结构多层，热带、南亚热带自然面貌特征突出，与华中地区的亚热带景色有明显的区别。华南地区北部为亚热常绿阔叶林，南部则为热带季雨林和热带雨林，热带海洋地区还有独具一格的珊瑚岛景观。华南地区的滨海旅游资源十分丰富，海域面积约占全国海域面积的78%，海域内共有2760多个岛屿，而且岛屿类型众多，既有构造复杂的大陆岛，还有许多构造单一的珊瑚岛和沙岛，适合开展帆船、赛艇、冲浪等海上体育赛事项目。与此同时，华南地区凭借良好的气候条件、海岛风光和独特的岭南文化等旅游资源，成为国内外旅游者心中公认的"度假胜地"。

从行政区位角度分析，华南地区北靠华中地区，东连华东地区，西南部与越南、老挝、缅甸等国家接壤，南部是辽阔的海域和南海岛群，与菲律宾、马来西亚、印度尼西亚等岛屿国家隔海相望。从亚洲范围区位角度来看，华南地区处在东亚与东南亚的衔接处，拥有我国最绵长的海岸线和最优良的港口，是我国改革开放和对外联系的最前沿阵地，国内外最新的信息、技术和人才均在此汇集，是祖国的"南大门"。古往今来，华南地区一直是沟通东西方经济文化交流的重要桥梁，"海上丝绸之路"南海航线的中心就在南海地区，起点就

第七章 华南地区体育旅游资源与发展

在广州。2013 年，习近平总书记在访问东盟时提出了 21 世纪海上丝绸之路的构想，旨在进一步深化与东南亚地区的经贸合作关系，从而以点带线、以线带面，串联起东盟、南亚、西亚甚至北非、欧洲等各大经济体，实现经贸一体化。这也为华南地区带来了巨大的历史机遇，2015 年 3 月，国家发展改革委、外交部、商务部联合发布了《推动共建丝绸之路经济带和 21 世纪海上丝绸之路的愿景与行动》，提出利用长三角、珠三角以及海峡西岸等经济实力雄厚、辐射带动能力强的地区，支持建设 21 世纪海上丝绸之路，充分发挥深圳前海、广州南沙、珠海横琴、福建平潭等开放合作区的作用，深化与港澳台合作，打造粤港澳大湾区，加大海南国际旅游岛开发开放力度。与此同时，还要加强上海、天津、青岛、广州、深圳、湛江、汕头、海口、三亚等沿海城市港口建设，强化上海、广州等国际枢纽机场功能。进一步扩大沿海城市的开放力度，深化体制机制改革，加大科技创新力度，成为"一带一路"特别是 21 世纪海上丝绸之路建设的先锋队。发挥海外侨胞以及香港、澳门特别行政区的独特优势作用，积极参与和助力"一带一路"建设。由此可见，华南地区具有良好的区位优势和政策优势，作为中国改革开放的前沿阵地，其发展潜力不可估量。

从经济角度来看，华南地区的广东省由于其历史经济文化背景和特殊的地理位置，被选作改革开放的先锋队，成为先富起来的地区。改革开放初期划定了 4 个经济特区，其中就有 3 个位于广东省，分别是深圳、珠海、汕头。经过 40 余年的发展，深圳和广州已然成为国内超一线城市，它们的 GDP 总量排名全国第 3、4 位，广东省更是连续 33 年蝉联全国经济第一大省的宝座，而且从世界维度来看，广东省的 GDP 超过了韩国和加拿大，世界范围内可以排名第 10 位，足见中国改革开放为广东省的腾飞插上了翅膀，也让珠三角地区成为国内第三产业最为发达的地区之一。在华南地区，还有香港和澳门这两座旅游、金融和贸易中心。在改革开放初期，香港和澳门地区为华南地区和内陆地区输送了大量的原始资金，提供了先进的技术和管理经验，这也极大地推动了华南经济圈的发展。2019 年 2 月，中共中央、国务院印发了《粤港澳大湾区发展规划纲要》，在国家战略的指引下，珠三角城市群将联合香港和澳门两个特区建设粤港澳大湾区，旨在打造与美国纽约湾区、旧金山湾区和日本东京湾区比肩的世界四大湾区之一。这一重大举措势必将进一步促进华南地区的融合发展，进一步辐射和带动内陆城市的经济发展，也有利于旅游业的发展。但是华南地区的经济发展仍然存在不均衡问题，由于地形和地理位置的影响，广西壮族自治区和海南省的发展水平要落后于大湾区和珠三角地区。

笔者对华南地区 2016—2020 年的 GDP 进行了整理分析（如图 7-1 所示），

"一带一路"倡议下体育旅游资源的整合与发展研究

从图表中可以看出，在经济总量上广东省是绝对的龙头老大。拥有珠三角经济圈和2个超一线城市的广东省，其GDP总量在2018年就将近突破10万亿元大关，且经历过新冠肺炎疫情后还保持旺盛的增长态势。香港特别行政区则紧随其后，其GDP总量在2016年就已经达到2万亿元以上，其后增长势头逐渐放缓。特别是在2020年新冠肺炎疫情冲击影响下，作为外向型为主导的香港经济已现颓势，GDP总量略有下滑。香港特别行政区的土地面积并不大，按照城市层面对比来看，香港的GDP总量2020年排在全国第6位，而且人均GDP早在1988年就迈入了1万美元大关，产业积淀十分深厚，其经济实力不容小觑。广西壮族自治区的经济体量和香港十分接近，2018年中期GDP总量接近2万亿元，近些年经济也呈现稳步增长的态势，但是经济增长相较其他地区略为缓慢，排在全国中下游水平。海南省和澳门特别行政区的GDP总量在2016—2019年都是以较为缓慢的速度在增长，2020年受到世界范围内的新冠肺炎疫情影响，海南和澳门的旅游业也受到了巨大的冲击。尤其是澳门特别行政区，旅游产业是当地的支柱产业，因为过于依赖国内外的游客收入，其2020年的GDP总量直接腰斩。综合以上经济数据可以看出，华南地区是我国最具经济活力、经济发展度最高的地区之一，其市场活跃度和人民消费能力都很强，人们对于旅游消费需求旺盛，接受度也高。而且，该地区的旅游资源

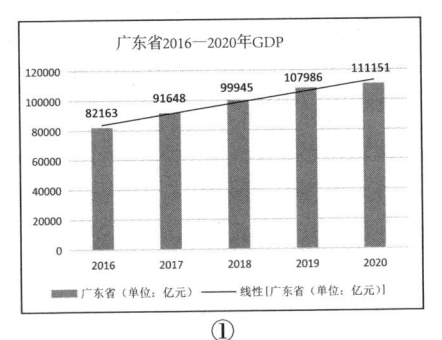

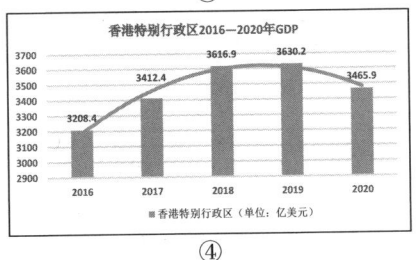

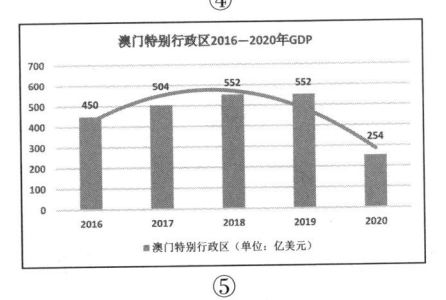

图 7-1　华南地区 2016—2020 年 GDP

第七章 华南地区体育旅游资源与发展

十分丰富，有多座国内外著名的旅游城市，有良好的先天条件，是体育旅游产业成熟的消费市场。

华南地区中的珠三角和粤港澳大湾区属于经济高度发展的地区，这些地区的服务业和旅游业高度发达，在国际上都具有一定的名气，是国际性的大都市，也是国际上著名的旅游城市。除了港澳地区，通过对华南地区 2016—2019 年的国际旅游外汇收入和接待国际游客数量统计来看，如图 7-2、图 7-3 所示，广东省、广西壮族自治区、海南省的国际旅游外汇收入和接待国际游客人数每年均呈现稳步上升的态势，但是在体量上存在着较大差异。广东省坐拥国内两大超一线城市，经济体量庞大，人口流动量大，所以其旅游外汇收入和国际游客数值都非常高，在 2017 年就基本达到了 200 亿美元的水准，国际旅游外汇收入占比已经超过全省 GDP 总量的 1%，这与其全国第一经济大省的地位相符。但是，由于其总量过大，所以增量发展较为迟缓，2018—2019 年广东省国际旅游外汇收入几乎处于原地踏步的状态，国际游客人数还出现了略微下降的情况。广西壮族自治区的国际旅游外汇收入虽然相比于广东省的体量小很多，但是从全国范围内进行对比来看，广西壮族自治区的国际旅游外汇收入排在第 6 位，处于全国第一梯队内。而且，近几年广西壮族自治区的国际旅游外汇收入增长速度很快，特别是在 2019 年中，国际旅游外汇收入比 2018 年增加了将近 7.4 亿美元，增幅达到 26.4%，旅游产业发展潜力十足。与此同时，广西壮族自治区的国际旅客人数排在全国第 4 位，与上海市仅差 110 万人，且一直呈稳步上升的态势。由此可以看出，广西壮族自治区是名副其实的旅游大省，不仅对国内游客有很强的吸引力，也深受国际游客的喜爱，具有广阔的旅游市场。对比内陆 2 个省份，海南省的国际旅游外汇收入并不高，而且国际游客人数也是最少的。这一现象的产生与海南岛的交通状况存在一定的关系，由于海南省的

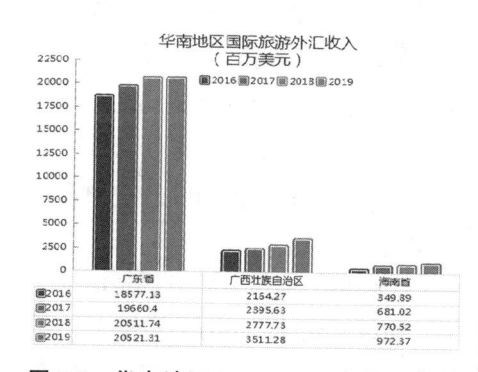

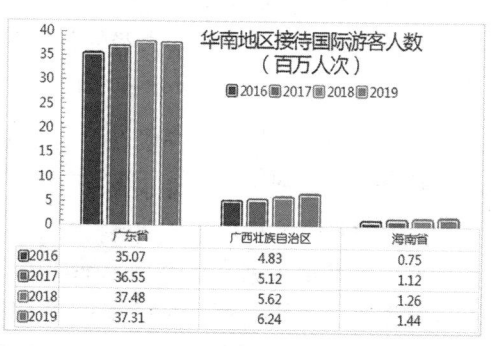

	广东省	广西壮族自治区	海南省
2016	18577.13	2154.27	349.89
2017	19660.4	2395.63	681.02
2018	20511.74	2777.73	770.52
2019	20521.31	3511.28	972.37

图 7-2　华南地区 2016—2019 年国际旅游外汇收入（百万美元）

	广东省	广西壮族自治区	海南省
2016	35.07	4.83	0.75
2017	36.55	5.12	1.12
2018	37.48	5.62	1.26
2019	37.31	6.24	1.44

图 7-3　华南地区 2016—2019 年接待国际游客数量（百万人次）

国际机场较少且通航国家不多,虽然免签国家多达 59 个,但是仍然很难吸引国际游客前来旅游。而且,东南亚的海岛国家也有很多,且海滨风光丝毫不逊色于海南岛,东南亚地区消费水平也较低,因此对比起来没有太大优势。

总的来说,华南地区无论是在政策支持上还是在经济实力上都具备很大优势,是一个相当成熟的旅游消费市场,当地居民对于健康与旅游的需求和意识非常强,同时也具有非常强的购买力和消费能力。再加上华南地区气候宜人,对外交流频繁,旅游资源丰富且类型多样,虽然经济发展水平和旅游资源分布不均衡,但是可以进行互相弥补,非常适合发展体育旅游产业。

第一节 华南地区发展体育旅游资源的政策支持

一、广东省对体育旅游赛事活动项目的支持案例

〔案例 1〕

2021 年 5 月 15 日,南粤古驿道"Hello 5G 杯"定向大赛首站在汕尾市海丰县开跑,这也标志着 2021 年南粤古驿道定向系列赛正式拉开帷幕。2021 年,南粤古驿道定向大赛设置了 7 站赛事,遍及广东省各个地县市,除首站在汕尾海丰站,其余 6 站举办地分别在阳江阳西、江门恩平、东莞石排、肇庆封开、清远佛冈、韶关乐昌。在赛事分组上,各分站赛事基本上都设置有少儿组、专业组、成年组和体验组,降低了赛事的参与难度,提升了赛事的趣味性。在赛事类型上,设置了短距离定向赛、团队定向赛、古驿道研学定向赛等项目。南粤古驿道定向大赛是广东省政府精心打造的将体育与地方特色传统文化相结合的体育旅游项目。南粤古驿道定向大赛的各站场地都被精心安排在广东美丽的古村落,通过"体育+旅游"的方式展现广东省的人文文化,让参赛选手在运动的同时还可以欣赏美丽的古村落风景和当地的风土人情。该项赛事是广东省重点打造的定向赛事,是政府培育旅游消费新增长点的主动尝试,它将全民健身活动与乡村振兴战略高度融合,激发群众参与全民健身的热情。

南粤古驿道定向大赛不仅是推动广东省全民健身的重要举措,还是助推南粤乡村振兴的关键一环,是广东省"十四五"规划开局推进体育公共服务体系高质量发展的重要节点。在这次定向大赛中,广东省相关政府部门也对历届赛事进行了总结,并且给予了充分的肯定和支持。广东省自然资源厅规划处发言

人在赛事发布会上充分肯定了近几年来南粤古驿道保护利用和旅游资源开发的成绩，并且表示会继续同省内有关部门进一步串联起南粤古驿道的自然旅游和人文资源，进一步完善和建设粤北4市5地华南研学基地，发挥南岭国家公园对粤北生态特别保护区的辐射带动作用，创新"古驿道+"活化利用模式，实现南粤古驿道的"高水平保护、高效能利用"。广东省文化和旅游厅也将重点开发和挖掘南粤古驿道旅游内容，并进一步做好南粤古驿道文旅融合、体旅融合，做好文化旅游宣传工作。2021年南粤古驿道定向大赛还联合了当地的教育、体育部门重点围绕"体教融合"举办了一系列市级、区级的学生定向越野赛事活动，让更多的学生参与到体育运动中来，让更多的学生了解自己家乡的古驿道文化，进一步提升古驿道旅游品牌的影响力。

为了贯彻实施全民健身国家战略，推进健康广东建设，促进全民健身活动开展，提高公民身体素质和健康水平，2019年5月广东省政府颁布了《广东省全民健身条例》。这一条例的颁布为基层体育活动的开展提供了政策支持，南粤古驿道定向大赛正是各县市落实《广东省全民健身条例》的实际举措。《广东省全民健身条例》还要求县级以上人民政府应该注重完善基层的基本公共体育服务，要将好的公共体育服务带到农村地区和城市社区之中，不能厚此薄彼。与此同时，还要重点扶持革命老区、少数民族地区、贫困地区，发展全民健身事业。南粤古驿道定向大赛正是秉承着助推南粤乡村振兴这一理念，将赛事与生态保护、红色文化进行深度融合，从而带动地方经济的发展，推进全民健身事业的发展。

〔案例2〕

2020年9月12日，2021乡村骑士嘉年华活动在肇庆市封开县贺江碧道画廊景区举行，吸引了来自全国近500位骑士前来参赛。这次骑行距离总长约为123公里，沿线途经江口、大洲、都平、渔涝、白垢5个镇，骑行线路贯穿了这些地区的著名景点和生态度假村，参赛选手在速度与激情中感受贺江碧道画廊优美的生态环境和历史文化，体验独特的岭南风情和田园风光。在赛事终点，主办方还安排了封开特色农产品展示、销售专区，以此带动农民增收，助力乡村振兴。当下国内旅游业和健康产业的发展势头越来越好，体旅融合也迎来了发展的黄金时期，在《广东省全民健身条例》的政策支持下，乡村体育旅游成为乡村振兴的重要法宝。广东肇庆封开贺江户外运动环线是广东省2021年唯一上榜的"国庆假期体育旅游精品线路"。广东肇庆封开贺江户外运动环线地处"省际廊道"——封开贺江碧道画廊，是封开县重点打造线路，线路总长121公里，途经封开县贺江碧道画廊景区及贺江沿线圩镇。环线为2020年、2021年广东省南粤古驿道定向越野大赛赛场，在该环线上开展的"乡村骑士"贺江骑行活动，吸引了超过千名来自珠三角核心地区的骑士参赛，盘活了周边特色旅游产品销售和县城酒店、民宿市场。

广东肇庆封开贺江户外运动环线的建设是全面落实《广东省体育强省建设实施纲要》、践行"绿水青山就是金山银山"发展理念的实际举措，也是体育产业与旅游产业融合发展的典型实例。2020年9月，广东省政府颁布了《广东省体育强省建设实施纲要》，其中就提到要统筹规划体育产业布局，重点打造"一圈双核五带多点"体育产业布局，构建珠三角一小时体育圈，形成广州、深圳两个核心示范市，培育沿绿道碧道、沿南粤古驿道、沿江、沿海、沿山体育产业带，建设点状体育产业功能区，支持粤东粤西粤北地区结合当地实际发展特色体育产业。广东肇庆封开贺江户外运动环线正是在这一政策大背景下建设起来的，沿绿道碧道和南粤古驿道建设体育产业带和体育产业功能区更是直接写进了文件之中，可见广东省政府对于体育旅游和文化旅游的重视程度。该文件还指出，要优化体育产业结构，补足当前体育产业所存在的短板，完善并优化体育产业体系，重点提升体育服务业比重，大力培育和完善健身休闲、体育培训等服务业态。与此同时，还要推进"互联网+体育"、各类体育产业之间，以及体育产业与文旅、娱乐等相关产业融合发展，激发市场活力，延伸产业链条。《广东省体育强省建设实施纲要》还指出，要增强广东体育文化软实力，弘扬以爱国主义为核心的中华体育精神和传承以龙舟、醒狮、武术为代表的岭南体育文化，充分挖掘这些非物质文化遗产的体育人文内涵，摸索推出新的体旅和文旅精品产品。

二、广西壮族自治区对体育旅游赛事活动项目的支持案例

〔案例1〕

2020年12月19日，2020中国攀岩自然岩壁精英挑战赛（广西马山站）在广西南宁市马山县古零攀岩特色体育小镇开赛。此次比赛为期2天，吸引了来自全国各地60名顶级精英攀岩运动员前来参赛。马山县作为东道主也派出了多位优秀本土选手参赛，并且取得了优异的成绩，其中在自然岩壁难度速度赛项目中，有2名男选手和6名女选手进入决赛，男子组和女子组都夺得了本次比赛的冠军。自2018年以来，马山县攀岩运动员参加各级攀岩赛事共斩获金牌63枚、银牌57枚、铜牌44枚。马山攀岩能取得如此优异的成绩，离不开广西

壮族自治区政府的大力支持以及马山县政府发展体育旅游特色小镇摆脱贫困的决心。

在攀岩小镇建设前期,马山县政府就确定了"靠山吃山"的基本发展思路,顺应当下体育户外旅游的潮流,明确了要发展山地户外运动产业,全力打造攀岩小镇。在攀岩小镇建设初期,马山县政府成立了攀岩小镇项目建设指挥部,由县委、县政府主要领导亲自挂帅,并在攀岩小镇核心区三甲屯设立攀岩小镇建设现场指挥部办公室,第一时间研究和解决小镇项目在建设过程中存在的问题和困难,并且实时对项目建设情况进行检查与督促。与此同时,小镇项目建设指挥部还制定并实施了近期和中长期建设发展规划,多方争取上级支持和指导,高标准推进建设发展。在此期间,马山县持续举办中国—东盟山地户外体育旅游大会·攀岩大师赛、中国—东盟山地马拉松赛、环广西公路自行车赛(马山赛段)等一系列重大赛事节会,渐渐打响了马山县的赛事名声。2016年"马山山马赛"赛道获"中国山马最美赛道"称号。2017年8月,南宁市马山县古零镇成功入选全国第一批运动休闲特色小镇试点项目,成为国内首个攀岩特色体育小镇。紧接着,2018年攀岩特色体育小镇获"广西体育产业示范基地""广西五星级山地户外运动营地"称号。2019年,马山获"全国攀岩进校园推广示范县""中国登山协会2019年度推荐攀岩目的地"称号。2020年,马山县攀岩特色体育小镇户外运动体育休闲旅游线路入选"2020中国体育旅游精品项目",并且获得"十佳体育旅游精品线路"提名。截至2020年底,攀岩特色体育小镇已累计开发完成22面岩壁、553条攀岩线路,建成23所攀岩学校,承办了2届国际级攀岩赛事、4场国家级攀岩赛事、21场县级攀岩赛事及中国—东盟山地马拉松赛等一系列重大山地户外赛事活动。随着马山县体育旅游赛事的不断丰富、硬件设施的不断完善,其知名度也大幅提高,马山县的游客数量从2016年的269.65万人次增加到2019年的603.8万人次,体育旅游产业已经成为马山县的经济支柱产业。

马山县体育旅游产业的高速发展离不开广西壮族自治区政府对体育旅游产业的重视和政策支持。2015年7月,广西壮族自治区人民政府出台了《关于加快发展体育产业促进体育消费的实施意见》,文件指出,要注重发挥广西优势、突出广西特色、打造广西品牌,重点打好"山水牌""民族牌""开放牌""融合牌"和"赛事牌"5张特色产业牌。"山水牌"就是充分挖掘广西山水生态资源,培育发展户外运动休闲产业;"民族牌"就是挖掘和整理民族传统体育文化资源,打造民族传统体育赛事和节庆活动品牌;"开放牌"就是加强与东盟国家的体育产业交流合作,打造一批沿海岸线、沿边境线等一系列体育旅游精品线

"一带一路"倡议下体育旅游资源的整合与发展研究

路和户外休闲运动品牌;"融合牌"就是探索"体育+"的新模式,摸索体育产业与旅游、健康养老养生、文化创意等产业的融合发展;"赛事牌"就是开展体育竞赛表演活动,支持和鼓励各地举办和引进国内外高水平赛事,打造赛事产业链,开发赛事衍生品。马山县体育旅游产业正是在这一政策的引导下,打好了这5张"牌",摸索出了"体育+文旅+扶贫+县域发展"的马山模式,从而实现了脱贫致富和区域经济的腾飞。

〔案例2〕

2021年11月8日,"一带一路"国际帆船赛(中国北海站)起航仪式在北海银滩罗马广场举行,专业组帆船竞相出发,拉开了2021年度为期4天的冠军争夺战的序幕。此次国际帆船赛是2021年国内参赛人数最多、规模最大、水平最高的大帆船赛事之一,吸引了来自国内以及欧美国家的19支顶尖船队参加。本届"一带一路"国际帆船赛的看点集中在高规格、高质量、高水平的北海银滩至涠洲岛长航拉力赛及绕岛赛上,在此基础上,本次赛事为了提升赛事的大众参与度和全民健身的积极性,还特地设置了社会组帆船赛和Hobie16级别的体验,让帆船运动走进人民群众之中。与此同时,赛事主办方还举行了一系列的赛事文化体验活动,如赛事奖杯设计征集、OP帆船进校园、"帆动北海"嘉年华等活动,进一步提升北海帆船赛事的氛围,促进北海"体育+"产业发展。

"一带一路"国际帆船赛以"传承一带一路使命,谱写海上丝路华章"为主题,旨在加强"一带一路"沿线国家的交流与合作发展,并希望通过举办赛事积累办赛经验,将"一带一路"国际帆船赛打造成为国际品牌赛事,推动北海乃至广西水上运动及相关产业的发展。2021"一带一路"国际帆船赛的成功举办离不开广西壮族自治区体育局和北海市人民政府的担当和支持。此前,广西壮族自治区体育局与原自治区旅游发展委(现文化和旅游厅)共同签订了《关于推进体育产业与旅游业融合发展的合作框架协议》,要求地方要立足自身的自然生态优势,积极推动"区域联动、部门联合、企业联手"的大体育旅游营销战略,围绕"山、海、边"做好体育旅游特色文章;为体育产业提供良好营商环境,吸引社会资本参与和投入体育旅游产业中来,培育打造一批体育旅游示范基地和精品赛事、线路、项目,开发推广一批具有影响力的体育旅游产品,推动体育旅游业高质量发展。2018年12月底,《广西户外运动发展规划(2019—2025年)》出台,其中提出构建"4核3圈8线"的广西户外运动空间布局,其中4核就是指建设南宁、桂林、北海、百色四个户外运动出发核心地,将北海作为海上运动集群出发核心地。2019年12月底,《关于大力发展体育旅游的指导意见》及《广西创建国家体育旅游示范区三年行动计划(2020—2022年)》发布,文件指出要依托广西山水资源,稳步推进户外体育旅游产业;传承壮乡文化,弘扬发展民俗体育旅游产业;加强开放合作,合力构建中国—东盟体育旅游产业格局;促进体养融合,创新发展健康旅游体育产业。近些年,广西壮族自治区政府密集出台的支持体育产业和体育旅游业发展的文件,给各县市体育旅游业的发展带来了契机,北海市正是抓住了这一发展良机,重点发展文旅产业,打造"向海经济",迎来了体育旅游业的爆发式增长。2019年2月,北海市涠洲岛滨海运动休闲线路被评为"2019春节黄金周体育旅游精品线路",是广西壮族自治区唯一一项上榜的精品线路。2021年1月,北海市成为广西壮族自治区首批5个体育旅游示范市试点城市之一,"体育+旅游"的新业态已然融入了这座城市的经济发展之中,成为其不可分割的一部分。

三、海南省对体育旅游赛事活动项目的支持案例

〔案例1〕

2018年10月23日,第十三届环海南岛国际公路自行车赛在儋州市民文化广场开幕,开启了为期9天的环岛自行车赛事。此次海南岛国际公路自行车赛包括7支洲际职业队、12支洲际队以及瑞士和克罗地亚2支国家队,共21支队伍参赛,赛事的起终点均设在儋州市,途经除屯昌、文昌、三沙外的海南16个市县,总体呈顺时针形态行进,总里程1431公里。环海南岛国际公路自行车赛创办于2006年,是《国务院关于推进海南国际旅游岛建设发展的若干意见》中明确提出重点培育、海南省委省政府倾力打造的重大国际性品牌体育赛事。环海南岛国际公路自行车赛经过多年的打磨和发展,已经成为亚洲水平最高、影响力最大的顶级公路自行车赛之一。2019年10月9日,环海南岛国际公路自行车赛更是成功晋级国际自盟(UCI)职业系列赛,成为继马来西亚环兰卡威赛和环青海湖国际公路自行车赛后第三个亚洲顶级公路自行车赛。

得益于海南省良好的气候条件、地形条件以及优美的滨海旅游资源,再加上国家体育总局和海南省政府相关政策的支持,户外自行车相关赛事在海南省内飞速发展。除了享誉国内外的环海南岛国际公路自行车赛以外,海南省还连续举办了多届"海南国际旅游岛自行车联赛""海口火山自行车文化节"等自行车赛事活动。这些自行车赛事活动沿途经过海南省各个县市,串联起了各个风景秀丽的景点,为各个县市展示美丽乡村风情、推动乡村振兴建设提供了平

台，极大激发了体育旅游产业的活力。

海南省体育旅游产业能有今天这一番红火的景象要归功于《国务院关于推进海南国际旅游岛建设发展的若干意见》这一"国"字号文件的出台。该文件为海南省旅游产业的发展指明了方向，明确了海南岛要发挥自身的区位和资源优势，加强生态文明建设，建设具有世界知名度的国际旅游岛，大力发展与旅游相关的现代服务业。在旅游景区打造上，立足区域特色精心设计旅游线路，形成山海互补的旅游格局，塑造"阳光海南、度假天堂"的整体旅游形象。在体育赛事上，大力支持海南举办国际大帆船拉力赛、国际公路自行车赛、高尔夫球职业巡回赛等体育赛事，与此同时试办一些国际通行的旅游体育娱乐项目。这两大举措也造就了海南省三大国际 IP 赛事，打造出了多次上榜中国体育旅游十佳精品项目的三亚蜈支洲岛旅游风景区、海口观澜湖旅游度假区。2015 年 8 月，海南省人民政府印发了《关于加快发展体育产业促进体育消费的实施意见》，文件指出要结合海南特色，着力打造海南赛事体育旅游集群，利用海南三大体育 IP 赛事，进一步丰富和拓展赛事商业开发的空间，完善赛事产业体系。同时，还要大力发展海上休闲运动业，推动海上体育旅游发展，并带动漂流、登山、滑翔伞、动力伞、热气球、航空模型等陆地和空中项目，形成以海引领、陆空跟进的休闲运动产业格局，促进体育产业与旅游、文化等产业融合发展。

〔案例 2〕

2020 年 11 月 29 日，第十一届环海南岛国际大帆船赛开幕式暨起航仪式在三亚举行。本届海南岛国际大帆船赛分为两个赛程，第一赛程于 11 月 21 日上午在海口开赛，赛程为期 4 天，设置了 OP 组、Hobie16 组、Fareast28 组 3 个参赛组别，吸引了 60 支队伍、百余名选手参赛。第二赛程于 11 月 29 日上午在三亚半山半岛帆船港开赛，赛程为期 7 天，设置了 IRC1-3 组、RHN-Dubois50 组和奥运龙骨船组 3 个大组别，吸引了 33 支队伍参赛，全程 580 海里，首次真正实现了全环海南岛不停靠。经过十余年的发展，环海南岛国际大帆船赛已经成长为国内顶尖、世界知名的航海赛事活动了，是广大帆友和职业选手一年一度的航海盛宴，如今已被正式收入世界帆联全球竞赛目录，多次获得亚洲船艇盛典授予的"亚洲最佳帆船赛"殊荣，被称为"中国第一离岸赛"。环海南岛国际大帆船赛见证了海南省体育旅游的变化和发展，是三亚市一张靓丽的城市名片，促进了三亚体育产业和体育休闲旅游的融合发展。

海南岛作为我国为数不多的岛屿省份和热带季风气候地区，全年长夏无冬，年均气温17～24℃，十分适合开展水上运动休闲赛事。海南省政府也一直在水上休闲运动赛事中持续发力，积极推动相关赛事发展。除了环海南岛国际大帆船赛以外，海南省还连续举办了多届万宁国际冲浪赛以及国际旅游岛帆板大奖赛等水上休闲运动赛事。这些海上休闲赛事的举办充分展现出了海南岛的滨海风情和海岛文化，将海岛观光、水上运动串联成一条充满活力的体育旅游线路，吸引了越来越多的社会资本投入体育产业，带动了第三产业的发展，特别是给旅游、餐饮、住宿行业带来了很多的商机。环海南岛国际大帆船赛的影响力日趋提升，也带动了海南岛的滨海休闲运动旅游热，岸边建起了越来越多的帆船游艇码头，海上越来越多的点点帆影也成为一道亮丽的风景线，极大地丰富了旅游产品服务内容，提升了游客的旅游体验。

海南省水上休闲运动赛事的进一步发展离不开《海南自由贸易港建设总体方案》这又一"国"字号文件的政策支持。文件明确指出，海南省要发挥区位和政策优势主抓旅游，大力发展体育旅游产业，积极探索和推动旅游与文化体育、健康医疗、养老养生等产业深度融合，重点建设打造国际旅游消费中心，加快构建以观光旅游为基础、休闲度假为重点、文体旅游和健康旅游为特色的旅游产业体系。乘着海南自贸港建设的东风，凭借相关政策的加持，海南自贸港建设也将全面提速，这也势必将极大推动海南岛体育产业及体育旅游的发展。2020年4月，海南省政府颁布了《海南省国家体育旅游示范区发展规划（2020—2025）》，文件指出要围绕海南"三区一中心"战略定位，充分利用自身的环境资源、地理位置以及经济政治政策优势，通过"体育旅游化"和"融体于旅"两大路径，重点打造体育旅游示范项目，做国家体育旅游示范区建设的排头兵。《海南省国家体育旅游示范区发展规划（2020—2025）》的发展目标：在前两年打造体育旅游品牌形象，形成体育旅游示范效应，在后三年完成体育旅游示范区的建设，基本形成国际体育旅游目的地，打造2—3个体育旅游产业集群。文件还重点围绕国家体育旅游示范区进行了"空间规划、产品规划、产业规划"。在空间规划上，提出构建"一圈、五区、五极、七核"，即一个环岛体育旅游圈、五个特色旅游区、五个体育旅游城市、七个体育旅游核心项目。通过以上一系列举措，深入挖掘和提升美丽琼岛"体育+旅游"的市场潜力和社会效益。

四、香港特别行政区对体育旅游赛事活动项目的支持案例

香港是一座高度繁荣的国际大都市，也是一座人口密度极大的城市。再加上地形地势的影响，香港特别行政区内山多平地少，使得区内的土地寸土寸

金，但这种地形地貌却十分有利于越野运动的开展。香港的跑步运动和越野跑运动发展得很迅速，除了最为著名的香港 100 越野赛以外，近几年还举办了多项越野跑赛事，如环大帽山越野跑（UTMT）、Garmin 100 越野赛、大屿山 100 越野赛、逆走 100 越野赛、维多利亚港 162 越野赛等。香港作为国际金融中心城市，其服务业和旅游业发展都较为成熟，但是在细分的体育旅游市场方面相较于内地的政策支持较为滞后，再加上新冠肺炎疫情原因，在一定程度上对旅游业造成了冲击，使得香港地区旅游产业的发展进入了"瓶颈"阶段。但是，香港特别行政区政府也在积极反思总结，以便开拓旅游发展新模式，更好地推动香港地区体育旅游业的发展。

五、澳门特别行政区对体育旅游赛事活动项目的支持案例

澳门以博彩旅游业为主要财政收入来源，因此其旅游业和服务业发展程度很高，但澳门地区面积较小，与香港一样也是人口密度极大的城市。因此，留给澳门发展体育旅游的项目和空间并不大，但是澳门特区政府在推动体育旅游产业发展的道路上摸索出了一条适合自己发展的路径。2016 年 10 月 12 日，中央发布了支持澳门的 19 项措施，支持特区政府每年举办世界旅游经济论坛、支持澳门发展海洋经济、支持澳门建设世界旅游中心，这些政策进一步奠定了澳门特别行政区政府建设世界旅游休闲中心的基础。2017 年 9 月 28 日，澳门特别行政区政府结合中央政府的政策正式颁布了《澳门旅游业发展总体规划》，制定了澳门旅游业未来十五年的发展蓝图，积极打造世界旅游休闲中心。《澳门旅游业发展总体规划》指出，要利用多元化旅游产品、独特的文化遗产、优质服务、可持续发展等理念，将澳门打造成为世界认可的旅游城市及枢纽。该文件指出，要进一步丰富旅游产品内容，促进旅游产品多元化，推出滨海体育旅游景点项目和活动，丰富旅客的游玩体验。与此同时，澳门特区政府还将举办文化、体育、旅游领域的双城活动，加强与周边城市的交流合作，联合举办相关的体育赛事、主题旅游活动，吸引更多的游客来澳旅游，增加游客停留时间。

第二节　华南地区发展体育旅游资源的经济环境

华南地区是改革开放春风最先吹到的地方，是我国发展市场经济最早的试验田，也是目前我国经济最为活跃和发达的地区之一。经过短短 40 余年的发展，珠三角地区已经成为国内第三产业最为发达的地区之一，广东省更是背靠

第七章 华南地区体育旅游资源与发展

香港和澳门这两座旅游、金融和贸易中心连续 33 年 GDP 排名全国第一。2019 年国家出台了《粤港澳大湾区发展规划纲要》，珠三角城市群将会联系得更加紧密，各产业之间的融合进程加快，珠三角城市群也必将迎来再一次的经济腾飞，这也为华南地区体育和旅游产业的发展提供了契机。

华南地区经济发展和旅游资源分布较不均衡，具体表现为珠三角地区经济实力强，居民购买力和消费力都很强，服务业、金融业、制造业都很发达，但是当地旅游资源的开发相对不太理想。而广西壮族自治区、海南省虽然经济发展水平较低，居民购买力和消费力都比较弱，但是对于旅游资源的开发和支持力度却很大，地区内从事旅游服务业的人员很多，旅游产业收入占本省 GDP 的比重较高。从另一个角度看，华南地区既拥有购买力强的消费群体，又拥有良好的旅游资源，两者可以很好地进行互补。体育旅游作为个性化的旅游项目，对于经济强省来说可以刺激群众进行消费，满足人民群众休闲娱乐需求的同时可以带动经济的增长；对于旅游大省来说则是具有广阔市场前景的蓝海项目。所以，近些年华南地区政府部门纷纷出台了财政支持政策，支持体育旅游产业的发展。

一、广东省体育旅游经济环境

广东省是全国经济体量最大的省份，其开展体育旅游的经济基础和环境也是最好的。从图 7-4 中可以看出，广东省 2016—2020 年第三产业增加值均呈现稳步增长的态势，而且第三产业市场十分庞大，在 2017 年就达到了将近 5 万亿元的高度，仅用两年时间广东省第三产业增加值就增加了 1 万余亿元，达到了 6 万亿元的水准。由此可以看出，广东省的第三产业经济活跃度高，发展势头十分迅猛，在此背景下广东省的体育旅游产业发展也是一路高歌猛进。

图 7-4 广东省 2016—2022 年第三产业增加值

"一带一路"倡议下体育旅游资源的整合与发展研究

2018年广东省体育产业总规模达到4912亿元，体育产业增加值为1655亿元，占GDP比重达1.66%；2019年广东省体育产业总规模达到5403亿元，体育产业增加值为1884亿元，占GDP比重达1.75%，相关主要数据位居全国第一，总规模占比近全国的1/5。广东省体育产业发展水平在国内一马当先，不仅仅是因为经济基础好，还受益于近些年广东省政府对于体育旅游业的大力支持。2021年，广东省内有"广州市天人山水大地艺术园""广州市融创文旅城"2个体育旅游示范基地，有"肇庆封开贺江户外运动环线之旅"1个体育旅游精品赛事，有"汕尾市陆河县新田镇联安村运动休闲特色小镇""佛山市高明区东洲鹿鸣体育特色小镇""湛江市坡头区南三镇运动休闲特色小镇""梅州市五华县横陂镇运动休闲特色小镇""中山市国际棒球小镇"5个国家级运动休闲特色小镇试点。这些体育旅游项目的开展，丰富了广东省体育产业的内容，也是广东省政府对于体育旅游业的积极尝试，在一定程度上补齐了旅游资源相对缺乏的短板，推动了广东省体育旅游产业的发展。

随着广东省体育产业的不断发展，广东省的体育产业结构也在不断优化，具体表现为体育用品制造业占比逐年下降，体育服务业占比逐年提高，体育培训业发展迅速。2019年广东省体育产业总产出为5403亿元，体育产业增加值为1884亿元。其中，体育用品制造业总产出为2569亿元，占比从2016年的69.7%下降至2019年的47.6%，年均下降约5.5个百分点。体育服务业（体育竞赛、体育教育培训、体育用品销售等9大类服务业）增加值为1251亿元，占比从2016年的55.2%增长至2019年的66.4%；其中，体育销售与贸易代理增加值又占到体育服务业中的62.7%，是体育服务产业中的主要经济增长点，具有巨大的市场潜力。与此同时，广东省的体育产业主体也呈现出多元化发展趋势，产业布局也日趋合理，截止到2020年底，广东省体育产业主体（包含法人和产业活动单位）超过44208家，其中60%分布在广州和深圳，逐步构建起了珠三角一小时体育圈，围绕这两座核心城市也培育和发展了一批体育产业集群，竞赛表演、健身休闲、体育旅游已经逐渐取代体育用品制造成为体育产业新的增长点。以上数据说明了广东省的体育产业正处于蓬勃发展的阶段，为体育旅游产业的开展提供了良好的经济基础和环境。

在经济政策上，为了加快体育产业的发展，广东省体育局早在2015年就发布了《广东省人民政府关于加快发展体育产业促进体育消费的实施意见》，其发展目标是到2025年省内体育产业总规模超过9000亿元，占全省GDP的2%左右。文件还强调，要推动体育与旅游融合发展，省内城市根据自身地形特点和自然资源优势开发体育休闲运动线路和体育旅游项目，支持海洋和丘陵山区体育旅游项目的开发，构建体育训练、竞赛表演、健身休闲、体育培训、体育旅游观光于一体的体育旅游精品路线和景区，积极打造省级体育旅游示范基地等。与此同时，广东省各级地方政府也出台了相关财政措施大力推动体育产业的发展，刺激体育消费。例如：2021年9月，深圳市政府发布了《深圳建设国家体育消费试点城市实施方案》，提出到2025年，体育产业增加值突破1000亿元，实现体育产业发展实力位居全国领先水平。此后在2021年5月，深圳市政府举办了体育消费节，联合50家知名企业发放了超过5亿元体育优惠券。随后，在2021年8月，东莞市政府也举办了体育消费节，提出了"四大计划、八大行动"，旨在推动全民健身工作，促进市民体育消费水平，拉动城市经济增长。

二、广西壮族自治区体育旅游经济环境

广西壮族自治区由于地形地势所限，可建设用地较少而且呈零散状态分布，这就不利于城市的建设和经济的发展。因此，广西壮族自治区的工业化发展也并不理想，经济基础和营商环境相比广东省存在较大差距。从图7-5中可以看出，广西壮族自治区第三产业增加值偏低，低于全国平均水平，但是2016—2022年以来一直保持平稳增长的势头，第三产业增加值在这5年间提升了约3800亿元。从以上数据可以看出，广西壮族自治区第三产业的发展还处于起步上升阶段，具有一定的市场前景，虽然体育产业发展的起点较低，但是广西壮族自治区拥有良好的气候条件和旅游资源，在相关政策的支持下有弯道超车的机会。

图7-5 广西壮族自治区2016—2022年第三产业增加值

"一带一路"倡议下体育旅游资源的整合与发展研究

虽然广西壮族自治区工农业基础薄弱，第三产业的体量相对较小，但是服务业"稳定器"的作用却毋庸置疑。2019年，广西全年全区生产总值比上年增长6.0%，其中，第一产业增加值同比增长5.6%，第二产业增加值同比增长5.7%，第三产业增加值为10771.97亿元，同比增长6.2%，高于第一、第二产业的增长速度。三次产业对经济增长的贡献率分别为15.2%、32.5%和52.3%，第三产业对经济增长的贡献率高于第二产业19.8个百分点。由此可以看出，广西壮族自治区在大力推动第三产业的发展，在工农业乏力的背景下，服务业对其经济社会发展的拉动作用日益突出，旅游业作为服务业的黄金产业也是广西壮族自治区政府经济布局中的关键一环。

广西壮族自治区政府一直在不遗余力地推动地区旅游产业的发展，尤其是对于旅游产业的动态掌握一直走在全国前列，近些年兴起的"体育＋旅游""文化＋旅游"概念就成为广西壮族自治区政府重点打造和扶持的对象。为此，广西壮族自治区体育局针对体育旅游产业的发展量身定制了《自治区体育局 自治区文化和旅游厅关于大力发展体育旅游的指导意见》。在经济政策层面上，该文件指出要着手培育和打造具有核心竞争力和品牌影响力的骨干体育旅游企业，扶持中小体育旅游企业，推动优势体育旅游企业的交流合作和强强合并，打造跨界融合的产业集团和产业联盟。在此基础上，要有针对性地开展体育旅游业的招商引资活动，积极承接相关产业的转移业务。鼓励成立单项体育旅游组织和团体，支持各类体育俱乐部和体育旅游行业协会的建设和规范发展，引导旅行社推广和设计开发体育旅游特色产品和体育旅游线路。文件还指出，要建立完善体育旅游投融资机制，开放市场投资，改善投资环境，鼓励引导社会资本以多种方式和形式参与体育旅游产品开发和项目建设。鼓励社会资本以市场化方式设立体育旅游产业基金；鼓励有条件的地方设立体育旅游产业基金并实行市场化运作；鼓励金融机构按照风险可控、商业可持续原则加大对体育旅游企业的金融支持，增加对体育旅游企业和项目的授信额度，放宽享受中小企业贷款优惠政策的条件，加大融资性担保机构对体育旅游企业和项目的担保力度。在资金税收支持方面，文件明确提出要加大对体育旅游业的资金支持。一方面，鼓励地方安排专款加大体育旅游基建和配套服务设施建设资金的投入，对于符合规定的高新技术体育企业减免15%的税率；另一方面，对具有代表性的、效益显著的体育旅游项目给予资金上的进一步支持和倾斜。鼓励各地方设立体育旅游产业发展专项资金，采用贴息贷款、项目补贴和奖励等方式，大力支持体育旅游产业发展。

三、海南省体育旅游经济环境

海南省是我国为数不多的岛屿省份，天然的岛屿维护了海南本身的自然生态，但也使得海南省与外界处于相对隔绝的状态，与大陆的交流联系和交通都较为不便。再加上岛内的生产资源和市场并不丰富，也使得海南省的工业发展较为落后，对于旅游业的依存度很高。当下海南省正处于建设自由贸易港的重要节点之上，又处在"21世纪海上丝绸之路"沿线，旅游、文化、体育等产业也将迎来重大发展机遇。从图7-6中可以看出，2016—2020年来海南省的第三产业处于缓步发展阶段，5年间提升了近1100亿元。海南省第三产业增加值在华南地区中排名垫底，从国内层面来说也处于尾部的位置，这与其经济体量小有一定的关系，即便如此，第三产业也占到了地区生产总值的60.4%，服务业增加值增长了5.7%，对全省经济增长的贡献率超过95%。在这5年中，海南省累计接待国内外游客3.52亿人次，实现旅游总收入4364.91亿元。由此可见，海南省的第三产业对于旅游业的依赖程度之高。

图7-6　海南省2016—2022年第三产业增加值

海南省对于文旅事业发展的资金支持力度还是比较大的。在2016—2020年间，海南省文旅系统共拨付2.23亿元旅游发展资金、31.52亿元公共文化设施资金、5.91亿元文物保护和"非遗"传承资金、10.34亿元体育公共服务和全民健身资金，为省内的文化、体育和旅游业营造了较好的经济环境。在这段时期内，为了扶持体育旅游业的发展，营造良好的营商环境，海南省旅游和文化广电体育厅发布了《海南省文化广电出版体育"十三五"发展规划》。该文件明确表示支持社会资本进入体育旅游产业，设立相关产业投资资金，推动体育旅游产业的发展。鼓励省内银行对体育旅游企业进行资金投放，提升放款额度，放宽对中小微体育旅游企业的贷款限制。在此基础上，还要完善对各类免费、低费提供公共服务体育场馆的补贴制度，政府积极探索与企业共建、共营体育公共基础设施，减轻企业负担。文件还强调，要积极扶持、打造一批体育旅游品牌民营企业，扶持本地中小微体育旅游企业，引进具有国际影响力的跨国体育公司，在海南省设立企业总部，做大做强本土体育旅游企业。文件还提出，海南省政府将要设立海南体育发展基金，用以搭建体育产权交易及投融资平台，与此同时还要成立海南体育产业集团，将省内的体育企业拧成一股绳，为省内体育企业的发展解决资金难题。

现阶段，为了营造良好的体育旅游经济环境，刺激旅游产业的发展，海南省旅游和文化广电体育厅在2021年10月制定了《海南省重点产业发展专项资金（旅游产业）使用实施细则》。该文件在原文件的基础上提升了奖励金额，拿出真金白银鼓励各县市发展创建旅游示范区，支持旅游项目的开展。文件提出，对成功创建省级全域旅游示范区的奖励400万元；对成功创建国家全域旅游示范区的奖励1000万元；对成功创建国家级夜间文化和旅游消费集聚区、国家级休闲旅游街区的奖励100万元；对5A、4A、3A级旅游景区新投入的智慧旅游项目给予投入资金50%的补贴，最高不超过200万元。这一经济激励举措必将极大提升各县市打造体育旅游特色示范区的热情，为体育旅游业的发展营造良好的氛围。与此同时，海南省还将目光投向了海外旅游市场，出台了《海南省入境旅游市场开拓扶持办法（试行）》。该文件的主要补助奖励对象是海南省旅行社、会展公司、旅游饭店等旅游企业以及海南省有关旅游行业协会，以此激励它们拓展海外旅游市场。在旅行社方面，对开发不同地区的市场并达到相应的要求设置了不同的奖励级别，其中开发澳大利亚和新西兰市场最高奖励可达50万元，开发俄语区市场的达标奖励为30万元，开发日本、韩国、东南亚市场的达标奖励为25万元，开发港澳台市场的达标奖励为15万元。与此同时，旅行社入境游客接待还有奖励，根据不同区域市场、按照全年接待入境游客人数进行排名和奖励，第一名奖励30万元，第二名奖励20万元，第三名奖励10万元。在酒店方面，各地酒店入境游客接待达到相应的人数指标有奖励，奖励分为两档。在三亚市，一年接待入境游客人数达13000人、8000人的酒店可以分别获得25万元、20万元的奖励；在海口市，一年接待入境游客人数达10000人、5000人的酒店可以分别获得25万元、20万元的奖励；其他市县，一年接待入境游客人数达3000人、2500人的酒店可以分别获得20万元、15万元的奖励。这一经济激励举措能在一定程度上加大各大旅行社和旅游行业协会开发海外旅游市场的力度，为海南旅游市场注入新的活力。

四、香港特别行政区体育旅游经济环境

香港特别行政区拥有健全的法律和金融体系，奉行自由市场的资本主义经济体系，税制简单且税率较低，深度参与全球资本化运行和生产，因此吸引了全球的资本和人才在此汇集，成为重要的国际贸易中心和金融港。这一特点使得香港成为一个充满活力、可靠且便利的营商之地，具有良好的经济氛围和经营环境。

香港作为经济发达地区，当地群众追求健康生活模式、进行体育活动的需求十分强烈，因此香港特区政府对于社区体育活动的推广和支持力度还是很大的。在2017—2018年期间，政府下拨了42亿元用于推广和普及体育运动，占到了总的体育发展经费的86%。与此同时，为了鼓励群众养成运动锻炼的习惯，香港康文署每年会在香港18个区内举办相关的群众体育和社区活动，还设立了全民运动日。香港每两年还会举办一次全港运动会、工商机构运动会和先进运动会，营造了很好的体育运动氛围。在2016—2018年间，香港康文署共举办超过11万项社区康乐体育活动，参与人次达740万。2018—2019年期间，为了进一步加强地区体育推广，香港特区政府宣布从2020年开始开展为期5年的《地区体育活动资助计划》，在当年的《财政预算案》中拨款1亿元，旨在向全港18个区的21个地区体育会提供额外资源，举办更多体育活动，形成全民运动健身的文化和氛围。在旅游业方面，2020年因为新冠肺炎疫情冲击香港旅游业遭受了重创，为此商务及经济发展局启动了"五项旅游业支援计划"，为旅行代理商、旅行代理商职员、以导游和领队为主业的自由作业者、酒店以及以接载旅客为主的旅游服务巴士司机发放资金补助累计超过1.5亿元。

香港的经济发展水平很高，政府对于体育和旅游业的重视程度也很高，相关体育和旅游基础配套设施也较为完善，具有很好的体育旅游开展基础。但是，香港地区的旅游业还停留在传统阶段，主打购物消费元素，未将文化、体育、生态等体验性元素融入旅游之中，在一定程度上限制了香港旅游业的发展。

五、澳门特别行政区体育旅游经济环境

澳门特别行政区的经济主体是旅游业和博彩业，其中博彩也是大部分人来澳旅行的重要动因之一，国家对于澳门的长远发展定位也是将其建设为世界旅游休闲中心。因此，澳门特区政府的工作重心基本在旅游业上，对于旅游业的支持力度很大，政府也不断摸索和尝试新的旅游元素、旅游产品、旅游模式，

以此促进本土旅游业的多元化和持续性发展。再加上澳门本土有澳门国际马拉松、格兰披治大赛车等一系列历史悠久的体育赛事,每年吸引许多国内外的爱好者前来参与,所以澳门具备良好的体育旅游开展基础。

受新冠肺炎疫情影响,澳门的旅游业遭受重创,为了扶持旅游业尽快走出困境,2020年9月澳门特区政府动用了4亿元抗疫基金,进行酒店和机票优惠的抽奖活动,以吸引更多内地旅客来澳。与此同时,为促进体育旅游业的发展,澳门特区政府在2021年5月举办了"国际海洋体育及旅游发展论坛",该论坛主要围绕"体育+旅游"的模式探索海洋体育产业、海洋体育文化、海洋体育旅游经济的发展路径和合作形式,协助业界及客商寻找商机,为区内体育旅游业的发展找寻下一个突破口。随后,澳门特区政府在2021年7月举办了"第九届澳门国际旅游(产业)博览会",吸引了来自38个国家及地区的394家参展商参与,24000人次的观众入场,达成了39个签约项目,进行了4974场商业配对洽谈。"澳门国际旅游(产业)博览会"不仅是澳门宣传推广旅游形象和产品的窗口,也是加强区域旅游交流合作的一个平台,为澳门体育旅游业的发展营造了良好的经济环境。

2019年3月,国务院通过了《横琴国际休闲旅游岛建设方案》,这也为澳门体育旅游的发展带来了契机,粤澳两地融合发展及各区域体育交流将会更频繁,也将进一步促进澳门体育产业发展,并能拓展澳门体育产业链和旅游产业腹地。

第三节 华南地区体育赛事和旅游资源整合

一、广东省的体育赛事和旅游资源融合发展

(一)南粤古驿道定向大赛

南粤古驿道是广东省的大型的线性文化遗产,这条古道基本贯穿了广东全域,沿线地区地形地貌多元、村落景点丰富,串联起了岭南历史的人文脉络。为了让更多的人重新走上南粤古驿道,挖掘古道沿途的自然风光和丰富历史人文价值,南粤古驿道定向大赛应运而生。

2021年是南粤古驿道定向大赛举办第6年,"一年一主题""一站一特色"。该赛事由广东省体育、自然资源、文旅、住建、教育等14个省直相关部门主

办、协办和参与,是广东省政府精心打造的将体育与地方特色传统文化相结合的体育旅游项目。南粤古驿道定向大赛的各站场地都被精心安排在广东美丽的古村落,通过"体育+旅游"的方式展现广东省的人文文化,让参赛选手在运动的同时还可以欣赏美丽的古村落风景和当地的风土人情。

南粤古驿道定向大赛在短短的3年时间内就成长为一个国际知名品牌赛事,吸引了大量国际专业选手前来参赛,获得了国际定向联合会的认可和赞誉。随着赛事品牌知名度的提升,周边地区的旅游和经济也被带动起来,据统计,南粤古驿道定向大赛为沿线地区带来了超过30亿元的收入。该赛事平台不仅为国家定向大赛运动输送了16名专业运动员,而且让大量的沿线居民通过该活动直观和具体地感受到了自己家乡的山水、文化和物产的魅力,激发了当地居民的文化自信,传播了运动健康的理念,带动了当地居民的运动健身热情。南粤古驿道定向大赛的影响力和覆盖面也越来越大,截止到第五届赛事结束,该系列定向赛事已经吸引了来自37个国家和地区总计200多万人次、5000多个村民家庭参与体验。与此同时,南粤古驿道定向大赛开展青少年定向运动培训累计超过20万人次,为定向运动培养了2万多名青少年学生后备力量,这些学生会不定期参与定向比赛。经过几年的推广努力,定向运动人口数呈爆发式增长,从以前的4万人猛增至超过15万人;定向人群也越来越丰富,由高校学生拓展为中小学生、年轻人群及户外运动群体。

南粤古驿道定向大赛成功带动了沿线贫困乡村的发展,改善了村民的居住环境,展现出了沿线地区的历史、文化、生态风貌,传承了古驿道的历史人文内涵。与此同时,大赛还使得全域旅游持续发展,帮助村民在家门口实现致富脱贫。南粤古驿道定向大赛始终贯彻"大体育"发展观,在文化教育、经济发展、生态建设等重要领域,以"体育+"为支点,将乡村振兴、全民健身、绿色发展与文化传承进行有效连接,走出了一条"体育+文化+旅游+扶贫"的多元化发展大道,也为其他地区提供了发展思路和借鉴,展现出了体育担当、体育作为。

(二) 肇庆封开贺江户外运动环线

广东肇庆封开贺江户外运动环线是封开县依托贺江碧道画廊景区重点打造的体育旅游线路,线路总长121公里,南起封开县江口街道扶来村,北至封开县大洲镇西畔村,途经封开县贺江碧道画廊景区及贺江沿线圩镇。沿线风景秀丽,贺江河道蜿蜒九曲十八弯,江水宛如一条熠熠发光的银带缭绕在江岸林茂竹秀之中,是国内少有的回环形滨河景观,也是历史悠久的茶船古道和潇贺古

"一带一路"倡议下体育旅游资源的整合与发展研究

道。贺江碧道画廊是广东肇庆封开贺江户外运动环线的核心景点，其区域面积为43平方公里，是"乡村振兴"结合岭南人文历史发展的美丽廊带，具有深厚的历史文化底蕴。景区以贺江为主线，"以路为廊、以水为链"，串起了竹洲半岛、台洞湿地、励志半岛、大洲半岛等区域，构成了全长25公里的乡村自然田园风光与古代历史人文遗址的艺术长廊。

广东肇庆封开县投入了大量人力、物力用以打造贺江美丽廊道，截止到2021年底，封开县已经累计投入了5.63亿元，实施了生态、产业、文化等各类乡村振兴项目246个。封开县政府在景点布局上紧紧围绕"灵魂在水、根在文化"的理念，通过山水林田湖路综合整治，打造了一批具有美丽庭院、乡村小公园、小花园、小果园、湿地公园的美丽宜居特色精品村。围绕打造乡村旅游精品，建设了贺江观景平台、湿地公园、两广源流博物馆、龙皇岛古码头公园等景点，真正做到了"一村一景、一村一韵、一村一品"，成功将贺江碧道画廊景区打造成集观光休闲、竞技娱乐、研学体验、康养健身功能于一体的农旅景区。

随着贺江碧道画廊景区的基础配套设施日渐完善，再加上其本身风景宜人，道路旁农舍与田园风光交错，山水倒影，上下坡度适中，所以吸引了越来越多的骑友前来旅游，久而久之广东肇庆封开逐渐成为人们口口相传的骑行胜地。广东肇庆封开贺江户外运动环线也成为广东省2021年唯一上榜的"国庆假期体育旅游精品线路"，在这个线路上不仅举办了2020年、2021年广东省南粤古驿道定向越野大赛，还举办了多次自行车骑行活动。

肇庆封开贺江户外运动环线线路一览：（起点）贺江碧道画廊景区（游客服务中心）—X450县道—贺江第一湾观景台—励志新村—大洲村—上律村—泗科村—竹马古道亭—勿乃村—官埇村—都平镇—Y792乡道—Y798乡道—御莱珑自然生态度假村—白屋村—X452县道—望楼村—日光村—X451县道—白垢镇—Y805乡道—Y806乡道—新泽村—Y816乡道—Y883乡道—贺江碧道画廊景区（游客服务中心）（终点）。

二、广西壮族自治区的体育赛事和旅游资源融合发展

（一）中国攀岩自然岩壁精英挑战赛（广西马山站）

马山县位于广西南宁市北部、大明山北麓、红水河南岸，生态环境十分优越，历史文化资源和旅游资源也十分丰富，是中国黑山羊之乡、中国民间文化艺术之乡、中国会鼓之乡、中国长寿之乡。与此同时，马山县地理区位也

较好，在南宁市"一小时经济圈"之内，能够吸引市内游客前来旅游和消费。2017年，通过多方努力和层层争取，中国首个攀岩特色体育小镇成功落户马山，为马山的发展和腾飞插上了一双翅膀。依托攀岩特色，经过几年的建设和发展，2020年马山县成为广西体育旅游示范县（市、区）8个试点县之一；马山攀岩小镇泛户外运动体育休闲线路获评"2020中国体育旅游十佳精品线路"；乔老河片区休闲体育旅游精品线路被国家体育总局、文化和旅游部评为"2020国庆黄金周体育旅游精品线路"。马山县从2019—2021年已连续3年举办中国—东盟山地马拉松赛、环广西公路自行车世界巡回赛、中国攀岩自然岩壁精英挑战赛（广西马山站）等赛事，极大地推动了马山县的旅游经济发展。

2020中国攀岩自然岩壁精英挑战赛（广西马山站）在广西南宁市马山县古零攀岩特色体育小镇举行，吸引了全国60名顶级精英攀岩运动员前来参赛，马山派出的本土选手取得了优异的成绩，夺得了本次男子和女子组别的冠军。这次赛事活动不仅仅是面向攀岩高手，还通过一系列的周边赛事活动让户外运动爱好者参与进来。在两天的赛程中，有上万名户外运动爱好者来到马山，他们在欣赏了精彩的自然岩壁攀岩比赛后，还体验了当地的特色文化活动，如壮乡民俗表演、背篓绣球、攻防箭、泡泡足球、岩场定向等，充分体现了"民族文化+自然风光""体育竞技+户外旅游"的体旅融合理念。在赛事期间，马山政府还开展招商引资项目宣传推介活动，积极吸引企业前来马山投资置业，通过产业富民方式助力马山脱贫攻坚，推动县域发展，实现乡村振兴。马山走出了一条"体育+文旅+扶贫+县域发展"的康庄大道，帮助当地村民甩掉贫困的帽子。

随着攀岩特色体育小镇的知名度越来越高，马山的旅游业也越来越红火，基础设施也越来越完善，城乡面貌更是焕然一新。马山的金伦洞、弄拉、灵阳寺、小都百和三甲乡村旅游区等一批景区景点也成为广大游客和户外运动爱好者的又一新兴目的地。马山县积极将体育赛事的"动"与文化旅游的"魂"以及休闲农业的"静"结合起来，推动全县形成了农文体旅共兴，一、二、三产业融合发展的良好局面。

(二)"一带一路"国际帆船赛（中国北海站）

"一带一路"国际帆船赛（中国北海站）是广西壮族自治区大力推动的国际帆船赛事，从2019—2021年已经连续举办3届，该赛事旨在搭建中国与"一带一路"国家帆船运动共享与交流的平台，以运动的方式拉近"一带一路"沿线国家的距离，促进沿线国家经济、体育、旅游的共同发展。"一带一路"国际帆船赛（中国北海站）获得了国际帆船联合会及各参赛国家的高度认可，对广西壮族自治区拓宽海上通道、推进向海经济大发展有着极为重要的意义。

依托滨海旅游资源和各种海上赛事活动，经过几年的培育和发展，2019年北海市涠洲岛滨海运动休闲线路成为广西唯一入选"2019春节黄金周体育旅游精品线路"的旅游线路。随后，2021年北海市成为广西壮族自治区首批5个体育旅游示范市试点城市之一。2021"一带一路"国际帆船赛（中国北海站）由中国帆船帆板运动协会、广西壮族自治区体育局和北海市人民政府共同主办，广西水上运动发展中心、广西帆船帆板运动协会、北海市旅游文体局共同承办。此次帆船赛事是2021年国内参赛人数最多、规模最大、水平最高的大帆船赛事之一，吸引了国内和欧美19支顶尖船队参加。除了专业的赛事之外，主办方还举办了广西青少年冲浪、帆板（OP帆船、风筝板）锦标赛、千人太极表演锦标赛、Hobie双体帆船展示以及全民帆船嘉年华等活动。"一带一路"国际帆船赛充分挖掘银滩、涠洲岛等北海优质海洋资源，推动了北海乃至广西水上运动及相关产业发展。

北海银滩至涠洲岛的长航是"一带一路"国际帆船赛（中国北海站）的一大亮点，也是北海市最主要的两个滨海旅游景点，更是广西的旅游品牌名片。此次赛事将两个景点很好地串联了起来，充分展现了两地的自然风光与人文风采，也让这两个老牌景区焕发出了新的活力。"一带一路"国际帆船赛赋予了北海这座旅游城市一丝运动魅力，北海市政府也会继续大力发展海上运动项目，打造"帆船之都"，促进北海体育产业发展，逐步形成旅游+体育深度融合的特色业态，建设富有文化底蕴的世界级滨海旅游城市。

三、海南省的体育赛事和旅游资源融合发展

（一）环海南岛国际公路自行车赛

环海南岛国际公路自行车赛自2006年创办以来，截止到2018年已连续举办13届，是国家体育总局、海南省政府倾力打造的大型国际品牌体育赛事，也是海南岛三大国际IP赛之一。环海南岛国际公路自行车赛从刚开始办赛时的洲际2.2级赛事，到现如今已经发展成为洲际2.HC级赛事，成为仅次于环法国、环意大利、环西班牙等世界职业巡回赛的赛事活动，是亚洲水平最高、影响力最大的国际职业公路自行车赛之一。

2018年，第十三届环海南岛国际公路自行车赛由国家体育总局和海南省人民政府共同主办，中国自行车运动协会、海南省旅游和文化广电体育厅承办，海南环岛国际公路自行车赛有限公司运营。本次赛事吸引了来自美国、德国、法国、中国台北等国家和地区的 21 支参赛队伍，共有参赛选手 134 名，比赛持续 9 天，比赛里程为 1431 公里，途经海南 16 个市、县。第一赛段为儋州绕圈赛，起终点设在儋州市文化广场，里程 90 公里；第二赛段由儋州出发，经由临高县到达澄迈，里程 139.6 公里；第三赛段从澄迈经由海口、定安到达琼海博鳌乐城国际医疗旅游先行区，里程 170.3 公里；第四赛段由琼海出发到万宁，里程 142 公里；第五赛段从万宁经琼中抵达陵水清水湾，里程 178.4 公里；第六赛段从陵水出发，经保亭到五指山，里程 193.2 公里；第七赛段由五指山经保亭到三亚，里程 125.2 公里；第八赛段从乐东龙沐湾出发，经东方到昌江保梅岭，里程 210.4 公里；第九赛段从昌江出发，经白沙、洋浦回到儋州，里程 181.9 公里。

此次环海南岛自行车赛经过了海南省各大风景宜人的景区，途经万泉河、博鳌会议中心、吊罗山、清水湾、五指山大峡谷、呀诺达热带雨林、鹿回头风景区、保梅岭风景区等海南特色景点。这些景点通过全球电视直播呈现在了全世界的观众面前，充分展现了环海南岛自行车赛沿线的优美风光和风土人情。环海南岛自行车赛是海南省体旅融合发展的典范，在此次赛事举办之前，主办方为了提前预热赛事，提升人民群众的参与度，开展了"环岛赛鹿娃美丽乡村游""世界无车日环岛赛公益骑行"以及"我是冠军"环岛赛儿童滑步车大赛等活动。与此同时，赛事主办方在比赛期间也举办了一系列的周边活动，如环岛赛吉祥物鹿娃接机、"皇后乐队"惠民演出、花车巡游等，吸引了大量的群众和游客参与进来，给予游客观赛、旅游观光、互动参与的全方位沉浸式体验。

据相关数据统计，环海南岛国际公路自行车赛在 2014—2017 年的 4 届赛事中为海南省带来 15.3 亿元的经济效益、5.92 亿元的社会效益，吸引了 137.93 万观众观赛，充分带动了海南自行车运动和当地旅游等相关产业的发展，成为展示海南美好新形象的亮丽名片，成为体育和旅游融合发展的经典范例。

（二）环海南岛国际大帆船赛

环海南岛国际大帆船赛于 2010 年创办，是国际旅游岛建设上升为国家战略之后，海南倾力打造的大型高端国际品牌赛事，是中国航线最长、难度最大、组织运营最复杂的帆船赛事，也是海南岛三大国际 IP 赛事之一。虽然环岛自行车赛与环岛帆船赛都是围绕海南岛设计比赛线路，但是前者着重体现的是岛内的风土人情和陆上旅游景观，而后者则着重体现的是岛外的海上旅游景观，一内一外两者形成了良好的互补，全方位展示了海南省优美的自然风景。

2020年第十一届环海南岛国际大帆船赛于11月19日开始，主办港位于三亚，比赛航线全程580海里，途经三亚、海口、三亚环岛。本届赛事由海南省人民政府主办，中国帆船帆板运动协会支持，海南省旅游和文化广电体育厅、海南省商务厅、海南海事局、交通运输部南海救助局、海口市人民政府、三亚市人民政府承办，海南省体育赛事中心、海南省帆船运动协会协办，海南环海南岛国际大帆船赛有限公司运营。本届赛事分两段赛程举行（如图7-7所示），第一赛程位于海口，于11月19日—22日进行OP帆船全国公开赛、Hobie16精英公开赛和Fareast28R帆船全国邀请赛。第二赛程位于三亚，于11月28日—12月4日进行，分设IRC1-3组、RHN-Dubois50组，所有组别参加三亚场地赛和三亚、海口、三亚环岛拉力赛，共有33支大帆船队伍，其中IRC1-3组有27支船队，RHN-Dubois50组有6支船队。

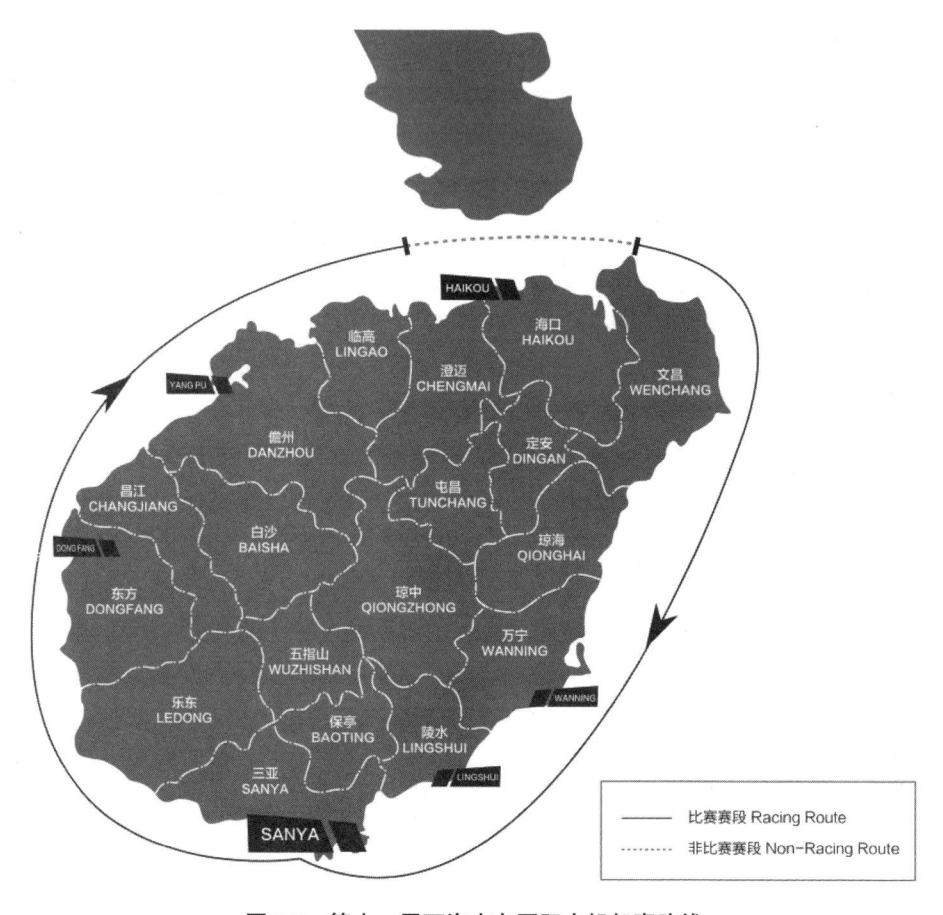

图7-7 第十一届环海南岛国际大帆船赛路线

海南省滨海旅游资源十分丰富，是我国为数不多的热带岛屿风光旅游地，适合开展帆船、赛艇、冲浪等海上体育赛事项目，是天然的水上运动天堂。海南省也在依托这一旅游资源优势，从看海到玩海，帆船体验、游艇观光、休闲海钓等项目不断刷新人们的出游体验。近年来，丰富多彩的亲水运动成为海南省旅游市场发展新的增长点，有效带动了帆船、旅游等相关产业的发展，成了海南一张靓丽的"体育名片"。第十一届环海南岛国际大帆船赛的举办对扩大帆船运动在海南的推广普及、精准供给旅游新产品、引导体育旅游消费、稳步构建自主体育旅游 IP、提高旅游产业附加值、助推海南打造国家体育旅游示范区有着重要意义。通过将体育赛事与旅游活动紧密结合，海帆赛的影响力逐年扩大，社会各界的参与热度不断攀升，带动了海南省帆船、旅游等相关产业的发展。

四、香港的体育赛事和旅游资源融合发展

香港 100 越野赛是一项极考验耐力的野外长跑赛事，比赛起点为西贡半岛北潭涌，沿途经过多个风景区，包括杳无人烟、水清沙幼的海滩、古木树林、自然远足径、水塘和陡险山径等。整个赛道以麦理浩径为主线，并特意穿插了若干风景优美的分岔路线，参赛者在竞赛之余还可一览沿途美景。越野赛事的终段从香港之巅的大帽山沿路而下，整段路程累积登高路程超过 4500 米。

五、澳门的体育赛事和旅游资源融合发展

澳门格兰披治大赛车是世界上最古老的街道车赛，在以多弯、狭窄等因素著名的东望洋跑道上进行，是全球除摩纳哥以外仅有的赛车街道赛，赛道不设防撞缓冲区，观众可以近距离观看紧张刺激的赛事，现场氛围十分热烈。该赛事除了设有著名的三级方程式赛事外，还设有房车赛、摩托车赛等，是世界上唯一同时举办汽车比赛和摩托车比赛的街道赛事。与此同时，这项大赛事还曾举办过怀旧的老爷车赛、以明星名人为卖点的成龙杯等，还设置了自动挡摩托车赛来增加赛事的娱乐性，是公认的世界最佳街道赛事，亦曾被选为"十项最精彩的街道赛事"和"不能错过的二十项顶级赛车活动"。

2020 年 11 月 20 日，第六十七届澳门格兰披治大赛车拉开帷幕，吸引了200 名车手参与到赛事中来，因为新冠肺炎疫情影响，此次赛事大部分车手来自内地以及港澳地区。此次大赛取消了摩托车大赛，设置了澳门 GT 杯、澳门东望洋大赛、澳门房车杯、大湾区 GT 杯及格兰披治四级方程式大赛五项赛事。澳门格兰披治大赛车是澳门体坛、车坛盛事，该赛事始创于 1954 年，经过近

"一带一路"倡议下体育旅游资源的整合与发展研究

七十年的发展，该项赛事已发展为世界顶尖三级方程式公路赛。

澳门格兰披治大赛车是澳门最为盛大的体育赛事，每次赛事的举办都会吸引全世界的目光，也会吸引来自世界各地的游客和赛车爱好者，是澳门体旅融合发展的最佳范例。在赛事举办前，主办方为了营造赛事氛围，让更多的赛车爱好者和游客参与到比赛中来，开展了"格兰披治大赛车——亲子嘉年华""格兰披治大赛车开幕车展""格兰披治大赛车摄影比赛"等活动，给予游客观赛、旅游观光、互动参与的全方位沉浸式体验。图 7-8 展示了澳门格兰披治大赛车路线。

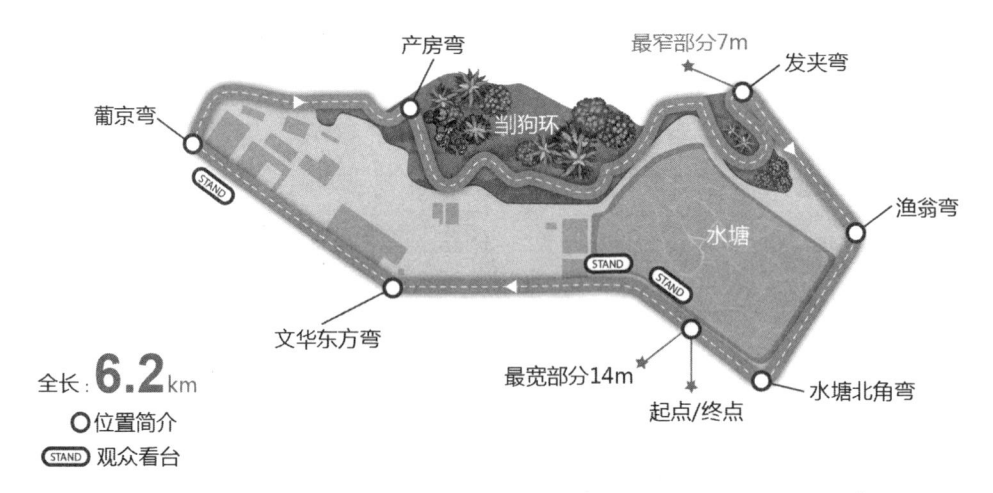

图 7-8　澳门格兰披治大赛车路线

参考文献

[1] 马耀峰.旅游资源开发及管理［M］.北京：高等教育出版社，2010.

[2] 王兴怀，朱亚成."一带一路"背景下环喜马拉雅体育产业发展战略研究：以西藏体育产业为例［J］.西藏民族大学学报（哲学社会科学版），2018，39（5）：163-168.

[3] 付东，李旻."一带一路"背景下四川省体育产业发展路径研究［J］.成都体育学院学报，2021，47（04）：93-99.

[4] 张轶，周茜，荀朝莉."一带一路"背景下重庆市来华留学教育发展政策研究：基于政策比较分析视角［J］.重庆高教研究，2021，9（05）：13-25.

[5] 王亦虹，田平野."一带一路"倡议对中国节点城市经济增长的影响：基于284个城市的面板数据［J］.软科学，2021，35（5）：43-49.

[6] 张晓萍，闫磊，赵姝嵘."一带一路"倡议下我国体育旅游发展研究［J］.体育文化导刊，2019（5）：69-73.

[7] 包希哲，蔡增亮，胡永芳."一带一路"视域下民族传统体育与旅游品牌的共商共建共享机制研究［J］.贵州民族研究，2019，40（5）：173-176.

[8] 郭眉辰，陈林华."一带一路"体育赛事发展困境与优化路径［J］.体育文化导刊，2020（5）：16-22.

[9] 于素梅.我国不同群体体育旅游认知情况的调查与分析［J］.西安体育学院学报，2007（5）：10-12.

[10] 肖坤鹏.青少年校外体育辅导现象解读［J］.体育文化导刊，2016（8）：152-156.

[11] 谢经良，项秋怡，丁雨菲，等.黄河下游地区体育文化旅游带创建的路径研究［J］.山东财经大学学报，2021，33（6）：67-76.

[12] 齐伟伟，张冬琴，周小青，等.体旅融合视域下区域形象研究：以山西省为例［J］.中华武术，2021（12）：105-107.

[13] 谢彦君，吴凯，于佳.体育旅游研究的历史流变及其具身体验转向［J］.

上海体育学院学报，2021，45（11）：16-30.

［14］李金容，陈元欣，陈磊．乡村振兴背景下我国体育旅游综合体发展的理论审视与实践探索［J］．体育学研究，2022，36（1）：33-42.

［15］黄海燕．体育赛事与城市发展［J］．体育科研，2010，31（1）：15-17.

［16］侯宇亭，彭国强，陆元兆，等．全域旅游背景下我国体旅融合发展的协同效应与创新路径［J］．体育文化导刊，2021（10）：29-35.

［17］马万财．张掖市体育旅游资源的开发及策略研究［D］兰州：兰州理工大学，2018.

［18］张鹏．丝绸之路经济带甘肃段体育品牌赛事研究［D］．兰州：西北师范大学，2021.

［19］杨吉春，周珂．论体育旅游的市场特征［J］．广州体育学院学报，2003（3）：15-17.

［20］黄心豪．新使命 新征程 同圆梦"两博会"谋划中国体育新发展［N］．中国体育报，2021-11-29（1）．

［21］邓红杰，刘邦云．创建国家体育旅游示范区 打造全国户外运动首选目的地：让体育为经济赋能为生活添彩［N］．中国体育报，2021-10-11（3）．

［22］陈潜．重庆推动体育旅游产业高质量发展［N］．中国旅游报，2020-10-22（2）．

［23］甘肃省文化和旅游厅．第六届文化体育旅游融合发展高峰论坛在甘肃省酒泉市成功举办［EB/OL］．（2021-05-07）［2021-11-22］.https://mct.gov.cn/whzx/qgwhxxlb/gs/202105/t20210506_924256.htm.

［24］甘肃省文化和旅游厅．甘肃"体育旅游"风头正劲［EB/OL］．（2019-07-29）［2021-11-22］．https://www.mct.gov.cn/whzx/qgwhxxlb/gs/201907/t20190729_845357.htm.

［25］福建省旅游宣传中心．福建体育旅游：闯特色路打赛事牌［EB/OL］．（2018-12-18）［2021-11-22］．https://www.mct.gov.cn/whzx/qgwhxxlb/fj/201812/t20181218_836544.htm.